Michel Temer

DEMOCRACIA E CIDADANIA

DEMOCRACIA E CIDADANIA
© Michel Temer

ISBN 85-7420-751-9

Direitos reservados desta edição por
MALHEIROS EDITORES LTDA.
Rua Paes de Araújo, 29, conjunto 171
CEP 04531-940 — São Paulo — SP
Tel.: (0xx11) 3078-7205 Fax: (0xx11) 3168-5495
URL: www.malheiroseditores.com.br
e-mail: malheiroseditores@terra.com.br

Composição
PC Editorial Ltda.

Capa:
Arte: PC Editorial Ltda.

Impresso no Brasil
Printed in Brazil
07-2006

DEDICATÓRIA
E BREVE EXPLICAÇÃO

Dedico este livro aos Deputados e Senadores do Brasil.

Foi no Poder Legislativo, centro de divergências e controvérsias, que tive oportunidade de falar ao País, como líder do meu partido e como Presidente da Câmara dos Deputados por duas vezes. Oralmente, por meio de entrevistas; por escrito, em artigos e pronunciamentos que aqui estão reproduzidos.

São trabalhos elaborados desde o meu período de líder partidário. O leitor deverá estar atento a essa circunstância e ao momento histórico em que se deu o escrito.

MICHEL TEMER

PREFÁCIO

Muito se tem escrito sobre a realidade brasileira. A maior parte dos escritos trata dos problemas nacionais, ou seja, são diagnósticos. A questão central e sempre recorrente é a imensa desigualdade social, matriz de quase todas as nossas mazelas. A alta concentração de renda é um permanente desafio para os Governos. Entre os censos de 1980 e 1991, a renda dos 10% mais ricos passa de 47 vezes para 78 vezes a renda dos 10% mais pobres. E, hoje, o PIB per capita dos 20% mais ricos é 32 vezes maior que o PIB dos 20% mais pobres. São 54 milhões de pobres, dos quais cerca de 25 milhões são indigentes, sem acesso aos serviços de saúde, educação e habitação.

A nossa democracia infelizmente tem sido incapaz de influir decisivamente na distribuição da riqueza, apesar dos grandes avanços conseguidos no campo da estabilização econômica. Não é sem razão, pois, que se acusa a nossa democracia de estar esvaziada de conteúdo social. A dualidade nacional é patente: o Brasil da tecnologia de ponta, a oitava economia do mundo, convive ao lado do Brasil de índices do Quarto Mundo.

A estrutura social está desaparelhada. Os serviços prestados à população são precários. A equação social não fecha, porque tem sido muito difícil para o Estado brasileiro conciliar as estratégias do modelo econômico com as demandas crescentes da sociedade. Os Estados, em situação falimentar, têm dificuldades de cumprir os preceitos constitucionais. Nos últimos tempos, ensarilharam as armas de uma acirrada guerra fiscal, que ameaça o pacto federativo.

O eixo econômico, que faz girar a roda social, imbrica-se com o sistema político, que, nos últimos anos, tem se desdobrado para abrir uma ampla frente de reformas constitucionais, algumas ocorridas com razoável sucesso, como a reforma econômica. Mesmo assim, com todos os passos avançados que tem dado, o país continua a exibir desenho institucional pleno de inadequações e imperfeições. Questiona-se o nível exagerado de detalhamento da nossa Carta Magna; critica-se com intensidade o conjunto de distorções que acabam corroendo a eficácia do sistema político, como um quadro partidário multifacetado e amorfo do ponto de vista doutrinário; um sistema de representação que distorce o consagrado conceito "um cidadão, um voto"; ausência de compromissos éticos e partidários por parte dos representantes; o casuísmo das leis eleitorais, entre outras questões polêmicas.

No fundo, todo esse acervo de problemas nas áreas econômica, social e política decorre da crescente incompatibilidade entre um Estado ainda muito cartorialista, fundado numa política de benesses e privilégios, com uma sociedade moderna, a exigir constantes regulagens na economia, de um lado, e, de outro, formidáveis bolsões de ignorância e pobreza. Emerge desse cenário a meta finalista de refundação do Estado brasileiro, amparada em critérios de racionalização funcional, moralização administrativa, aperfeiçoamento dos quadros, redefinição dos papéis das esferas públicas, reforma política, fatores que poderão até convergir para a mudança do sistema de Governo.

Essa é uma pequena moldura do que pode se encontrar, de maneira direta ou indireta, nos pensamentos e reflexões do professor Michel Temer, nesse livro que é uma radiografia ampla da realidade brasileira. Em função da vasta e densa experiência parlamentar e jurídica de quem presidiu a Câmara dos Deputados, por duas vezes, e produziu uma admirada obra jurídica e política, substantivada em livros muito conhecidos nos batentes acadêmicos, a presente obra, como era previsível, privilegia o fator político. É nele que se debruça o advogado-parlamentar, com suas acuradas e criativas reflexões.

Quem conhece Michel Temer, terá muita facilidade para compreender o eixo de seu pensamento: o ideal político pode ser permanentemente buscado pelo entendimento, pelo diálogo, pelo esforço conjunto, pelo exercício democrático do debate, pela prática da austeridade, pelas respostas da ética, pela valorização dos cidadãos, pela defesa dos direitos humanos, pela reforma do Parlamento, pela fiscalização dos políticos, pela conquista de uma Justiça mais ágil, pela força ao Município, pela implantação de códigos normativos em consonância com as mudanças sociais.

Diferentemente de outras obras que recorrem aos diagnósticos, esta é uma contribuição plena de soluções, de alternativas, de caminhos, de indicações firmes e amparadas em densa cultura jurídica, política e sociológica.

Michel Temer sonha em juntar os dois Brasís, os espaços das grandes necessidades com o território da abundância e da modernidade. Como chegar até lá? A indicação é clara e simples: buscando a convergência. Só assim podemos alcançar o ideal da democracia ampliada, aquela que acolhe todos os cidadãos, colocando sobre as mesas os frutos do desenvolvimento.

GAUDÊNCIO TORQUATO
Professor Titular
da Universidade de São Paulo

SUMÁRIO

Prefácio 5

I – POLÍTICA E DEMOCRACIA

1. Estamos vivendo a democracia (11.12.1993) 15
2. Denuncismo desmoraliza a denúncia (24.12.1993) 17
3. Crise entre poderes: quem resolve? (30.3.1994) 19
4. Ética e dignidade na política (12.8.1994) 21
5. Austeridade para o dinheiro público (17.9.1994) 23
6. O jovem e a mudança política (7.10.1994) 24
7. Brasil inaugura um novo ciclo (18.3.1995) 26
8. Instrumento da democracia (17.11.1995) 28
9. Parâmetros da governabilidade (27.12.1995) 30
10. As respostas da ética (30.5.1996) 33
11. Reeleição no Legislativo (14.12.1998) 35
12. Federação e repactuação de competências (21.2.1999) 38
13. Pacto federativo e reforma política (18.6.1999) 41
14. Parlamentarismo e Montoro (22.7.1999) 43
15. Parlamentarismo: próxima etapa (27.12.1999) 46
16. A democracia social e o império da lei (1º.8.2000) 49
17. Propaganda política e democracia (20.4.2002) 53
18. A democracia social (25.4.2002) 55
19. Modernização política do Brasil (10.10.2002) 57
20. A união de vencedores e derrotados (15.7.2003) 59
21. Acima do Governo, o País (agosto/2003) 62
22. Democracia e Autoritarismo 65
23. Adesão ou coalizão 68

II – CIDADANIA

1. Voto destituinte é avanço democrático (25.1.1994) 73
2. O povo deve fiscalizar os políticos (5.8.1994) 75

3. O cidadão pode destituir o parlamentar (27.8.1994) 77
4. Os Poderes do Estado e a cidadania (11.5.1997) 79
5. Garantindo os direitos do aposentado (17.1.1998) 82
6. O trânsito e a cidadania (16.3.1998) 84
7. O Estado, o menor e a violência (28.10.1999) 86
8. Chega de Leis! (20.2.2001) 89
9. O ajuste do nosso destino (20.1.2003) 92

III – PARLAMENTO NACIONAL

1. Vamos reformar o Parlamento (9.3.1995) 97
2. O Parlamento e a modernização do País (4.8.1995) 100
3. Em defesa do Congresso Nacional (21.5.1996) 102
4. Pela valorização do parlamentar (12.8.1996) 104
5. Equilíbrio e eficiência parlamentar (24.10.1996) 106
6. O Legislativo e os sentimentos da Nação (25.6.1997) 108
7. Agenda parlamentar (8.7.1997) 110
8. A função do Legislativo em defesa dos pequenos (26.11.1997) 113
9. Balanço do trabalho legislativo (16.2.1998) 118
10. A imunidade parlamentar (23.4.1998) 120
11. O parlamentar e as reformas (14.10.1998) 122

IV – REFORMAS ESTRUTURAIS

1. Renovação partidária é urgente (1.9.1994) 127
2. Reforma do Judiciário – primeiro passo (30.9.1995) 128
3. Perspectivas políticas para o País (4.3.1996) 130
4. Reforma da Previdência: respeito ao direito (27.4.1996) 133
5. Judiciário no caminho da reforma (5.2.1998) 136
6. Reforma e justiça tributária (26.4.1998) 139
7. A fidelidade e o voto distrital (19.10.1998) 142
8. Mais urgência na Reforma Tributária (24.11.1998) 144
9. Hora de mudanças (26.2.1999) 146
10. A agenda positiva e as reformas (11.6.1999) 148
11. Reforma Tributária e mudança social (10.8.1999) 152
12. Reforma Tributária: não dá mais para adiar (27.8.1999) 155
13. O financiamento público de campanha eleitoral deve ser adotado no Brasil? (29.4.2000) 158
14. Um "Proseg" para socorrer a sociedade (24.1.2002) 161
15. Reforma Tributária, um compromisso com o Brasil (5.9.2002) 165
16. Segurança pública: é preciso vontade política (20.1.2003) 167
17. Avanços na Segurança Pública 169

V – CONSTITUIÇÃO

1. Infidelidade e perda de mandato (novembro/1984) 173
2. Vice-Presidente pode ser Presidente? (16.4.1985) 176
3. Constituinte: por que e quando? (novembro/1985) 179
4. Reforma exige negociação e bom senso (7.4.1995) 182
5. A grandeza da Reforma Constitucional (12.5.1995) 184
6. O transitório e o permanente (8.6.1995) 186
7. Mudanças para o futuro (14.10.1995) 188
8. Emenda constitucional e direito adquirido (23.11.1995) 191
9. A Constituição e o referendo popular (fevereiro/1996) 194
10. A Reforma e o momento histórico (20.4.1996) 197
11. Legislação passada a limpo (5.4.1997) 200
12. Inativos e direito adquirido (16.6.2003) 201
13. A constitucionalidade da emenda (3.7.2003) 204

VI – DESENVOLVIMENTO NACIONAL

1. Estabilização "versus" desemprego (24.3.1996) 209
2. Urge retomar o desenvolvimento (5.2.1998) 211
3. Ação pela micro e pequena empresa (janeiro/1999) 213
4. A política e o sistema produtivo nacional (10.2.1999) 215
5. Pequenas idéias para uma grande causa (18.11.1999) 218
6. Medida provisória bem vinda (20.3.2003) 223

VII – JUDICIÁRIO

1. O papel constitucional do advogado (9.7.1994) 227
2. Mais justiça para todos (29.9.1995) 228
3. CPI, advogados e o Supremo Tribunal Federal (29.12.1999) 230

VIII – PMDB E A REALIDADE NACIONAL

1. Em defesa da união do PMDB (16.2.1994) 235
2. O novo ciclo político e o PMDB (9.2.1995) 237
3. Três alternativas para o PMDB (24.2.1995) 240
4. Papel do PMDB na liderança do governo (18.4.1995) 243
5. PMDB: o que somos e para onde vamos (20.8.1997) 245
6. O PMDB e a via brasileira (3.1.2000) 248
7. Nossa luta no PMDB (31.7.2001) 251
8. O PMDB e o Brasil (28.8.2001) 253
9. A serviço da sociedade (24.9.2001) 256
10. PMDB, o presente e o futuro (16.10.2001) 261

11. Ulysses, o PMDB e a pluralidade (20.1.2003) 264
12. A unidade possível (10.2.2003) 267
13. PMDB e MDB 270

IX – PRONUNCIAMENTOS

1. Discurso por ocasião da reeleição e posse na Presidência da Câmara em Fevereiro de 1999 275
2. Discurso realizado em março de 1999, por ocasião do reinício dos trabalhos legislativos 283
3. Pensamentos 288

I
POLÍTICA E DEMOCRACIA

1. ESTAMOS VIVENDO A DEMOCRACIA[1]

A possibilidade de o País apressar o fim da grave crise em que se encontra reside em sua capacidade de promover, de imediato, reformas políticas, econômicas e sociais, pela ação do Estado. Tais reformas implicam fortalecer as instituições políticas, racionalizar as estruturas de autoridade, substituir critérios casuísticos e personalistas por conceitos de desempenho e eficiência, realizando distribuição mais eqüitativa dos recursos materiais à disposição da sociedade.

O clima de intensa emoção e expectativa que esparge dúvidas pela sociedade, a partir das investigações que se processam no Congresso Nacional, não pode, em absoluto, atrapalhar o ritmo institucional e desviar o País da rota da normalidade democrática, que deve ser permanente meta de seu povo. Ao invés dos atores sociais e políticos permanecerem caudatários de uma conjuntura em momentos de turbulência, deveriam, isso sim, tornar-se agentes do processo de mudanças, assumindo responsabilidades e decisões capazes de imprimir rumo firme a uma nau que parece desgovernada.

A perplexidade criada em torno dos fatos recentes da vida política não teria nenhuma razão de ser, tivéssemos instituições fortes, capazes de dar vazão natural ao fluxo de apurações e investigações em torno das denúncias feitas. Afinal de contas, a democracia é um regime que compatibiliza o enfrentamento dos contrários, permitindo que cada indivíduo, usando de seu livre-arbítrio, estabeleça seu campo de ataque e defesa e suas posições, dentro do espírito da liberdade, e com responsabilidade. Não devemos temer as conseqüências da grande discussão que se trava, hoje, no interior da organização política. Ela prova, sobretudo, que nossa democracia, apesar de não estar respaldada em fortes níveis de institucionalização política e em critérios de racionalidade, dá sinais de vitalidade.

1. Publicado em 11 de dezembro de 1993.

Possivelmente, estejamos, agora, abrindo as condições para que ela possa concretizar-se. O importante é não perder de vista a linha do horizonte. Temos, por exemplo, uma reforma constitucional, que não deve ser canibalizada pela operação política da Comissão Parlamentar de Inquérito (CPI) do Orçamento. É inadmissível que se procure mudar o conjunto das prioridades nacionais, em função de fatos que deveriam se constituir em aspectos rotineiros da vida democrática.

Não há, portanto, motivo para desespero nem há necessidade de se fazer leituras apocalípticas. Por trás delas, podem estar interesses os mais escusos. Pior é saber que, nos regimes autoritários, não existe o espaço da liberdade e o livre embate de idéias se transforma no monólogo dos ditadores. Quem imagina que a efervescência do debate político abre veredas para a emergência de Estados arbitrários está completamente enganado. Ao contrário, a chama acesa da política, a locução aberta da sociedade, a crítica dos formadores de opinião, a fiscalização dos Poderes Públicos pelas instituições intermediárias da sociedade, quando feitas com responsabilidade e parcimônia, devem orgulhar um país. A partir daí, será possível construir o grande encontro entre o Estado e a Nação.

Neste momento de altas expectativas, nossa preocupação deverá direcionar-se ao fortalecimento das instituições. Iconoclastas – aqueles que querem ver as instituições solapadas ou fechadas – estão, em última análise, ameaçando sua própria cidadania. Porque será impossível garantir a um cidadão a defesa de seus legítimos direitos em um Estado dominado pelo terror, pelo medo, pelo arbítrio e pela opressão. O Estado brasileiro não pode parar. Por isso, Legislativo, Executivo e Judiciário – o Governo, portanto – deve prosseguir normalmente nas suas atividades enquanto as anormalidades institucionais e políticas são apuradas. Só assim, a democracia não correrá risco e se fortalecerá em benefício dos brasileiros.

2. DENUNCISMO DESMORALIZA A DENÚNCIA[2]

A quadra política em que estamos vivendo poderá se constituir em marco decisivo para a consolidação dos valores imanentes ao caráter democrático, dentre os quais se ressaltam as liberdades individuais, a igualdade de direito para todos, a supremacia do povo sobre as estruturas funcionais, a derivação de autoridade a partir do consentimento dos cidadãos e a justiça social. A lembrança sobre esses pilares do sistema democrático vem a propósito da constatação de ameaças que, em função da alta sensibilização do Estado social, estariam se desenvolvendo no âmbito das decisões de natureza política que se processam em diversos setores institucionais.

Uma dessas ameaças é a corrente denuncista que se espraia pela sociedade e que, a título de promover a depuração de costumes e práticas políticas, assume a configuração de remédio, único e exclusivo, para curar os males nacionais. A ameaça consiste na hipótese de que o denuncismo delirante que toma conta da locução nacional acabará prejudicando o instrumento da denúncia, que é um dos mais fortes eixos dos casos judiciais, devendo, por isso mesmo, receber tratamento adequado, de forma e fundo.

A vulgarização da denúncia, entendida aqui como o abuso da prática de denunciar, irresponsavelmente, amparado apenas no direito da livre expressão, poderá gerar efeitos contrários ao espírito que se insere naquele instrumento judicial. Poderá contribuir para a metodização da anarquia, a perpetuação da desordem e para a banalização de situações, na medida em que fatos principais e secundários se nivelam, causas e efeitos se confundem, sanções e penalidades de diversos graus se igualam nas vozes dos denunciantes. Ou seja, o denuncismo exacerbado solapa a fortaleza da denúncia, enquanto instrumento decisivo para aplicação da justiça.

Como se sabe, na peça judicial, a denúncia ocorre em um momento importante da investigação. Depois da acusação, iniciam-se os atos in-

2. Publicado em 24 de dezembro de 1993.

vestigativos, sucedendo-se, em momento muito importante da questão em juízo, a denúncia, com todo o seu aparato de provas e contraprovas, necessárias para respaldá-la e torná-la apta. Certamente, o veredicto final da Justiça tem muito a ver com a denúncia bem construída, embasada em acervos de provas que permitem, aos juízes, tomar decisões sábias e isentas.

A construção do Estado de Direito, vital para a preservação da democracia, requer que os cidadãos se façam respeitar, de acordo com o princípio de que a liberdade de um termina onde começa a liberdade do outro, e respeitem as leis e as normas estabelecidas. Sob o império da ordem e da justiça, é possível construir-se o Estado. Porque um Estado é a união de um conjunto de homens sob as leis do direito. Sob o império da cidadania, é possível construir-se uma Nação. Cidadãos livres e iguais, agindo dentro das leis, fazem o Estado aproximar-se da Nação.

É dentro dessa ordem de idéias que precisamos estabelecer o equilíbrio e a razão na utilização das ferramentas básicas da democracia. As extravagâncias e excessos que se cometem contra a norma básica do Estado estiolam o poder das instituições, chegando mesmo a comprometer sua credibilidade. O denuncismo, enquanto onda de banalização de um instrumento da Justiça, compromete a aplicação rigorosa da própria justiça. Vale lembrar o ditado, muito útil quando se inicia uma longa investigação: "não defina coisa alguma, enquanto não tiver chegado à última página".

Se formos capazes de administrar as emoções do momento sóciopolítico em que estamos vivendo, pondo de lado as decisões emanadas exclusivamente pelo calor do debate, poderemos, com certeza, elevar o conceito da denúncia ao alto patamar em que deve figurar na instituição do Direito. E, mais que isso, chegaremos a níveis de justiça consentâneos com os ideais dos Estados democráticos modernos, onde as instituições são fortes e os cidadãos assumem, de pleno, sua autonomia social e política. Este é o Brasil que queremos. Não podemos fazer da denúncia banalizada uma arma torpe para castigar inimigos e adversários pelas costas.

3. CRISE ENTRE PODERES: QUEM RESOLVE?[3]

O recente conflito entre os Poderes do Estado mostra um quadro de desarticulação das instituições nacionais. A desarmonia entre os órgãos do Poder não constitui, apenas, problema político. Ao contrário, é violação aos princípios básicos da Constituição Federal, que sustenta, como viga mestra do Estado brasileiro, a separação de Poderes colocando, como premissas, a independência e a harmonia entre eles. Diz o art. 2º da Constituição Federal, que são Poderes da União, independentes e *harmônicos* entre si, o Legislativo, o Executivo e Judiciário.

O que vimos, porém, foi um desentendimento entre Judiciário, Executivo e Legislativo, fato que se apresenta como quebra do dispositivo constitucional. Tratou-se de problema de natureza pessoal, motivado por condutas individuais. A questão, entretanto, se apresentou como um litígio entre os Poderes do Estado. E quando se presencia algo assim, na verdade o que se observa é a ruína das instituições, porquanto o entrevero, em essência, configura desobediência à ordem jurídica que determina a harmonia dos Poderes.

É preciso atentar para o fato de que cada órgão do Poder possui suas condições de auto-organização e prerrogativas especiais. Um magistrado, por exemplo, tem assegurada sua vitaliciedade, é inamovível e são irredutíveis seus vencimentos. O parlamentar tem o direito de não ser processado, senão após manifestação da Casa a que pertence. O Presidente da República ou o Governador do Estado se amparam em prerrogativas próprias para preservar sua figura. Trata-se, portanto, de prerrogativas institucionais necessárias para manter a independência dos Poderes.

Assim também a harmonia é determinação jurídica, pois prevista na Constituição. Significa dizer que os Poderes não poderão desentender-se. Desse modo, eventual início de desentendimento deverá ser imediatamente solucionado, sob pena de violação do Texto Constitucional. Quan-

3. Publicado em 30 de março de 1994.

do isso ocorre, os agentes públicos encarregados de cumprir a Lei Maior devem ser responsabilizados politicamente. E responsabilização política significa responder perante a Nação, perante o povo.

À perplexidade provocada pelo conflito entre os Poderes se junta uma grande dificuldade: a dificuldade de se saber quem responsabiliza quem. O chefe do Poder Executivo responde perante o Poder Legislativo, o mesmo ocorrendo quando se trata de responsabilização de agente do Poder Judiciário. Quando a responsabilidade cabe a um membro do Poder Legislativo, a apuração é desenvolvida pelo próprio Poder. Há uma explicação para esse fato. O Legislativo é o que, de forma mais completa e significativa, representa o povo. De um lado, o povo propriamente dito, representado na Câmara, e, de outro os Estados, representados no Senado Federal.

Agora, se os Poderes estão em desarmonia, surge o impasse, que deixa de ser jurídico, solucionável pelas vias normais, para se transformar em querela política. Lamentavelmente, quando as instituições se desentendem e se desmoralizam perante os olhos populares, surge uma espécie de "quarto Poder", algo não previsto na ordem jurídica nacional. São as chamadas forças ocultas, as quais agem subterraneamente e ensejam os golpes de Estado, a ruptura do sistema jurídico. Quando ouvimos falar em movimentos de caráter conspiratório, temos de nos preocupar, porque as bases do sistema democrático passam a ser ameaçadas.

É fundamental, portanto, que os Poderes constituídos se entendam rapidamente e façam valer o preceito constitucional, ao qual devem prestar obediência. Sua desarmonia é, no fundo, um atentado contra o povo.

4. ÉTICA E DIGNIDADE NA POLÍTICA[4]

Muita gente me pergunta se é possível existir ética na política. A dúvida se justifica pela descrença das pessoas nos políticos e também nas instituições, principalmente depois da série de escândalos e denúncias que a sociedade brasileira teve de presenciar, nos últimos anos. Respondo a esta questão com muita convicção: é possível, sim, haver ética na política. E mais: para a melhoria da qualidade política, em nosso País, a ética se faz absolutamente necessária.

Ser ético significa, antes de tudo, ter noção exata das responsabilidades da representação política. E procurar cumpri-las integralmente, sem fazer concessões a particularismos egocêntricos e a interesses escusos. A ética na política é o território da aplicação correta das normas, do zelo pela coisa pública, do respeito aos cidadãos, da defesa dos direitos de todos, sem privilégios a grupos, da preservação dos valores que forjam o caráter de um povo, como a solidariedade, a liberdade, a consciência do dever e o amor à Pátria.

A política não é a esteira para a promoção pessoal nem a escada para a locupletação de riquezas. A política é a ponte para a elevação das condições da sociedade. Por seu meio e por suas formas, aprimoram-se as instituições, aperfeiçoam-se os costumes, melhora-se a qualidade de vida, promovem-se as condições de bem-estar coletivo. Ser ético é fazer da política o caminho para tais conquistas. É ter coragem para assumir riscos, determinação para afugentar as pressões e as vaidades, força para atacar os vícios e mazelas.

O compromisso ético está amparado numa postura de dignidade pessoal e profissional. Os homens públicos precisam dar o exemplo de retidão. As identidades maculadas pela mancha da ilicitude caem no descrédito e contaminam o processo político. Por isso, hoje, em nosso País, é imprescindível que façamos da bandeira ética a mola mestra da

4. Publicado em 12 de agosto de 1994.

credibilidade social. A ética e a dignidade poderão conferir ao sistema político a grandeza que ele simboliza. E de que tanto precisa para voltar a ser respeitado pela sociedade.

Creio firmemente na ética e na dignidade, como valores que podem nos levar a um sistema democrático mais desenvolvido. Estamos no limiar do terceiro milênio e não podemos mais admitir a barbárie, a impunidade, a indecência, os atos ilícitos, o fisiologismo, a corrupção desenfreada, a má-fé, a existência de partidos sem doutrina, o uso das máquinas para locupletação de grupos, a mesquinhez, as emboscadas, os jogos inescrupulosos.

Simón Bolívar, um dia, disse: "Não há boa-fé na América, nem entre os homens nem entre as Nações. Os tratados são papéis, as constituições não passam de livros, as eleições são batalhas, a liberdade é anarquia e a vida um tormento". Não podemos deixar que o desabafo do grande Libertador se transforme em realidade. Com ética e dignidade, poderemos abrir a janela da mudança política. E melhorar os padrões e costumes dos representantes do povo no Parlamento Nacional.

5. AUSTERIDADE PARA O DINHEIRO PÚBLICO[5]

Os projetos públicos não devem atender aos interesses dos governantes, mas única e exclusivamente às demandas da sociedade. Os recursos em todos os níveis da Administração Pública se tornaram extremamente escassos com a ampliação das obrigações do Estado. Por isso mesmo exige-se parcimônia na utilização do dinheiro público para evitar equívocos que onerem ainda mais o bolso do contribuinte. Alguns critérios devem ser fixados para saber se determinada obra atende ou não às necessidades da população.

A austeridade, sem dúvida, é uma deles. Nenhuma cidade, nenhum Estado – e muito menos o País – comporta a realização de obras faraônicas, principalmente aquelas que demonstrem uma baixa relação entre custo e benefício. As obras públicas devem ser erigidas sobre o norte da melhoria de vida da população que vai atingir, ao invés de se pautar por interesses políticos. É de fundamental importância que qualquer empreendimento patrocinado pelos cofres públicos seja eivado de transparência em todas as suas fases – da licitação até as etapas finais do projeto. E nenhum projeto deve ser iniciado sem a devida alocação de recursos e cronograma de desembolso.

Também merecem críticas os governantes que não asseguram a continuidade de obras importantes pelo simples fato de que foram herdadas de gestões anteriores. A Administração Pública é muito maior do que as pendengas políticas e não pode sofrer solução de continuidade porque é o povo quem efetivamente arca com os prejuízos. Não faltam exemplos, ao longo de todo o território nacional, do descaso que paralisa obras de hospitais, escolas, estradas e saneamento, impondo um pesado prejuízo aos cofres públicos e um ônus extra à carente população brasileira. Esta será uma das minhas frentes de luta no Congresso Nacional.

5. Publicado em 17 de setembro de 1994.

6. O JOVEM E A MUDANÇA POLÍTICA[6]

É muito comum ouvir que o Brasil precisa promover uma ampla renovação política. A premissa que apóia esta meta é a de que convivemos com velhos costumes e métodos, alguns deles datados dos tempos iniciais da colonização. De fato, o mandonismo político, que persiste na figura dos "coronéis e dos feudos", o fisiologismo e o grupismo constituem resquícios de uma cultura política antiga, desenvolvida por nossos primeiros agentes políticos, mesmo antes da criação da República.

Estamos todos de acordo: mudar é preciso. Ocorre que nenhuma transformação, para obter níveis razoáveis de institucionalização, pode ser realizada da noite para o dia. A mudança política envolve gerações. Portanto, para que o processo político brasileiro comece a receber oxigênio novo, é necessário que plantemos, urgentemente, as sementes. E as sementes estão nos jovens. Precisamos olhar com mais atenção para o papel do jovem na sociedade. Para termos idéia de sua importância, basta atentarmos para o fato de que, nas eleições deste ano, os jovens de até vinte e quatro anos formam contingente de mais de 5 milhões de eleitores.

Infelizmente, esse universo se encontra muito afastado da vida política do País. E as razões são plausíveis. Escândalos, denúncias de corrupção, ausência de compromissos por parte dos políticos, descalabros administrativos, máquinas burocráticas emperradas, partidos sem programas doutrinários constituem, entre outros, os fatores que afastam os jovens do processo político. Na ausência de um projeto ético e de uma sinalização comprometida com mudanças, os jovens acabam destinando sua atenção para outras prioridades. É triste verificar que milhares de jovens, levados pela atração dos bens materiais e do consumismo, passaram a ver a política como algo desimportante e até desprezível.

Vemos com muita preocupação essa situação. Os jovens precisam ser motivados. Com bons exemplos, com histórias de decência, com

---

6. Publicado em 7 de outubro de 1994.

valores e princípios éticos. A conscientização política precisa vir também da Escola, dos mestres, dos pais. Hoje, o País respira política por todos os lados. Os candidatos expõem seus pontos de vista e seus programas. Não existe melhor momento que este para que os jovens possam fazer a sua avaliação e tomar as suas decisões. A mudança pode começar com a escolha de uma melhor representação nas Casas Legislativas. E os candidatos, por sua vez, hão de considerar os jovens em seu repertório, transmitindo idéias e propostas que possam envolver seu interesse.

É fundamental que, neste momento em que o País passa pela peneira ética, o conceito de brasilidade seja introjetado, de maneira mais profunda, no segmento jovem. A Escola não pode ser apenas um território de transmissão de informação. Há de ser, acima de tudo, um nicho de formação e desenvolvimento de caráter. Se conseguirmos conferir à Escola o seu papel de agente de transformação social, certamente estaremos forjando a mudança política que o País está a merecer. O jovem é e será o esteio da transformação política brasileira.

7. *BRASIL INAUGURA UM NOVO CICLO*[7]

O Brasil mudou muito nas últimas décadas. E mudou a ponto de podermos divisar um horizonte de racionalidade, de civismo, de voto de opinião, de decisão por convicção doutrinária, de apoio político por crença em propostas.

Pode-se até admitir que o País conviva, ainda, com razoável parcela de incultura política, traduzida nas faces do empreguismo, do paternalismo, do fisiologismo, enfim, do "mandonismo", cujo lema – *para os amigos pão, para os inimigos pau* – foi tão bem retratado por Vitor Nunes Leal, em seu magistral *Coronelismo, Enxada e Voto*.

Sabemos que a rarefação do Poder Público em nosso País contribui muito para a sobrevivência da cultura fisiológica e que a implantação do regime federativo deu relevância à política de reciprocidade. Ao tornar eletivo o governo dos Estados, permitiu a montagem, nas antigas províncias, de sólidas máquinas eleitorais, estáveis, base da política dos agentes governamentais, que trouxe consigo a utilização do dinheiro, dos serviços e dos cargos públicos, como processo usual de ação partidária.

Não podemos, porém, deixar de distinguir avanços na cultura política brasileira. O desenvolvimento das cidades, o acesso às tecnologias, a extensão da educação a imensos contingentes, o progresso industrial, a organização da sociedade e o sentimento cívico que se propaga, com a idéia central de participação mais direta e intensa do cidadão, no processo político, nos animam a acreditar que o Brasil está fechando, mesmo que devagar, a página do costume do voto clientelístico.

Apenas para lembrar: o Congresso Nacional afastou um Presidente da República e cortou sua própria carne, ao excluir alguns de seus representantes. Estamos vivendo o início de um ciclo: o da cidadania e da ética. Mudanças estão ocorrendo em muitos setores e a sociedade aguça o seu discurso crítico e o exercício da cidadania.

7. Publicado em 18 de março de 1995.

Entendemos que há muito, ainda, por fazer. Precisamos, por meio da educação, aumentar a faixa dos cidadãos ativos e diminuir os contingentes de cidadãos passivos, dóceis e indiferentes, que sustentam a política sem ideais e a cultura da reciprocidade.

Cremos que o Governo está interessado em acabar com o sistema baseado no *do ut des* (apoio político em troca de favores). Por isso, não acredito que o Governo usará a engenharia do "é dando que se recebe" para obter apoios do Congresso.

É claro que muitas e muitas vezes o Governo ouvirá o parlamentar sobre questões administrativas regionais, o que não significa fisiologismo e sim colaboração. Mas a motivação parlamentar gira em torno das grandes questões inspiradas no interesse social e no estágio de desenvolvimento do País.

Nós, do PMDB, temos feito reuniões, nas quais o eixo é a posição programática, doutrinária. O PMDB vai, por exemplo, decidir a respeito do instituto da Medida Provisória, tema de natureza institucional de alta relevância para equilibrar as relações entre os Poderes Executivo e Legislativo.

Sentimos que as casas parlamentares respiram civismo. Os assuntos que estão sendo debatidos revelam a feição de um Congresso muito atuante e ansioso para mostrar que o ideal coletivo estará acima dos particularismos.

8. INSTRUMENTO DA DEMOCRACIA[8]

Reeleger significa, politicamente, aprovar atuação do governante. É juízo de valor. O eleitor avalia, para conceder novo mandato, vários fatores: administração eficiente, lisura de procedimento, compromisso de metas etc. Não é, como no caso da primeira eleição, esperança de bom governo. É aprovação ou desaprovação em face de governo realizado.

É a reeleição, sim, instrumento saudável para a democracia porque leva o eleitor a votar em situações já comprovadas. O tema da reeleição, portanto, é da maior importância, já que diz respeito ao exercício mais transparente da cidadania. Deve, por isso mesmo, ser examinado em tese e não para satisfazer situações ou interesses imediatos.

Perdeu-se uma grande oportunidade durante a Constituinte de 1987/1988, quando o tema foi debatido sem obter aprovação. É matéria que não pode ser discutida casuisticamente. Não pode visar a favorecer ou a prejudicar um ou outro. Há de ser genérica. Por isso mesmo, não se pode discuti-la eliminando do seu alcance uma ou outra esfera de governo. Por exemplo, restringi-la ao Presidente ou aos Governadores ou então excluir Prefeitos.

A reeleição é uma tese e assim deve ser tratada. Ou se aplica a todos os órgãos executivos ou não pode ser adotada para nenhum. As premissas levantadas levam à conclusão de que, no instante em que se adota a tese da eleição, deve ela valer universalmente. Ou seja: para todos.

É claro que para ser coerente com as premissas levantadas haveríamos de optar pela idéia de que a reeleição só deve valer para o futuro, excluídos os atuais governantes. Sou obrigado a reconhecer, entretanto, que a decisão, por ser política, deverá levar em conta circunstâncias momentâneas.

8. Publicado em 17 de novembro de 1995.

Quais são essas circunstâncias? Em primeiro lugar, a validade da reeleição para o atual Presidente da República dependerá – e muito – do sucesso do plano econômico e do equilíbrio social que ele possa produzir e assegurar. No caso de Prefeitos e Governadores, o "valer já" levará em conta as aspirações naturais de parlamentares que eventualmente desejem disputar esses cargos.

Parece-me natural que tais aspirações poderão representar empecilho à emenda de reeleição. Outro problema será a tentativa de restringi-la a Municípios com mais de 200 mil habitantes. É claro que isso gerará movimento dos Prefeitos dos Municípios com número menor, o que, a meu ver, criará mais uma dificuldade para a aprovação da emenda.

Em resumo: o ideal é que o tratamento dessa emenda considerasse, sobretudo, as posições teóricas, mas as observações ora feitas levam à convicção de que será impossível afastar, nesse debate, o sempre prejudicial casuísmo.

9. PARÂMETROS DA GOVERNABILIDADE[9]

Não basta ter governo, é necessário ter a governabilidade para viabilizar um programa de governo. A política brasileira conheceu, ao longo da História, a consolidação da prática do "jeitinho", utilizado por muitos governantes através dos recursos das coalizões e do fisiologismo para obter maioria temporária. O Brasil vive outra realidade e não comporta mais improvisações. A construção de uma base parlamentar sólida é a única garantia da continuidade das reformas constitucionais e da modernização do País.

Os Presidentes que ignoraram a necessidade de construir uma base consolidada no Legislativo pagaram caro essa displicência. Um caso exemplar foi o de Jânio Quadros, cuja debilidade de sua base no Congresso levou-o a uma renúncia golpista, sem nenhum proveito para a democracia nacional. Também Fernando Collor tratou a questão com desdém e teve acachapantes derrotas na Câmara, muito antes do *impeachment*. Sem uma consistente base parlamentar, o Executivo passa a viver às turras com o Legislativo, procurando cada um dos lados angariar apenas dividendos políticos.

A governabilidade se edifica sobre dois pilares, fundados no Executivo e no Legislativo. A primeira esfera implica no entendimento de que, dentro do regime presidencialista, o comando pertence ao Presidente. E cabe a ele dar unidade a seu governo cobrando uma ação coesa de todos os ministérios. Só, assim, estará evitando conflitos de toda a ordem e propiciando as condições para que o titular da Pasta atue de forma harmoniosa com seus pares, visando a objetivos comuns, especificados pelo chefe do Executivo.

O Presidente tem o direito – e até o dever – de exigir eficiência do seu corpo ministerial. E, quando achar conveniente, sinalizar aos Ministros as falhas de sua atuação, a fim de assegurar a eficiência do governo

9. Publicado em 27 de dezembro de 1995.

como um todo. O chefe do Executivo tem de ser poupado de desgastes, principalmente os rotineiros. Compete aos Ministros gerir suas Pastas, intervindo em órgãos secundários, quando necessário, para solucionar impasses localizados. Somente depois de esgotadas todas as alternativas a seu alcance, o problema pode ser encaminhado ao Presidente. No entanto, o que se tem observado, na atual administração, é a instituição da tendência inversa.

As metas de um programa de Governo somente são cumpridas à medida que os Ministros dão conta de gerir as questões afetas às suas Pastas, demonstrando competência técnica e articulação política. O caráter reformista do Governo Fernando Henrique Cardoso, evidenciado no primeiro ano de gestão, transforma os ministérios em postos avançados de combate, exigindo de seus titulares perfis persistentes e dedicados. Não cabe a improvisação. Os problemas a serem enfrentados, na maioria dos ministérios, têm alto grau de complexidade, como a Reforma da Previdência, e exigem extenuante negociação até se chegar a um consenso.

Ao final do primeiro ano de Governo, termina o tradicional crédito de confiança atribuído ao Presidente e abre-se lugar para a etapa das cobranças e da necessidade de honrar os compromissos. Para que o Executivo chegue a bom termo nessa empreitada, é fundamental que todo o *staff* governamental, sob o comando presidencial, se empenhe nesse objetivo. Sobrecarregar o Chefe do Executivo com todos os problemas da esfera secundária do Governo é desviar sua atenção das prioridades e eximir os Ministros da responsabilização dos desacertos em suas áreas.

A governabilidade também se fundamenta no Legislativo. Sem maioria no Congresso, o Governo pode chegar a impasses negativos para o andamento das reformas em curso, pelo simples fato de que no jogo do poder político muitos gostam de demonstrar o quê e quanto podem. O Legislativo, além de legislar em nome do povo, existe para fiscalizar o Executivo e atuar como co-participante das reformas de interesse nacional, que geralmente o Governo empreende para aprimorar as instituições.

Na ausência de uma base parlamentar consolidada, o Planalto está fadado a divisar dificuldades intransponíveis no Congresso, que condenariam muitas das reformas pretendidas às calendas. Para tanto, necessita do apoio de partidos fortes, capazes de mobilizar suas bancadas de forma coesa e consciente. Um grande partido não cria para o Governo problemas com o chamado apoiamento de varejo, ou seja, reivindicações isoladas de determinados parlamentares que, para darem seu apoio, tungam o interesse da população em seu próprio proveito.

Dentro da atual realidade nacional, o Presidente necessita ter uma base parlamentar de sustentação sólida, que se sinta partícipe do Governo. Os partidos apoiadores precisam se sentir co-responsáveis pela gestão do Governo, consolidando sua atuação. A maioria se constrói com a observância das ponderações dos aliados, até porque os inimigos silenciam diante dos erros dos adversários. Somente a governabilidade, sedimentada em termos de eficiência do corpo ministerial e da consolidação da base parlamentar, removerá todos os obstáculos à Reforma do Estado e à modernização do País.

10. AS RESPOSTAS DA ÉTICA[10]

Para Aristóteles, a virtude é uma questão de hábito, tem de ser cultivada para gerar bons frutos. O cidadão que trata os outros eticamente, e aplica normas morais à sua vida pessoal, tende a repetir este procedimento em sua atividade profissional. Na busca de consolidar posturas éticas, independente do potencial individual de seus funcionários, muitas empresas forjam códigos internos de conduta, nos quais estabelecem regras separando os campos do lícito e do ilícito. Essa preocupação está alicerçada no fato de que o procedimento ético de um profissional acaba se refletindo na empresa onde trabalha, na comunidade, na cidade etc.

Tanto no mundo dos negócios, como na política, a evolução vem sendo respaldada por padrões éticos. Vem se forjando na ética a solução para muitos problemas da humanidade. Este postulado está presente em toda a história da humanidade, consagrando modelos universais de conduta, lastreados por alguns princípios básicos, como a observância da lei e as opções éticas fundamentadas em conceitos subjetivos, como justiça, honestidade, lealdade, responsabilidade, credibilidade, integridade, entre outros.

A ética se manifesta no campo privado, mas há quem reconheça na democracia uma forma pública de expressão da ética. O Brasil, através dos dois episódios da CPI do PC e CPI do Orçamento, agudizou uma demanda social por mais ética na esfera política. Não se pode negar que, neste período, o País evoluiu eticamente. A cada denúncia e apuração de fraudes, os brasileiros deram um passo à frente no campo da moralidade pública. A corrupção dentro do Estado prejudica a todos os cidadãos. A falta de ética dentro das corporações privadas tem um efeito igualmente devastador.

Se a ética é fundamental na política, é igualmente importante em qualquer outro campo profissional. Os administradores de empresas, por

10. Publicado em 30 de maio de 1996.

exemplo, tomam decisões com impactos morais, porque elas irão se refletir sobre a vida de um universo de pessoas. Um profissional ético busca sempre mensurar quais são suas responsabilidades para com sua empresa, seus clientes, fornecedores, distribuidores e a comunidade onde trabalha. Toda empresa que busca o lucro justo, paga salários dignos, garante a segurança e formação de seu pessoal e arca com os impostos está tendo um procedimento ético.

Um profissional ético busca sempre orientar toda tomada de decisão com base em valores morais. É com a argamassa da ética que vimos consolidando os alicerces da confiabilidade, sem a qual as relações econômicas, sociais e políticas não perduram. Alguns estudiosos apontam que o século que se finda foi dominado pela técnica e o próximo, que se aproxima, será marcado pelo império da ética, quando se buscarão respostas éticas para todos os grandes problemas humanos, principalmente os de cunho social, como a miséria, a desigualdade e o desemprego.

11. REELEIÇÃO NO LEGISLATIVO[11]

O dever ético, no início da discussão sobre a reeleição para a Presidência das Mesas da Câmara e do Senado, determinava-me o silêncio absoluto sobre o tema, dado vislumbrar-se a possibilidade da minha reeleição. Parte interessada deveria silenciar. Assim fiz durante longo período. Ocorre, entretanto que, um articulista, professor da área de direito público, insiste em dizer que eu estaria participando de possível fraude à Constituição Federal. Para tanto, buscou interpretar o art. 57, § 4º da Constituição Federal e até trecho de meu livro (*Elementos de Direito Constitucional*) para alegar: a) o dispositivo constitucional citado impede a reeleição; b) no meu livro sustento essa tese.

Começo por dizer que, em época de astronaves surpreende-me a interpretação pedestre que se dá ao Texto Constitucional e ao meu livro. Aprendi, no preâmbulo dos meus estudos de Direito, que a interpretação prestante é a sistemática. Seja: só o exame do sistema constitucional – às vezes, num só artigo – enseja a compreensão do texto jurídico. Por isso, aliás, há cursos jurídicos no País, onde, ao longo de cinco anos, o acadêmico acaba por conhecer o sistema jurídico nacional e, assim, a interpretá-lo.

Por tudo isso, é que Celso Bastos ensina: "Não se pode, pois, reduzir o intérprete a mero autômato. Todo ato interpretativo é um ato de vontade; contém, em si, uma carga valorativa própria daquele que desenvolveu a atividade interpretativa. Vale lembrar que a interpretação constitucional não deve procurar obter a vontade de uma norma isolada. Formando a Constituição um sistema, suas normas deverão ser consideradas coesas e mutuamente imbricadas. Jamais se poderá tomar alguma isoladamente" (*Folha de S.Paulo*, 5.12.1998, p. 3).

Examino, assim, em primeiro lugar, o sistema montado no art. 57, § 4º. Esse dispositivo tem os seguintes comandos: a) cada Casa do Con-

---

11. Publicado em 14 de dezembro de 1998.

gresso Nacional deve reunir-se no dia 1º de fevereiro *e no primeiro ano da legislatura* para: a 1) posse de seus membros; 2) eleição das respectivas Mesas; 3) com mandato de dois anos; 4) vedada a recondução para o mesmo cargo na eleição *imediatamente* subseqüente (grifei, de propósito). Desses comandos, deduz-se que o sistema montado no preceito cuida da legislatura. É dispositivo cuja aplicação se renova a cada 4 anos para aqueles 4 anos, lapso temporal de *uma* legislatura. Aplicando-se a cada legislatura, fica vedada a recondução para o mesmo cargo da Mesa na eleição *imediatamente* subseqüente. Dele também se extrai que quem ocupar um cargo na Mesa pode candidatar-se a outro cargo, *na mesma legislatura*. Essa é a interpretação do art. 57, § 4º. Toda essa matéria já foi pacificada, na Câmara dos Deputados, quando o Deputado Ulysses Guimarães foi reeleito, subseqüentemente, em outra legislatura.

Mas, para aqueles que se satisfazem com a interpretação literal, recomendo que se atenham ao vocábulo "imediatamente". O dispositivo impede reeleição para a eleição *imediatamente* subseqüente, na mesma Legislatura. Imediato é o que vem *logo após*. Mediato é o que vem depois. O constituinte sequer disse "na eleição subseqüente". Disse: "na eleição *imediatamente* subseqüente". O *"imediatamente"* significa *logo após*, na mesma legislatura. Deu ênfase, portanto, à idéia de que apenas na legislatura de 4 anos é que se impede a reeleição. Não é sem razão, portanto, que o Regimento Interno da Câmara Federal não considera recondução a eleição para o mesmo cargo, em legislaturas diversas.

Interessante notar que a mesma negativa de uma visão sistêmica deu-se na leitura do meu livro. Foi escrito quando em vigor a Constituição de 1967, com a redação dada pela Emenda Constitucional de 1969. A discussão que se colocou àquela época está retratada na pergunta que lancei: "Poderia um deputado que participasse de uma Mesa na qualidade de Secretário, candidatar-se a Presidente na eleição seguinte para preenchimento dos cargos da Mesa? Estaria a vedação circunscrita ao próprio cargo desempenhado ou estende-se a todos os cargos da Mesa?" (*Elementos de Direito Constitucional*, 14ª ed., p. 127).

Invoquei parecer do saudoso Professor Geraldo Ataliba em que, examinando a letra da Constituição e os princípios então vigentes, concluiu ser impossível a reeleição para qualquer cargo da Mesa por quem dela tivesse participado, salientando a inexistência, naquela época, do princípio da reeleição para funções executivas.

Como a matéria enfrentada era exclusivamente essa, concluí que a Constituição de 1988 deu tratamento diverso ao tema permitindo a recondução para outro cargo da Mesa. Disse: "Foi, como se vê, matéria geradora de muita polêmica sob o império da Constituição anterior. Entretanto, essa questão ficou superada pela Constituição de 1988 que, no art. 57, § 4º, vedou '... a recondução para o mesmo cargo na eleição imediatamente subseqüente', o que significa a possibilidade de eleição para *outro* cargo da Mesa".

Não cuidei, nem o Professor Geraldo Ataliba, do exame de legislaturas diversas. Sempre a mesma legislatura.

Invocando, ainda, critérios principiológicos, saliento a compatibilidade do disposto do art. 57, § 4º, com os princípios constitucionais, já que, diferentemente da data em que o Professor Ataliba escreveu o seu parecer, hoje vigora o princípio da reeleição para cargos executivos.

Manifesto-me, porque a minha omissão representaria fraude à minha consciência e permitiria, ainda, fraude à leitura do meu livro e do Texto Constitucional.

12. FEDERAÇÃO E REPACTUAÇÃO DE COMPETÊNCIAS[12]

Tornou-se modismo falar-se em revisão do pacto federativo. Algumas vezes cheguei a utilizar a expressão. Começo a perceber, contudo, que muitos imaginam reescrever o Texto Constitucional, passando por cima do princípio federativo que consiste na autonomia recíproca dos Estados e da União. Convém esclarecer o que se há de compreender pela revisão daquele pacto. O que se quer, na verdade, é nova repartição de competências entre União, Estados e Municípios, incluído o Distrito Federal, com a conseqüente entrega de recursos para que tais entes federativos possam desempenhar suas tarefas constitucionais. O que se pretende é a descentralização política, de modo que Estados e Municípios tenham a obrigação de prestar serviços de interesse do povo como educação, saúde, segurança, ficando a União como a coordenadora geral desses serviços internos – até para uniformizá-los, respeitadas as peculiaridades locais – e como representante do País nas suas relações internacionais.

Se há redistribuição de serviços há de haver redistribuição de recursos, atendendo à postulação dos Estados e Municípios que desejam receber tais recursos diretamente, sem nenhuma intermediação de outra pessoa federativa.

É verdade que a Constituição estabelece a Federação como cláusula imodificável. Impede até emenda constitucional "tendente" a aboli-la, mas a outorga de competências aos Estados importa no fortalecimento do princípio federativo, já que a União resulta da "união" dos Estados. Entregar serviços, competências, recursos aos Estados não desmerece, politicamente, a Federação. E não é vedada juridicamente. Veda-se o contrário. Se a emenda constitucional retirar competências de Estados para entregá-las à União, haverá natural tendência ao desaparecimento da Federação, já que esta resulta, convém repetir, da soma de autonomias

12. Publicado em 21 de fevereiro de 1999.

locais, os Estados, dela nascendo a União. Se estes perdem as suas competências, desaparecem juridicamente.

A conseqüência é a abolição da Federação. Daí a proibição.

Hoje, mais do que antes, impõe-se a repactuação federativa. Sabemos, todos, que a formação federativa no Brasil deu-se de maneira centrífuga, diferentemente da americana que se verificou de forma centrípeta. Aqui imperou, sempre, a centralização. Quando se proclamou a República, os juristas e politicólogos pleiteavam, antes, a Federação, ou seja, autonomia integral para as então Províncias, de modo que pudessem reger competências próprias por meio de autoridades próprias e com recursos próprios. Rui Barbosa foi o exemplo dessa postulação, conhecedor e admirador que era do sistema norte-americano. Estados que se uniram na América do Norte, por um vínculo mais efetivo (Federação, de *foedus*, *foederis*, significa pacto indissolúvel), derivaram de uma Confederação, forma de Estado em que este se liga a outro por um tratado internacional, não por força de uma Constituição que lhes dá unidade. Eram Estados soberanos que se aliaram, partilhando, no dizer de Calhoun, a soberania. Eram, portanto, naturalmente autônomos. Abriram mão de parte de suas competências, entregando-as ao produto de sua aliança, a União Federal. Deram-lhe uma sede: o Distrito Federal. No Brasil, o Estado era Unitário. O Decreto n. 1, de 15 de novembro de 1889, proclamou a República e decretou a Federação como forma de Estado. A descentralização, portanto, no nosso País, foi artificial.

O objetivo desta breve descrição é o de enfatizar que tivemos sempre uma cultura política centralizadora que não conseguimos romper ao longo do tempo.

Ao contrário. Os movimentos radicalmente centralizadores foram muitos. Veja-se a Constituição de 1937; depois, o golpe político de 1964, com todas as suas conseqüências jurídicas. Sempre centralização. Os Estados cada vez mais dependentes da União. E esta a assumir, ao longo de muito tempo, a dívida dos Estados. Hoje, a União assume um total de 108 bilhões de reais, que repercute nas suas relações internacionais e faz com que os Estados, sufocados pelas necessidades sociais do seu meio, não suportem provê-las e, ao mesmo tempo, resgatar seu débito.

Isto, aliás, tem gerado impasses institucionais que todos conhecemos e que instabilizam a sociedade brasileira.

Chega-se ao exagero de se reunirem, separadamente, Estados governados pela oposição e os governados pela situação, como se a questão fosse partidária. Ela é o que é: institucional. E sob esse foco há de ser resolvida. Aliás, seria muito útil, se todos soubéssemos distinguir o momento político-eleitoral do momento político-administrativo. Aquele se dá no momento da eleição quando está em jogo o interesse partidário; depois e no segundo instante, o que está em jogo é o interesse popular de todos os habitantes do Estado, não importando o partido vencedor das eleições. Por isto é que se insiste na necessidade, não só agora, da conversação direta e imediata de todos os agentes políticos federativos (Governadores e Presidente) que chegaram ao poder para exercê-lo em nome do povo, como também se coloca o reequacionamento da fórmula federativa vigente. E um dos instrumentos mais eficazes para esta repactuação é a Reforma Tributária. É nela e por meio dela que poderemos redistribuir competências e conferir aos Estados e Municípios recursos próprios para geri-las. Por meio dela, podemos descentralizar, ou seja, retirar do centro para as unidades estaduais, boa parte das responsabilidades governativas. Do instante em que se ampliam as competências e os recursos dos Estados, maiores as suas responsabilidades e, portanto, importantes instrumentos de responsabilização haverão de ser estabelecidos. É claro que legislação constitucional modificadora poderá vir logo. A sua execução dar-se-á a médio prazo, de tal forma que a prosperidade dos Estados evitará novos endividamentos, podendo-se até chegar, no futuro, ao exemplo de Estados americanos que, com suas contas saneadas e economia forte, abriram mão dos recursos federais que lhes seriam destinados. É claro, também, que isso demandará ações administrativas enérgicas tanto dos Estados quanto da União. E sacrifícios, que o povo vem fazendo estoicamente.

O que não se pode é rolar permanentemente as dívidas, chegando a tal montante que os Estados ficam impossibilitados de pagá-las. Não é demais relembrar que ninguém pode gastar mais do que aquilo que arrecada. Esta regra, singela, se aplicada, cortará o nó do ciclo vicioso da rolagem perene das dívidas.

O arcabouço que se propõe neste escrito dependerá da vontade soberana do Congresso Nacional, que dirá qual a melhor forma de redistribuir competências e recursos. Mas ele se consolida com a indispensável Reforma Política, por meio da qual deverá chegar-se a desempenho político-administrativo compromissado com as reais correntes de pensamento do País. Partidos fortes, fidelidade partidária, sistema de voto compatível com nossa realidade eleitoral, programas bem definidos, certamente contribuirão para maior equilíbrio federativo.

A esta missão deverá dedicar-se, com afinco, o Poder Legislativo nesta legislatura.

13. PACTO FEDERATIVO E REFORMA POLÍTICA[13]

A Federação é, de acordo com as normas constitucionais, intocável. O que não impede que ela seja fortalecida. É este o cerne do tema, quando se discute uma revisão do pacto federativo, que fortaleceria financeiramente Estados e Municípios, outorgando-lhes novas competências, e revigoraria a União.

O Brasil monárquico era unitário. A Federação, como forma de Estado, nasceu por decreto junto com a República. A descentralização que ali se desenhava era, portanto, artificial. Os juristas e políticos da época lutavam por uma autonomia integral das províncias, espelhando-se no melhor exemplo da época, os Estados Unidos da América. Ocorre que lá, ao contrário do Brasil republicano, a Federação não se deu por força de um decreto ou norma constitucional, mas por um pacto entre Estados soberanos. Edificou-se uma aliança – com os Estados abrindo mão de parte de suas competências.

A forma como se deu a descentralização no Brasil criou uma espécie de cultura de fluxos e refluxos artificiais. Tivemos, em meio aos ensaios descentralizadores, movimentos centralizadores que seguiam a mesma maneira artificial de se desenhar o modelo de Estado, como na Carta de 1937 e no golpe de 1964. Movimentos centralizadores que causariam dois males principais: Estados e Municípios cada vez mais distanciados e dependentes dos centros de decisões, e a União bancando-lhes as dívidas crescentes, o que a coloca em permanente dificuldade nas relações internacionais.

Com o advento da democracia, passamos a vivenciar uma relação federativa de instabilidade a cada sobressalto econômico ou político. Por mais de uma vez, assistimos a movimentos de união entre Governadores de oposição de um lado, de situação de outro, como se a União estivesse sujeita a abalos a cada período eleitoral. Este é um dos muitos sintomas

13. Publicado em 18 de junho de 1999.

que apontam para a necessidade urgente de reequacionamento da nossa fórmula federativa. E isto só poderá dar-se num entendimento direto, em nome do povo e não deste ou daquele partido, entre os Governadores e o Presidente da República, com o Congresso estabelecendo a melhor forma de distribuir competências e recursos.

Não são apenas os Governadores e Prefeitos que clamam por maior autonomia, pelo desejo de poder definir melhor os rumos econômicos e sociais dos seus Estados e Municípios. A União também se vê amarrada ao bancar as dívidas dos Estados, que hoje sobem a mais de R$ 100 bilhões. Quando se fala em autonomia, é preciso pensar que ela é uma via de mão dupla: autonomia para os Municípios, mas também para a União, credora de contas sempre crescentes. E os Estados só poderão fazer frente às suas dívidas dentro de outra estrutura financeira, o que nos leva à inadiável Reforma Tributária. É preciso redistribuir competências e deveres, possibilitar que Estados e Municípios obtenham recursos próprios para gerir suas contas e bancar seus débitos. A redistribuição de recursos tem de vir acompanhada de serviços, para que os membros da Federação possam administrar sem os intermediários do governo federal. Não devemos incorrer nos nossos erros históricos e acreditar que poderemos realizar mudanças estratégicas num sistema centralizador, de raízes seculares, com simples alteração na legislação constitucional. Mesmo que fruto de muita discussão e entendimento, ela pode vir em tempo razoavelmente curto. Boa parte de sua instrumentalização, como as reformas políticas necessárias e a Reforma Tributária, já está em discussão no Congresso.

Mas sua efetivação, sua prática, demandará ainda algum tempo. Os Estados e a União terão que efetivar as medidas administrativas saneadoras para sair do círculo vicioso da rolagem de suas dívidas, fazer como todo administrador responsável: gastar apenas o que arrecada. O Congresso tem fornecido bom instrumental legislativo para isso. E vai estabelecendo também regras que tornarão permanentes nossas instituições, pressupostos essenciais para o equilíbrio federativo, como partidos fortes com programas definidos, políticos fiéis às suas legendas e formas de eleição mais compatíveis com nossa realidade.

14. PARLAMENTARISMO E MONTORO[14]

Além de evocar seriedade, dignidade, compostura, política, coerência, modéstia (atributo da grandeza) Franco Montoro, exemplo para todos, evoca parlamentarismo. Esta foi uma de suas últimas bandeiras. Nos seus 82 anos, ágil como nunca, foi a mim para insistir na instalação da comissão especial que examinaria o tema. Instalei-a. E vejo, hoje, que a luta política de Montoro pelo parlamentarismo é simétrica com as suas teses de descentralização, participação e emprego. Democrata, Montoro sempre ensinou que a centralização (trazer tudo para um mesmo centro) é prejudicial à democracia.

O Presidente, no presidencialismo, é um monarca a prazo certo, dizia. Tudo gira em torno dele. Inclusive as crises. Quando a crise se avoluma, surgem as propostas de renúncia do Presidente ou de seu impedimento. Até nos Estados Unidos é assim. Exemplos recentes o revelam. E renúncia ou impedimento é crise agravada, não resolvida. Isto quando não ocorrem movimentos contestadores revolucionários para derrubar o Presidente. A composição de forças políticas, no presidencialismo, por sua vez, é extremamente complicada. Especialmente em país como o nosso com grande número de partidos.

No Brasil, o Presidente é eleito pela maioria do povo, mas por uma minoria partidária. Foi assim com Collor (eleito pelo PRN) e com Fernando Henrique (integrante do PSDB). Depois, é preciso costurar o apoio político congressual, o que acarreta inúmeras críticas aos partidos políticos e ao Legislativo. Diria – sem medo de errar – que o Executivo e o Legislativo praticamente se antagonizam, na medida em que, de um lado, exige-se a independência absoluta do Legislativo como se este também não fosse "governo" e, de outro, quando o Presidente consegue montar sua base de apoio, o faz sob a acusação de fisiologismo e outras práticas condenáveis. Esquecem-se, aqueles que cobram independência integral do Legislativo,

14. Publicado em 22 de julho de 1999.

que a Constituição também determina a harmonia entre os Poderes, o que significa trato institucional respeitoso e integrativo. Como, de resto, não são poucas as vezes em que se exige do Presidente, "autoridade", como se esta fosse um atributo do governante e não da lei.

A autoridade provém da lei, não da pessoa física eventualmente ocupante do poder. Como o presidencialismo é sistema centralizado de poder, é desse centro, o Presidente, que se espera a solução de todos os problemas. Este fenômeno, em democracias frágeis, gera o caciquismo, o caudilhismo, o populismo demagógico. Exige-se do Presidente esse papel. A polícia do Pará tira a vida de "sem-terra"? Cobra-se do Presidente providência, nada importando o sistema federativo, segundo o qual segurança pública é competência do Estado. Índio pataxó é morto, queimado, embaixo de viaduto em Brasília? A responsabilidade é do Presidente. São, como se vê, pequenos exemplos reveladores do fenômeno "centralização do Poder". Ademais disso, nunca é suficientemente respeitosa a relação dos partidos políticos e do Legislativo com o Presidente e deste com aqueles. Mesmo quando a relação é com a sua base de apoio. As intrigas vicejam; as brigas por espaços de poder são constantes; os partidos criticam o Presidente e este critica os partidos. De fora parte as ironias nascidas desse trato desrespeitoso que em nada contribuem para a evolução dos costumes políticos. A conduta de todos deveria pautar-se por certa cerimônia que as instituições legais determinam.

É interessante notar que, no nosso presidencialismo há, sempre, a busca de alguém que faça as vezes de interlocutor qualificado com a classe política e a própria administração. A figura do articulador político é recorrente no sistema. Sempre se pensa em alguém que faça a ligação direta com o Parlamento e deste com a Administração. Talvez para deixar o Presidente exercer, com mais tranqüilidade, a Chefia de Estado (representação externa e participação nas linhas gerais da política administrativa interna).

Montoro, quando Governador, ao nomear Roberto Gusmão, Secretário do Governo, enfatizou, em reunião do Secretariado, que ele seria o seu Primeiro Ministro, ou seja, aquele que cuidaria da política administrativa do Estado. Esse gesto simbólico teve o objetivo de evidenciar a importância da descentralização do poder.

Penso que devemos reativar o tema. Revitalizá-lo mediante discussão. Verificar quais os limites da competência do Chefe do Estado e do Chefe de Governo. Transferindo esta última atividade ao Parlamento, estaremos eliminando crises que, no Presidencialismo, se arrastam, paralisam o Governo e quando se resolvem, deixam seqüelas. No parlamentarismo, sabidamente, a composição de forças é mais natural, pois é de sua essência a coalizão política com vistas ao exercício governamental. Não costuma remanescer trauma político ou institucional quando há mudança administrativa. E o partido ou a coalizão governante é, sempre, a que foi vitoriosa nas urnas. Fui, no passado, presidencialista, mas a experiência que tenho vivido nestes últimos 8 anos, no Parlamento, indica-me, mais uma vez, que Montoro tinha razão. Por isso, em próximo artigo, analisarei os projetos que tramitam pela Câmara Federal.

15. PARLAMENTARISMO: PRÓXIMA ETAPA[15]

A Câmara dos Deputados cuidou, ao longo deste ano, de levar avante pauta própria. Nela se encartaram as Reformas Tributária, do Judiciário e a limitação da edição de medidas provisórias. Foram tarefas até agora bem sucedidas. O debate não ficou paralisado. Caminhou. E, como convém à democracia, gerou teses adversárias que, pouco a pouco, vão se compondo. Mesmo os incrédulos foram obrigados a acreditar nas reformas porque as impulsionamos com o apoio dos líderes partidários e o entusiasmo de todos os Deputados. Tornou-se irreversível esse processo.

Vencida essa fase, vamos discutir a Reforma Política, que há de se iniciar pela apreciação do sistema parlamentarista de governo. Quando o Brasil perdeu Montoro, escrevi o artigo "Parlamentarismo e Montoro", começando por dizer: "Montoro tinha razão". Mais recentemente, encaminhadas as reformas mencionadas, comecei a falar afirmativamente sobre o tema que, pela repercussão junto aos pólos formadores de opinião, revela o grande interesse que desperta. Para incentivar a discussão, focalizo a matéria sob vários ângulos.

O primeiro deles é técnico-jurídico: afinal, rejeitado o parlamentarismo em plebiscito nacional, é possível reinstaurá-lo? A resposta é afirmativa. Nada impede a sua adoção. Poderia até invocar a Constituição Federal, art. 60, § 4º, inciso III, para dizer que a separação de Poderes é intocável diante de sua "petrificação". Seja: se a separação de Poderes é imodificável, imutáveis serão as suas competências. Portanto, o Legislativo legisla, o Executivo executa e o Judiciário julga. Seriam tarefas indelegáveis mesmo por emenda à Constituição. Confesso que já me impressionei e até sustentei, no passado, essa concepção. A meditação e as discussões jurídico-constitucionais levaram-me à outra convicção, menos formalista e mais adequada à realidade atual. O que o constituinte

15. Publicado em 27 de dezembro de 1999.

quer, no art. 60, é que o sistema seja sustentado por três funções distintas, exercidas por órgãos distintos. A deslocação de uma das tarefas de um Poder para outro não significa a abolição desse Poder. Não fosse assim, não poderíamos cogitar da Reforma Tributária porque uma de suas conseqüências é transferir competências ou recursos de uma para outra pessoa política: União, Estados e Municípios. E "Federação" é, também, cláusula dita "pétrea".

Por outro lado, a manutenção do presidencialismo, em plebiscito de 1993, não o eterniza. Tratou-se do cumprimento de uma disposição transitória (transitório é o que fenece, desaparece, perde a eficácia, quando utilizada a competência – realizar plebiscito – prevista na norma). As disposições permanentes, como dito, não impedem a modificação. Prevêem, até, a possibilidade de consulta popular (CF, art. 14) por meio de plebiscito ou referendo, instrumentos reveladores do exercício da democracia direta.

O segundo ângulo sob que desejo examinar a questão é o político: afinal, deve o Poder que legisla, incumbir-se de parte da execução, da administração?

A primeira verificação a fazer é que as coisas já se passam dessa maneira. Desde a Constituição de 1988, temos um parlamentarismo às avessas: o Poder que executa, legisla, graças às medidas provisórias. Basta examinar o número de medidas editadas a partir da nova Constituição para concluir pelo acerto da frase. Precisamos inverter o processo. O Poder que legisla deve ficar responsável por parte da execução. Estou convencido que essa fórmula faria cessar o litígio permanente que envolve os Poderes Executivo e Legislativo.

Carrego também a convicção de que o programa de reformas e mudanças seria mais agilizado caso se processasse dentro do parlamentarismo. O Brasil perde muito tempo com os constantes impasses, frutos de visões díspares, entre o Executivo e o Legislativo. Do instante que o Legislativo passe a ser responsável pelo governo, os resultados deste – positivos ou negativos – recairão diretamente sobre ele. Como responder, então, pela governabilidade se o Legislativo não governa? Ademais, a coalizão de forças dos partidos que governam, seria seguramente mais sólida no parlamentarismo do que no presidencialismo, onde a instabilidade da chamada "base governista" é constante. Precisamos transformar o conceito de "base governista" (a que se tenta imputar a significação pejorativa), para "base governadora", nada importando se o ocupante do poder é o grupo atual ou o que hoje está na oposição. Ressalte-se que a inversão do processo com o Legislativo executando permite, na eventualidade de falhas governativas graves, a mudança de governo (que era do gabinete), sem traumas institucionais.

Com isto, quero também aduzir que temas como fidelidade partidária, voto distrital, cláusulas de barreira, recorrentes em matéria de Reforma Política, só terão sentido em novo sistema de governo. Em que e como as instituições ficarão mais produtivas com a adoção do voto distrital, fidelidade etc., sem modificação conjuntural?

É claro que há várias espécies de parlamentarismo. Saberemos construir o nosso, de acordo com a nossa realidade social, histórica e política. E, desde logo, vou dizendo: sob o ângulo político, a modificação demandará plebiscito após ampla campanha esclarecedora. Mas esses são assuntos que ficam para outra oportunidade.

16. A DEMOCRACIA SOCIAL E O IMPÉRIO DA LEI[16]

A *Folha de S. Paulo* publicou pesquisa reveladora de que mais de 50% dos brasileiros não aplaudem a democracia. É até assustador o número de pessoas que aprovariam um sistema autoritário. Vi, lamentavelmente, confirmar o que venho dizendo já algum tempo: o Brasil vive fluxos de democracia e refluxos de autoritarismo. É o que evidencia a nossa trajetória constitucional. A vinte, trinta anos de um sistema aberto, participativo, segue-se outro período de sistema fechado, ditatorial. Tem sido assim desde a Primeira República. Montou-se sistema aberto (para a época), até 1930, quando começaram a soprar os ventos do autoritarismo, que se consolidou em 1937, perdurando até 1945; vivenciamos a democracia de 1946 a 1964, seguida do autoritarismo de 1964 a 1982.

E há 18 anos estamos em regime aberto, quando pudemos presenciar a cassação de um Presidente da República e – por incrível que pareça – a assunção de seu vice, que conclui o mandato. Eleições livres elegem novo mandatário que se reelege sem traumas.

Aparentemente, o regime democrático denotava consolidação. Não é, entretanto, o que a pesquisa revelou. Cabe, aqui, a confirmação de outro fato que tenho ressaltado: quando ocorre o chamado "Golpe de Estado", vem ele amparado pela vontade popular e não apenas pela força dos "golpistas". Não quero ser catastrófico, porém creio ser oportuno fazer um alerta sobre o significado da pesquisa, que revela o estado de espírito do povo brasileiro.

De nada vale garantir ao cidadão o direito de livre manifestação, de associação, de livre circulação, de livre convicção política e religiosa, se lhe falta pão sobre a mesa.

Locupletamo-nos, como é sabido, da democracia política. Desfrutamos dela. A locução nacional se abriu por completo. O discurso, em certos momentos, extravasa nas bordas do exagero. Todos podem criticar

---

16. Publicado em 1º de agosto de 2000.

a todos, se assim o desejarem. Não temos, pois, carência do arcabouço libertário. Em contrapartida, sobram carências em outro eixo, o da democracia social, a do "pão sobre a mesa". Esta expressão quer significar a democracia de conteúdo social, voltada para o escopo do desenvolvimento, do emprego, da segurança pública, da saúde e educação. Em síntese: a democracia provedora da Cidadania, das condições dignas de vida. Quando o jogo democrático é incapaz de influir na distribuição de riqueza, perde sua principal fonte de legitimação.

A estabilidade da moeda, é certo, foi uma grande conquista para o País. O Brasil, com sua economia estabilizada, voltou a se fazer respeitar no cenário internacional. Mas, no plano social, o País ainda precisa avançar, e muito. Basta um rápido olhar sobre a moldura dos contrastes nacionais: 1% da população brasileira detém mais de 50% do estoque de riqueza do País; cerca de 40% da população urbana vive abaixo da linha de pobreza.

Uma democracia sem igualdade de oportunidades e que não se apresenta como instrumento para diminuir aberrantes distâncias sociais é mera caricatura de si mesma. Outro aspecto que, nesse momento, merece atenção é o conceito do império da lei como alicerce maior da democracia. É a lei que organiza, que determina, que dá estabilidade às relações sociais. Saber o que dizem a Constituição e a Lei e aplicá-las é saber quais são "as regras do jogo". Se alguém contrata, investe, produz, constitui família, se emprega, saberá quais são as normas regentes de seu ato, que só será permanente se o sistema jurídico for estável e, especialmente, se for obedecido.

A que, porém, temos assistido? À completa desobediência da lei. Exemplifico: a Constituição determina a harmonia entre os Poderes. Nem sempre é obedecida. Nada contra o MST. Como seus integrantes, porém, se julgam no "direito", contra a lei, de invadir terras, também alguém poderá, caso assim entenda, dizer que a cobrança do pedágio é inconstitucional e derrubar as barreiras com seu carro, sem buscar solução no Judiciário. Poderá simplesmente fazer "a sua lei" e contrariar o que as leis do país determinam.

Alguém poderá alegar que a lei, às vezes, é injusta e não se deve cumpri-la. É uma concepção. Equivocada, porém, pois gera desordem, que é a violação da ordem legal. Se a lei é injusta, a sociedade há de buscar sua modificação por meio dos canais competentes, entre os quais os partidos políticos com representação nas Casas Legislativas. Tudo isso deriva da nossa formação e da nossa cultura. Basta ver como somos pródigos em jogar papel na rua, quebrar orelhões telefônicos, pichar prédios públicos e particulares, invadir sinal vermelho, caminhar em pista de ciclista, ou vice-versa, ciclista pedalar em área de pedestres. Aliás, fala-se muito em "tolerância zero". Ora, o que ela significa se não apenas o cumprimento radical da lei? Afinal, pode-se quebrar vidraças, pichar prédios, fazer badema nas ruas? Não. A lei não o tolera. Isso é "tolerância zero".

Estas deficiências e distorções acabam gerando falta de crença no sistema democrático. Daí pregar-se a necessidade de um dirigente autoritário, forte, bravo, raivoso, para pôr ordem na casa. Esse é o risco de descambarmos numa ditadura. Autoridade é aquela que aplica rigorosamente a vontade da lei e não aquele que impõe a sua vontade ditatorial.

Não podemos perder a oportunidade de consolidar a nossa democracia. Nunca, como agora, combateu-se com tanta eficácia a corrupção. Se ela induz as pessoas a acharem que ninguém é confiável, também é certo que uma boa pregação há de revelar que este combate é necessário para se colocar o País nos trilhos da *res publica*, da coisa pública.

Alguém poderá perguntar: e o meu emprego, a minha segurança, o direito de andar tranqüilamente pelas ruas onde ficam? É importante lembrar que não são mais leis que solucionarão o problema (há um velho hábito no País: existe um problema, faça-se uma lei). Esquece-se que a questão é de execução, de administração. Segurança pública? Aloquem-se e invistam-se recursos. Só para exemplificar: os distritos policiais, há muito tempo, transformaram-se em mini-presídios, quando sua tarefa é apenas a de reter o preso em espera de julgamento. Há 180 mil presos no Brasil e mais de 100 mil mandados de prisão sem cumprimento. (Nos Estados Unidos, vale lembrar, há 2 milhões de presos.) A solução? Presídios, agentes especializados na tarefa de guardar presos, unificação dos meios operacionais das polícias civil e militar, remuneração adequada, operações conjuntas de ambas as polícias, meios para entregar a segurança pública à competência administrativa municipal. Excetuada a última sugestão, o resto depende de investimento. Bem fariam os autores do Plano de Segurança Pública se atentassem para tais questões.

É claro que o combate às origens da criminalidade deve ser absoluta prioridade. E aí chegamos ao campo do desenvolvimento. Uma das ferramentas? A Reforma Tributária. Com ela, viria a desoneração do setor produtivo com vistas a propiciar o aumento da produção e a conseqüente ampliação do emprego. É lamentável constatarmos que o sonho da maioria dos empresários nacionais, hoje, é o de vender sua empresa para a grande empresa estrangeira. Se isto ocorre, alguma coisa não vai bem. Saúde? Educação? Recursos para combater a miséria que assola grande parte do País.

O que precisamos mesmo é de Ordem e Progresso, valores que os nossos primeiros republicanos anteviram como síntese necessária para a consolidação do País. A Ordem é o cumprimento da lei e o Progresso é a concretização de metas sociais para a consolidação da Cidadania e da Nação.

17. PROPAGANDA POLÍTICA E DEMOCRACIA[17]

A comunicação política tem papel fundamental para o fortalecimento dos sistemas democráticos. As razões que amparam esta hipótese apontam, inicialmente, para a necessidade de a democracia se amparar numa vasta rede de canais que permitam ao povo, o verdadeiro detentor do poder político, conhecer e avaliar a qualidade da representação concedida, temporariamente, aos mandatários. O controle do exercício da atividade pública pressupõe, portanto, que dela tome ciência o corpo social. Sem essa premissa, fica prejudicado o conceito de democracia. Dentro dessa abrangente visão, onde se situa o papel específico da chamada propaganda política? A resposta merece algumas considerações.

Os sistemas democráticos, como se sabe, se legitimam no poder fundamental do povo, que se apresenta por meio do sufrágio universal, tendo cada cidadão direito a um voto. Os partidos políticos se apresentam ao povo, em intervalos periódicos, oferecendo candidatos, que, por sua vez, expressam propostas e programas de ação executiva e parlamentar. A comunidade política se manifesta livremente e o Estado garante as liberdades de expressão, de associação, de publicação e a proteção dos direitos individuais. O sistema de comunicação, dentro de um regime democrático, cujas características foram acima assinaladas, é desenvolvido e explorado pela iniciativa privada, mesmo sendo o Estado detentor das concessões na área eletrônica, como o rádio e a televisão.

As informações de caráter político, nessa moldura, não são imunes ao contexto social, cultural e econômico que as cerca, razão pela qual, freqüentemente, as massas informativas se estruturam de acordo com as pressões, pontos de vista e interesses das grandes cadeias de comunicação. É claro que todas elas justificam suas pautas informativas, inserindo-as na moldura da imparcialidade, da objetividade, da concisão e da precisão, enfim, dos fatores inerentes ao jornalismo. Mas, como se

17. Publicado em 20 de abril de 2002.

sabe, são comuns e freqüentes os vieses apresentados pelo farto noticiário rotineiro das mídias impressa e eletrônica.

Nesse ponto, cabe pontuar sobre a importância da propaganda política e dos esquemas de marketing dos partidos. A propaganda política constitui a esteira pela qual o ideário de um partido chega até o eleitor, de forma homogênea e adequada. A base que a justifica está, portanto, fincada na idéia-chave de se apresentar ao eleitor as propostas fundamentais de uma agremiação política, oferecendo-lhe uma base informativa para fazer sua opção. Portanto, serve a propaganda política para desenvolver uma linha auxiliar voltada à compreensão da identidade das agremiações. A propaganda política, nesse sentido, é mais justificável nos ciclos eleitorais, quando se torna premente a necessidade de visualização e conseqüente comparação entre as propostas, as idéias e as ações dos partidos.

Entre nós, são questionadas e criticadas as chamadas inserções publicitárias a quem têm direito os partidos. Entendemos que as críticas se referem muito mais à exacerbada exposição de perfis e lideranças do que à exposição dos programas partidários. É útil para a sociedade conhecer o escopo conceitual que inspira os partidos. Infelizmente, a fulanização política a que estamos submetidos é responsável por um conjunto de distorções em nosso sistema político. Tais aspectos negativos decorrem do amalgamento das doutrinas políticas, do arrefecimento partidário, da pequena adesão dos participantes, que se constatam desde a queda do Muro de Berlim, não se constituindo, assim, em fenômenos exclusivos do Brasil.

Distinguimos a mesma importância na programação eleitoral, cujos efeitos benéficos podem ser avaliados a partir da exposição dos programas dos candidatos e da comparação entre eles que o eleitor pode efetuar. Desta forma, por meio da programação eleitoral, o conjunto do eleitorado brasileiro poderá tomar decisões racionais e conscientes, principalmente quando consegue separar os efeitos estéticos da substância dos discursos.

Somos favoráveis a um modelo de propaganda política inspirado no primado do conteúdo sobre a forma, amparado pelos valores da ética, da responsabilidade, da objetividade e do respeito ao eleitor.

18. A DEMOCRACIA SOCIAL[18]

Se nas democracias mais consolidadas, como lembra Norberto Bobbio, em *O Futuro da Democracia*, assistimos impotentes ao fenômeno da apatia política, que freqüentemente chega a envolver cerca de metade e até mais dos que têm direito ao voto, como nos Estados Unidos, no Brasil é motivo de júbilo constatarmos o clima de descontração cívica, de liberdade de manifestação e as pugnas políticas que denotam, nas pequenas e grandes controvérsias, a vitalidade do nosso sistema democrático.

Se a democracia política vai bem, o mesmo não podemos dizer da democracia social, a democracia do pão sobre a mesa, aqui entendida como um conjunto dos programas voltados para a agenda mínima do povo. Neste ponto, cabe aduzir que as extremas carências sociais esmaecem, sem dúvida, as conquistas no campo político. Infelizmente, a modernização institucional e política tem gerado poucas melhorias na área social, pelo menos na margem desejada. Veja-se o caso das privatizações. Redundaram em avanços apreciáveis, sem dúvida. Na telefonia, ficou mais fácil e mais rápido, por exemplo, adquirir um telefone. Os preços baixaram. Em contrapartida, o programa de privatizações tem gerado preocupante ônus. Os cerca de R$ 85 bilhões conseguidos com a privatização não se fizeram sentir no atendimento direto das demandas sociais mais comuns, como o emprego, a habitação, a educação, o saneamento, a segurança. A formidável quantia tem sido tragada pelos empuxos do câmbio. E reduziram muito pouco o desemprego. Isso para não falarmos do enfraquecimento do setor produtivo nacional, que cedeu espaço aos capitais internacionais. Temos de nos preocupar com a grande desnacionalização da economia, que passa a angustiar vários setores da vida nacional.

Esses temas estarão certamente na pauta das eleições deste ano. Mas o eixo principal será o das políticas sociais, que deverá consagrar a

18. Publicado em 25 de abril de 2002.

discussão no próximo ano. Não podemos fechar os olhos para a terrível realidade: parcelas ponderáveis de nossa população padecem na miséria. Famílias carentes, crianças e adolescentes nas ruas e das ruas estão ainda a merecer – somos obrigados a reconhecer – políticas assistencialistas. Concordamos com a teoria de ensinar a pescar e não apenas dar o peixe. Mas o Brasil é tão cheio de carências que demanda ações assistencialistas. Se há fome, que se arrume a cesta básica de alimentos. Se há crianças e adolescentes sem condições de acesso à escola, que se implante o programa "bolsa-escola", com seu caráter assistencialista e construtivo. Se faltam remédios, que se prepare uma cesta básica de remédios para o povo. Ou seja, os governos, em todas as instâncias, devem inserir em seus programas a agenda mínima das comunidades.

Na área da segurança pública, há que se enfrentar com coragem e senso prático a questão da violência. Há que se dar um basta à onda de criminalidade. Não se combate a violência com planos mirabolantes ou idéias pretensamente avançadas. Não podemos mais aceitar a falsa discussão sobre a unificação das polícias civil e militar. Trata-se de um viés que mascara o problema central. O cerne do problema está na unificação dos meios operacionais das polícias, reduzindo gastos, tornando-as mais operativas. Quem garante a unidade, nos Estados, é a figura do secretário de Segurança. Não podemos deixar de ter uma polícia fardada para o policiamento preventivo e ostensivo e uma polícia civil para fazer investigação.

Urge, também, reformular o conceito de competência das unidades federativas em matéria de segurança. Aplaudimos a tese da municipalização da segurança pública em Municípios que tenham, por exemplo, mais de um milhão de habitantes e por vontade da municipalidade. Essa decisão importaria em melhor remuneração para os corpos funcionais, que estariam mais atentos aos problemas de cada região. Portanto, essa temática será contemplada pelo debate parlamentar, integrando também a vertente da democracia social.

Na área dos tributos, há de se criar mecanismos suavizantes para o setor produtivo. Todos sabem o quanto lutamos para realizar a Reforma Tributária, que recebeu resistências da área econômica do governo. A sociedade exige do governo um olhar mais voltado para o desenvolvimento. Não poderemos nos furtar a esta hipótese. É a única alternativa para se combater o desemprego e atender a esta demanda central da sociedade. Qualquer evolução da democracia política só terá legitimidade se amparada pela evolução da democracia social.

19. MODERNIZAÇÃO POLÍTICA DO BRASIL[19]

O Brasil se arrasta, há muito tempo, em meio aos fiapos de sua crise política. Os altos e baixos do cenário político, caracterizados por períodos de estabilidade sucedendo-se a outros de instabilidade, evidenciam as bases da cultura patrimonialista de nossas tradições políticas, sustentando uma moldura institucional corroída, diante da qual se erguem as necessidades de aperfeiçoamento dos padrões políticos brasileiros. Uma moldura política restaurada enquadraria, assim, valores ajustados aos crescentes avanços das sociedades democráticas, tais como a fidelidade partidária, o voto facultativo, a ética, a transparência, inclusive no financiamento de campanhas, e a participação do cidadão no processo de decisões. Temáticas complexas, sem dúvida, que merecem e aguardam debate aprofundado.

Nenhuma democracia ocidental atribui tanta autonomia aos políticos como em nosso País. O que se constata, a partir disso, é a ênfase ao individualismo. No Brasil, vota-se, com exceção de um ou outro partido, na pessoa, e não na entidade ou em sua doutrina. A mudança freqüente de partidos, nesse sentido, solapa a noção de representação, base da democracia liberal, que contribui, sobremaneira, para a fragilidade partidária. Defendo uma fidelidade partidária em que o indivíduo cumpra o mandato em seu partido por pelo menos até o momento das convenções partidárias, o que significa permanecer por três anos e seis meses na legenda. Por ocasião da convenção, a lei permitiria que o candidato ou o filiado mudasse de entidade se assim julgasse coerente com seus propósitos políticos.

O voto facultativo é elemento que se coaduna, certamente, com os princípios democráticos, sendo perfeitamente justificável em democracias consolidadas. No Brasil, contudo, temo que sua implantação imediata sirva a interesses de grupos econômicos e candidatos abastados, com maior poder de mobilizar eleitores e angariar votos. Ainda é cedo para

---

19. Publicado em 10 de outubro de 2002.

adotarmos o voto facultativo, mas trata-se de um pilar que merece ampla consideração a partir de uma conscientização do eleitor como cidadão e detentor de poder de escolha.

Há de se considerar também a necessidade da Reforma Partidária. Temos mais de 30 siglas partidárias no Brasil. O País não comporta, no entanto, mais que quatro ou cinco tendências de opinião pública. Para evitar a proliferação de legendas, caberia impor rigorosamente cláusulas de barreira.

Atentos para esses pontos fundamentais, razoável seria também avaliar a possibilidade da experiência parlamentarista como forma de cessar o litígio permanente entre Executivo e Legislativo que caracteriza nossa vida política. Apesar das restrições a seu uso, a Medida Provisória ainda se constitui em instrumento de domínio do Executivo. Não podemos, entre nós, deixar que o Executivo seja, ao mesmo tempo, legislador e executor de normas. A não ser que adotemos o Parlamentarismo, onde o Parlamento é responsável pela execução das normas que aprova. A coalizão de forças dos partidos que governam seria bem mais sólida no parlamentarismo em relação ao presidencialismo, e a estabilidade, favorecida, possibilitando que crises governamentais ou divergências entre os Poderes sejam equacionados realizando-se a mudança de governo, num processo menos afeito a golpes militares ou traumas institucionais. Se o Legislativo agir irresponsavelmente, pode ser dissolvido e recomposto em nova eleição.

Nosso País clama por mudanças substantivas no campo político, que significam alterar modelos e processos já não mais satisfatórios para a sociedade por eles dirigida. Nossa crença é a de que a discussão desse conjunto de reformas abrirá portas para o Brasil adentrar, merecida e proficuamente, as trilhas da modernização institucional e política.

20. A UNIÃO DE VENCEDORES E DERROTADOS[20]

Democracia é regime político que se alimenta dos contrários. A controvérsia, a contrariedade, a contestação, são conceitos que a tipificam. Daí a situação e a oposição. A democracia acolhe na mesma esteira os que venceram eleições para governar e os que perderam, também para governar. Pode parecer estranha esta última frase, mas ela quer expressar exatamente o que denota. A oposição não existe para fazer oposição sistemática e permanente. Existe para contestar, indicando rumos que a situação, com plena consciência e senso de responsabilidade, poderá trilhar.

Aliás, só existe oposição nos Estados Democráticos de Direito. No absolutismo, os que contestavam agiam na clandestinidade. Queriam derrubar o rei. E só.

Na democracia, situação e oposição, portanto, governam. Para chegar-se a essa conclusão, é indispensável a distinção entre o momento político-eleitoral e o momento político-administrativo. No primeiro, os partidos disputam o voto do eleitor e se antagonizam com vistas à derrota do outro. O objetivo é vencer para governar. No segundo instante, o político-administrativo, está em pauta o interesse público. Agora, não há mais vencedores e vencidos. Todo esforço deve se voltar para a conjugação de esforços e a eficácia do governo. Eficácia significa normalizar políticas administrativas no interesse do homem, centro de toda preocupação governativa. Situação e oposição hão de se engajar nessa tarefa, sob pena de não estarem cumprindo suas funções no sistema democrático. Agir politicamente sob a motivação da destruição recíproca é trabalhar contra a sociedade.

Outro problema é a colheita de louros de uma possível administração eficiente. Situação ou oposição podem dela desfrutar. Quando a oposição faz acordos para aprovar leis ou políticas administrativas,

20. Publicado em 15 de julho de 2003.

haverá de saber usufruir dessas vitórias. Por conseguinte, a razão da integração de propósitos entre situação e oposição é o bem comum, o atendimento às expectativas e anseios da sociedade. A barganha, a política de emboscadas, a cultura do fisiologismo devem ser combatidas com vistas ao fortalecimento e consolidação de nossas instituições políticas e sociais.

A Constituição Federal, ao preceituar que o poder emana do povo, refere-se a todos aqueles que o obtiveram, tanto os candidatos da situação quanto os da oposição. E é evidente que o povo não confere poder a indivíduos para que estes impeçam a governabilidade, mas para que todos ajudem a governar. Essa é essência do mandato governativo.

Faço estas preliminares a propósito daqueles que, sendo da situação, convertem-se, agora, em oposição em face da vitória do PT em muitas localidades. E começam a fazer a oposição tradicional na nossa cultura. Pensam simplesmente em se opor. Nada que possa ajudar entra nas cogitações dos partidos que não assumiram a primeira linha da vitória. Não lhes faço crítica direta. Afinal, sempre agiu assim a oposição brasileira. E não é da noite para o dia que conseguiremos extirpar as mazelas da nossa vida política, particularmente o mandonismo, o grupismo, o patrimonialismo, o fisiologismo. Valho-me, porém, da experiência na Câmara Federal. Quantas e quantas vezes chegamos a acordos na Câmara dos Deputados após exaustivas demonstrações de que, afinal, o que estava em jogo era o interesse público. Outras vezes, entretanto, tivemos de enfrentar uma oposição que sempre se opunha, sob o fundamento de que não era Governo e, portanto, só lhe restava contestar. O bom senso, a responsabilidade do dever bem cumprido e, sobretudo, o compromisso com a população devem inspirar a decisão de situacionistas e oposicionistas.

Por isso, urge mudar a concepção da prática política. Não podemos repetir o erro daqueles que sempre se opõem. E que, portanto, descumprem preceitos fundamentais da nossa Constituição.

As eleições livres têm aprimorado as nossas instituições. Essa última foi mais um passo em direção à racionalidade. Vimos um eleitor mais atento, mais crítico, mais exigente. Premiou, com seu voto, os bons administradores, sinalizou um desejo de mudança, e rejeitou os que considerou maus administradores.

Durante a campanha eleitoral, é certo, o nível do debate não foi o desejável. Foi-se ao nível pessoal; utilizaram-se expressões ofensivas e inadequadas. Mas o eleitor, nessa última eleição, torceu o nariz para esses fatos. Desaprovou-os, em um evidente sinal de amadurecimento.

Por essa razão, a maior vitória foi a de nossa democracia. Não se trata, nesse momento, de festejar ou de tripudiar sobre os perdedores. E nem é o caso de se revoltar com a derrota. O importante é cultivar o dever de participar. E cumprir a Constituição cujos princípios inspiraram este escrito.

21. ACIMA DO GOVERNO, O PAÍS[21]

Quanto mais participo da vida pública e da atividade política, mais verifico a importância do Direito como regulador das relações institucionais e sociais. E constato como é fundamental obedecer as suas regras. Tenho enfatizado, nas mais variadas oportunidades, a necessidade de os homens públicos expressarem o discurso do óbvio, em razão de uma mazela que infesta a nossa cultura política: a inobservância das leis e o esquecimento de preceitos constitucionais. Por isso, neste momento em que o País vive momentos de fortes tensões e expectativas, direi obviedades e coisas singelas, relacionadas a princípios mínimos que regem a estrutura do Estado e as relações interpessoais.

Disputa entre os Poderes do Estado, controvérsia acentuada ente União, Estados e Municípios, conflitos entre servidores e Poder Público, possibilidade de greve de agentes políticos do Estado, como juízes e promotores, invasões seguidas de terras e prédios, embates físicos com a polícia em busca do cumprimento de ordens judiciais, desobediência, enfim, de sentenças do judiciário, além de agressões verbais entre representantes dos poderes constitucionais, formam o acervo de tensões que podem desestabilizar o País.

Diante desse quadro quase caótico, a imagem externa do Brasil acentua certa vulnerabilidade, gerando graus de corrosão e abrindo campo para decisões de natureza geopolítica que podem ser perniciosas ao próprio princípio de soberania nacional. Veja-se, por exemplo, o caso da Amazônia, que ganha visibilidade na esfera dos interesses internacionais, toda vez que a crise do País atinge um nível mais alto de tensão. Vítima eterna de interesse internacional, o espaço amazônico é intensamente cobiçado, a ponto de, hoje, abrigar inúmeros organismos estrangeiros que a ela chegam pelas mais variadas vias. São ONGs, grupos religiosos, cientistas, exploradores, formando uma complexa malha de indivíduos e órgãos que se aproveitam da confusão brasileira. Ora, é preciso ter muito

21. Publicado em agosto de 2003.

cuidado com essa questão, cuja percepção vai escapando à sensibilidade da autoridade pública em virtude do desvio de atenção gerada pela crise. Precisamos atentar para esse fato e nos unir no esforço pela integridade amazônica. Trata-se da defesa da soberania nacional.

Afinal, o que está ocorrendo? Será que caminhamos para a desordem absoluta e a desmoralização completa dos órgãos de Poder do Estado? Não são outras as imagens que os meios de comunicação captam e transmitem a todo instante, deixando inseguros os cidadãos comuns que aspiram à ordem para progredir. A situação é preocupante e tende a se tornar grave, caso medidas urgentes não sjam tomadas. Que medidas? A mais óbvia, reiterada, e até pelo Ministro da Justiça, é: obediência à lei. O que significa respeitar a lei? Em primeiro lugar, não desarmonizar as relações entre Legislativo, Executivo e Judiciário. A Constituição brasileira, nascida sob a vontade soberana do povo, determina que os Poderes são independentes e harmônicos entre si. Costuma-se realçar bastante a independência entre Poderes, esquecendo-se sempre da harmonia. Quem desarmoniza e desrespeita a equação entre os Poderes pratica gesto inconstitucional – de desobediência à ordem jurídica, portanto – e fere uma das clausulas "petrificadas" da Constituição, que é a separação de Poderes (art. 60, § 4º). O legislador constituinte foi sábio ao determinar imperativamente a harmonia entre os Poderes do Estado, na convicção de que a dissonância entre elas faz nascer graves problemas políticos.

Por outro lado, ameaça desajustar-se o pacto federativo em razão da Reforma Tributária. Tributação do ICMS na origem ou no destino, pleito de repartição da CPMF e da CIDE com os Estados e Municípios, União renitente em fazer qualquer partilha tributária que reduza sua arrecadação, constituem pautas que exacerbam as relações entre as entidades federativas. O que fazer? Deixar cada ente federativo fazer suas reivindicações ou procurar a medida do possível entre o possível e o impossível?

De seu turno, os movimentos sociais, desatendendo ao disposto na Lei, causam conflitos intergrupais. Trabalhadores sem terra, de um lado, armados de foices e facões, agricultores, de outro, igualmente entrincheirados para as fotos, acabam aterrorizando o cidadão comum. Chega-se, até, a propor "guerra" de um movimento contra o outro, no apelo irresponsável de quem parece querer ver a fogueira pegar fogo.

Até aqui, expressamos três obviedades: a discordância entre os Poderes, a tensão entre União, Estados e Municípios e os desajustamentos sociais. Tudo isso ocorre porque não se preserva a autoridade da Lei. É oportuno notar: da Lei, não do governante que bem governará, caso aplique a todos os conflitos o texto legal. Enfatizo: o direito existe para que todos saibam quais são as regras de convivência. Se estas regras forem violadas, aplica-se um castigo que é a sanção pelo descumprimento das normas. Se isto ocorrer, nenhum governante será apodado de autoritário, e sim de autoridade, porque estará fazendo valer a vontade de todo o povo, expressa na Constituição e nas demais Leis que se lhe seguem. O Presidente Dutra, quando lhe sugeriam a prática de um ato governativo, perguntava sempre: "O que diz o livrinho?". O "livrinho" era a Constituição Federal de 1946. Em país que preze as instituições, quem se insurge contra a ordem constituída busca modificá-la pela via legislativa podendo, a partir daí, invocar direitos. A invocação de direitos, fora ou contra a norma legal, é que gera instabilidade social e institucional. A não ser que admitamos viver momento revolucionário, em que, pela força, mudam-se instituições. Já tivemos exemplos violadores da ordem jurídica no passado em função da defesa da democracia. Foi um desastre!

Então, o que fazer? Apenas diagnosticar? Não. Agir, rápida e organizadamente. Para tanto, impõe-se, em primeiro lugar, firmar a convicção: situação e oposição existem para governar. Somente contendem em período eleitoral. Passado este, diz a Constituição, o valor que sobreleva é o interesse público. Nesse entendimento, entra em pauta a alternativa de uma reunião de Presidentes de Partidos Políticos para ajudar a discutir o País, seus problemas e desajustamentos. Se o resultado dessa reunião for a união de todos em defesa do império da Lei e de sua rigorosa aplicação, da integridade do Território Nacional (preservação da Amazônia e combate à violação nacional pelo tráfico de drogas), teremos dado, como agremiações partidárias – situação e oposição juntas – passo avançado para evitar crise institucional com resultados traumáticos. Os partidos são canais por meio dos quais se exprimem as várias tendências populares.

Dessa reunião, poderá surgir uma declaração de princípios a ser massificada junto às bases de cada partido, nas secções estaduais e municipais, de maneira a se estabelecer pacto de unidade em torno de idéias-chave. Ocorrerão divergências, mas existirão, certamente, pontos comuns que deverão servir a um ideário de ação democrática. Temos esse dever. Afinal, acima do Governo está o País.

Michel Temer conversa com o então presidente dos EUA Bill Clinton, em visita à Câmara dos Deputados

Temer recebe a rainha
Margareth II, da Dinamarca

Michel Temer conversa com
o Imperador Hiroito, do Japão

Temer recebe o presidente do México,
Ernesto Zedillo, em 24.4.1999

22. DEMOCRACIA E AUTORITARISMO[22]

A história constitucional brasileira revela que o Brasil passa por ciclos temporários de democracia e autoritarismo. Foi assim desde a Proclamação da República. A primeira Constituição republicana foi a de 1891, que, para a época, continha preceitos preservadores de direitos individuais e de garantias democráticas. Perduraram até 1930, quando começaram desajustes institucionais que levaram à centralização autoritária com a Constituição de 1937. Esse período concentrador persistiu até 1945 quando caiu o regime ditatorial e reinaugurou-se a democracia por meio da Constituição de 18 de setembro de 1946. O período seguinte, que mediou entre 1946 e 1964, embora tumultuado, alicerçava-se em Constituição com dizeres democráticos. Chega-se a abril de 1964, com golpe de Estado, que implanta sistema autoritário jogando no chão as liberdades individuais, com desprezo absoluto pela separação de poderes do Estado. Fortalece-se o Poder Executivo e, no particular, a figura do Presidente da República. Tal situação perdurou até 1982 quando começaram a elegerem-se governadores de oposição, pela via direta, o que fez crescer o movimento constituinte de que resultou a Constituição de 5 de outubro de 1988, detalhista e pormenorizada no tocante aos princípios democráticos nela contidos.

Este breve relato histórico visa a confirmar a assertiva contida na primeira sentença deste artigo. É curioso notar: quando se buscava a democracia ou o autoritarismo, tudo se dava com o apoio popular, quando não com o próprio pleito direto do povo. Agora, estamos aproximadamente a vinte anos de exercício democrático e convém que tenhamos presente o histórico constitucional brasileiro, tal como descrito.

Tudo como prevenção. Tudo para impedir que, sociologicamente, a tendência popular caminhe para uma direção que possibilite o autoritarismo. Faço esta afirmação na convicção de que nem sempre a autoridade

22. Publicado em setembro de 2004.

constituída deseja fazê-lo, mas a onda popular, os conflitos políticos, as desavenças institucionais, a insegurança pública e a insegurança social, a ausência de condições dignas de subsistência, as críticas abertas, as observações oposicionistas mais agressivas, o reduzido apego às garantias democráticas obtidas ao longo do tempo podem induzir as autoridades constituídas a se acharem no direito de agredir esses valores e, com isto, reinstalarem regime centralizador que beire à ditadura.

Longe de mim o catastrofismo, mas vale o alerta. Atitudes do tipo: controle da imprensa, controle da produção do cinema e teatro, sobre serem inconstitucionais por ferirem o princípio da livre expressão começam a revelar essa inquietação sociológica que marca a história política brasileira. A tentativa de romper o sigilo profissional do advogado e do psicólogo é uma agressão inominável às liberdades individuais. Nem falo da quebra do sigilo telefônico que se tornou rotina aplaudida mesmo por aqueles que se dizem arautos da liberdade. Lamentavelmente, com a conivência de alguns juízes que autorizam o "grampeamento" de um número telefônico (até aí a permissão é constitucional) facultando, seqüencialmente, que a polícia continue a "grampear" todos os números daqueles que eventualmente dialoguem com o "grampeado" original, independentemente de nova manifestação judicial (o que é nitidamente inconstitucional). Ocorre que a autorização judicial é prevista na Constituição exatamente para impedir que inocentes vejam devassada sua vida privada.

Até mesmo o vazamento de inúmeras informações relativas à apuração da CPI do Banestado pode levar à idéia de vulneração de direitos individuais de pessoas que possam estar com sua vida patrimonial perfeitamente regularizada. O desejo de cercear a atividade do Ministério Público que, nos termos constitucionais, é defensor da sociedade e das liberdades democráticas, é outro sintoma de caminho para um regime fechado e centralizador. Não quero, neste tópico do Ministério Público, dizer que ele tenha o poder de presidir inquéritos investigatórios, a meu ver, competência da polícia civil. Mas pode ele, no exercício da sua competência constitucional diligenciar, por força do controle externo que exerce sobre a polícia civil, para determinar todas as providências investigatórias com vistas à apuração do delito. Diria que o Ministério Público não é o condutor de inquérito policial, mas é o seu principal agente provocador e impulsionador. As discussões em torno de suas competências visam, deliberadamente ou não, a inibi-lo. Mais uma vez, demonstração de centralismo.

Estou, como percebem, dizendo obviedades. Mas é importante relembrá-las. Reafirmá-las e repisá-las. Foram movimentos populares, muitos com derramamento de sangue, que fizeram o Estado, o Poder Público, respeitar direitos mínimos do indivíduo. Três revoluções gloriosas demonstraram-nos. A Inglesa, com vários atos obtidos em favor dos súditos; a Independência norte-americana em 1976, com a Declaração da Virginia, enaltecedora de direitos, e a Francesa de 1979, de que nasceu a Declaração Universal dos Direitos do Homem e do Cidadão. Nesses Estados europeus, e em tantos outros do mundo, jamais se imaginou vulnerar ou eliminar tais conquistas libertárias. Em outros, não. A vocação concentradora persistiu ao longo do tempo.

Por isso, e sempre como alerta, mais uma obviedade, relembrando "No caminho com Maiakovski":

"Na primeira noite eles
se aproximam
e colhem uma flor
de nosso jardim.

E não dizemos nada.

Na segunda noite,
já não se escondem:
pisam nas flores,
matam nosso cão.

E não dizemos nada

O mais frágil deles
entra sozinho em nossa casa,
rouba-nos e,
conhecendo nosso medo,
arranca-nos a voz da garganta.

E porque não dissemos nada,
já não podemos dizer nada."

23. ADESÃO OU COALIZÃO[23]

A coalizão distingue-se da adesão. E também da união nacional. Esta última é reservada para instantes de completo desajustamento governamental. Quase um desgoverno. As forças políticas se unem – todas elas, situação e oposição – para salvar o país.

No governo de adesão, o partido vencedor é tão forte e crível que, no governo, recebe o apoio dos demais partidos. E estes são tratados como adesistas. É quase um segundo grau de importância. Porque aderem, ganham funções. Não poder político, mas apenas cargos e algumas tarefas. É quase uma concessão daquele que venceu eleições e ocupa o poder.

A coalizão é diversa. Para governar, com maioria parlamentar, o vencedor se compõe com os vencidos, repartindo o poder. Compartilha decisões, recebe sugestões e observações, ouve críticas com vistas ao aperfeiçoamento governamental. Há, na coalizão, co-responsabilização. São, todos os partidos governantes, responsáveis pelo governo como um todo. Há, na coalizão, a partilha das tarefas de governo e não a outorga de cargos, como na adesão. Nela, se o governo caminhar bem, ganham glória todos os partidos; se andar mal, perdem todos. É diferente da adesão em que o partido aderente, por ocupar posição secundária, não se sente governando. Daí as divergências internas dificultadoras para que o partido apóie, por inteiro, o governo.

A diferença é sutil, mas relevante para a governabilidade. Essa co-responsabilidade suporta-se num pacto de confiança entre os partidos que governam. A coalizão é típica dos sistemas parlamentaristas de governo, mas hoje se impõe também no presidencialismo democrático. No presidencialismo ditatorial, não. O presidente é soberano. Tudo pode, independendo da vontade popular que é representada no Parlamento Nacional por meio dos partidos políticos.

23. Publicado em março de 2005.

Faço estas considerações iniciais para falar da relação do PMDB com o governo. Afinal, o PMDB aderiu ou faz parte de um governo de coalizão? A meu ver, aderiu. E é tratado pelo governo e pela opinião pública como adesista. Daí a increpação de fisiologismos. Daí a desconfiança recíproca que permeia a relação partido-governo. Ainda há pouco, parlamentares do PT diziam da necessidade de órgão especial no governo que "fiscalizasse" a atividade de ministros e agentes do partido e de outros que também aderiram. A relação é de desconfiança. Não é útil para o partido nem para o governo. Menos ainda para o País.

É claro que o leitor estará perguntando, a esta altura, como é que eu, presidente do PMDB, falo em adesão e, ainda, não a impedi. Esclareço que, ao logo do tempo, a minha pregação foi a de independência do PMDB, apoiando teses de interesse do país e negando provimento àquelas desinteressantes. Assim, o PMDB aprovou medidas do governo que, embora impopulares, impunham-se para o bom andamento das questões públicas. E não ocupava ministérios àquele período. Entretanto, como presidente de um partido político, sou obrigado a exprimir o pensamento da agremiação e não imprimir o meu pensamento que, em dado momento tornou-se minoritário. Tinha eu essa posição pela certeza de que não se formava uma coalizão, mas simplesmente uma adesão. E pautada pela bem-querença ou mal-querença recíproca. Uma relação quase pessoal, não institucional. Coisa de política antiga, não moderna.

Sabemos que o governo passa por dificuldades. Sem-terra, sem-teto, sem-emprego, sem-nada, funcionários públicos, trabalhadores, pequenos empresários, proprietários rurais, todos reclamam. Querem o crescimento econômico, emprego, produção. Querem o cumprimento rigoroso da lei. Querem redução de tributos para incentivá-los. Medidas emergenciais são esperadas. Dois exemplos: isenção de tributos por período determinado para animar pequenas e grandes empresas; determinação de que parte dos lucros de empresas estrangeiras sejam necessariamente reinvestidos no país. Não se quer apenas o equilíbrio fiscal e a abertura econômica. Quer-se humanismo, recolocando o homem como meta e razão da existência do Estado. O PMDB, em reunião da Executiva Nacional, já aprovou decisão nesse sentido. Em governo de coalizão, seria ator privilegiado e equiparado ao PT. Poderia dar e fazer prevalecer sua opinião. É o que o governo precisa saber, sentir e praticar.

Finalmente, deixa-se claro que a eventual coalizão não significa aliança eleitoral. É o que é: aliança governamental. Cada partido irá buscar o seu espaço político de poder. Já agora espaço primário de poder, ou seja, a chefia dos governos municipais.

Não se sabe o que vai acontecer no futuro. Porém, se depender das bases do PMDB, o projeto é, depois, buscar os governos estaduais e a Presidência da República. E o mais importante: fará, sempre que necessário para o País, o governo de coalizão.

II
CIDADANIA

1. VOTO DESTITUINTE É AVANÇO DEMOCRÁTICO[1]

A proposta do voto destituinte, que encaminhamos ao Deputado Nelson Jobim, relator da revisão constitucional, por meio de acréscimo de inciso ao art. 14 da Constituição, insere-se no espírito de maior participação social no processo político, certamente um dos maiores anseios da sociedade brasileira. Pela proposta, 0,5% do eleitorado do Estado – o que, em São Paulo, significaria menos de 100 mil eleitores – poderá encaminhar petição fundamentada às Mesas das casas legislativas, solicitando a destituição do parlamentar.

Não se trata de medida casuística, em atendimento às intempéries da conjuntura política nacional, porquanto é prática rotineira em democracias modernas, como a norte-americana e as européias. Trata-se, sim, de mais uma ferramenta à disposição da comunidade organizada, para fazer valer sua vontade. Nesse sentido, não deixa de ser importante instrumento de revigoramento institucional e aperfeiçoamento democrático. Os cidadãos, usando a possibilidade do voto destituinte, participam, de maneira eloqüente e ativa, do processo político, reforçando o eixo das modernas democracias, assentadas sobre os princípios da autonomia dos cidadãos, da capacidade organizativa dos grupos sociais e do ideal coletivo de atendimentos aos compromissos firmados pelos agentes políticos.

Ora, o parlamentar é eleito para cumprir uma nobre missão em nome do povo. Não pode abusar desse poder ou fugir dele. Assim fazendo, poderá ser destituído. Nesse sentido, nossa proposta difere do *recall* legislativo, praticado nos Estados Unidos. Lá, se o parlamentar abusar de seus misteres e deveres, seja na esfera municipal, estadual ou federal, a maioria dos eleitores pode agir diretamente e destituí-lo. Aqui, procuramos tornar possível a iniciativa popular, via preceito constitucional, de iniciar o processo de destituição, encaminhando as petições às direções das casas legislativas.

1. Publicado em 25 de janeiro de 1994.

A fundamentação do voto destituinte se apóia no princípio da responsabilização do mandato. Não se deve aguardar nova eleição para apenar-se o mandatário que agir em desacordo com ditames jurídicos, éticos e morais. Trata-se da prerrogativa popular, de usar o poder para retirar seu voto, se considerar que ele não foi honrado. Por outro lado, cremos que se trata de considerável avanço democrático no País, principalmente quando se observa que os ciclos democráticos sempre foram mais tênues que os ciclos autoritários.

A Constituição de 1946 foi mais progressista do que a de 1934, privilegiando a idéia de participação popular. O Poder Legislativo ganhou foro de grande enaltecimento, sob o fundamento, correto, de expressar a vontade popular. Passado o tempo, conhecemos longas trevas de autoritarismo – não poucas vezes sob a complacência do Congresso Nacional. Hoje, estamos às voltas com a necessidade de abrir, mais ainda, o processo político, ampliando a idéia do controle social. Os valores da transparência, da ética, da dignidade, do atendimento ao bem-estar da comunidade precisam receber reforço, por meio de mecanismos que permitam à representação política prestar contas de suas atividades e, ao povo, maior fiscalização sobre atos, posturas e decisões dos agentes políticos.

O voto destituinte constitui, portanto, exercício de participação política, meta do Estado democrático, descentralizador e afeito aos anseios, expectativas e demandas da sociedade.

Nos termos do art. 14, da Constituição, a soberania popular será exercida pelo sufrágio universal e pelo voto direto e secreto, com igual valor para todos e, nos termos da lei, mediante o plebiscito, referendo e iniciativa popular. Acreditamos que será um grande avanço para a democracia brasileira, acrescentarmos mais um inciso: a soberania popular também será exercida pelo voto destituinte.

2. O POVO DEVE FISCALIZAR OS POLÍTICOS[2]

As instituições políticas são frágeis? São. Os políticos, freqüentemente, se afastam de seus representados? Também é verdade. É possível melhorar a situação? A resposta também é positiva. O sistema político brasileiro ainda é frágil porque a nossa cultura política está atrelada a vícios do passado e contém elementos de alta negatividade, como o fisiologismo, o compadrismo, o mandonismo e o corporativismo. Os ideais do bem-estar coletivo, nesse contexto, se subordinam a visões individualistas e egocêntricas. E, assim, muitos políticos passam a ver na política uma escada para a expansão de seus negócios.

Se isso é verdade, é verdade também que a qualidade política pode ser aperfeiçoada. E a maneira é bem mais simples do que se supõe: por meio da maior fiscalização dos atos, ações, posturas e compromissos dos representantes do povo e dos Estados. Isso mesmo. O cidadão tem o dever insubstituível de controlar a missão pública que confere, por seu voto, a um parlamentar. O dono do mandato é o povo. Ao parlamentar é delegado o poder de representar o povo. Portanto, o povo precisa controlar a representação que passa.

Essa equação é absolutamente necessária para a melhoria da qualidade política. Se o povo não controla o mandato, o representante tende a se afastar de suas obrigações e a esquecer os seus compromissos. Forma-se uma cadeia de inoperância e descontrole, com a visível perda de eficiência da representação parlamentar. Aos cidadãos impõe-se, portanto, o acompanhamento regular dos atos de seus representantes. Devem cobrar as propostas e examinar se o comportamento do parlamentar, ao longo do mandato, confere com o perfil exibido durante o período eleitoral.

O parlamentar, por sua vez, sentir-se-á obrigado a prestar contas periódicas a seu eleitorado. Buscará os meios mais adequados para tanto, fazendo chegar a seus grupos de eleitores as ações no Congresso, usando

2. Publicado em 5 de agosto de 1994.

os meios de comunicação, próprios ou coletivos, promovendo reuniões em bairros, em cidades, com grupos e lideranças. Ao correr de duas legislaturas, certamente será possível chegar-se a um modelo de maior aproximação entre representante e representado, o que redundará em benefícios para as comunidades.

A democracia repousa sobre a vontade do povo. Seu aperfeiçoamento exige, portanto, participação ativa na vida política. Cobrar do Deputado ou do Senador os seus deveres, exigir que prestem contas de seus atos constituem providências que não podem ser postergadas. Sob pena de continuarmos a conviver com os erros e distorções que separam, cada vez mais, as instituições da sociedade. Chegou a hora do cidadão participar, de modo mais ativo, da vida política nacional.

3. O CIDADÃO PODE DESTITUIR O PARLAMENTAR[3]

O aperfeiçoamento da democracia brasileira deve constituir meta permanente do sistema político. Mas o sistema político brasileiro precisa passar, também, por um amplo conjunto de reformas que permitam sua modernização. Como a representação política retrata a realidade social, o processo de mudanças implica, em última análise, na vontade dos cidadãos. Portanto, a cidadania é exercida, em sua plenitude, quando os cidadãos se mobilizam para propor formas de aperfeiçoamento das instituições.

A pressão e a participação mais ativa dos cidadãos no processo político são fundamentais para a melhoria da qualidade da representação. E uma das formas mais adequadas para tal participação é o próprio envolvimento dos grupos sociais na fiscalização dos atos do Legislativo. Procurando dar corpo a essa fórmula, tenho lutado pela implantação do voto destituinte, que é o voto para destituir o parlamentar, cuja representação ferir os princípios éticos ou fugir das obrigações e compromissos assumidos com os representados.

A justificativa para o voto destituinte está na própria base do sistema democrático. O mandato não pertence ao parlamentar e sim ao povo, que é o dono da representação. A qualquer hora, e quando julgar conveniente, a sociedade organizada poderá pedir a destituição de quem estiver traindo a representação ou conspurcando o mandato. Pelo meu projeto, os cidadãos, em abaixo-assinado, em número proporcional à densidade eleitoral da região, poderão pedir às Mesas Diretoras das Casas Legislativas que se abra um processo para verificar ocorrências e fatos que desabonem a vida parlamentar.

Agindo dessa forma, os cidadãos passam a exercer, com mais vigor, controle sobre a representação, defendendo seus legítimos direitos e pressionando o Legislativo no sentido da correção ética e do apuro da quali-

3. Publicado em 27 de agosto de 1994.

dade política. Os parlamentares, por seu lado, com uma atuação balizada por mais um mecanismo de destituição, certamente procurarão cumprir fielmente seus compromissos, prestar contas de seus atos e buscar maior aproximação com suas bases. O princípio que regula, portanto, o mecanismo do voto destituinte, é o da moralização dos costumes e melhoria da qualidade da representação.

Conferir ao eleitor a possibilidade de tirar do Parlamento o seu representante, se ele não estiver correspondendo aos anseios e compromissos, é dar força ao princípio basilar da democracia, pelo qual o povo é soberano e a quem cabe, em última análise, julgar os legisladores.

O voto destituinte, nesse sentido, constitui um mecanismo de aperfeiçoamento da democracia brasileira. Só têm medo do voto destituinte aqueles que consideram o mandato uma espécie de pletora para defesa de causas próprias e interesses escusos.

4. OS PODERES DO ESTADO E A CIDADANIA[4]

O País tem dado avançados passos nos rumos da cidadania. São exemplos as manifestações que a sociedade, por meio de suas entidades, tem realizado nos últimos tempos. São exemplos as cobranças do povo sobre os poderes constituídos. O Poder Legislativo, em função de sua identidade como tuba de ressonância das aspirações nacionais, é dos mais cobrados. Questiona-se, freqüentemente, sobre sua lentidão e formas de atuação. Todos concordamos com que o Legislativo, para ser eficiente, há de ser ágil. Afinal, as funções legislativas precisam acompanhar a dinâmica do desenvolvimento e a premência das demandas sociais. Ocorre que a eficácia do Poder Legislativo tem se medido pelo número de leis que produz, o que é maneira enviesada de analisá-lo. Como se fosse uma fábrica: tantas caixas produzidas, tantas toneladas de produtos manufaturados. A quantidade, não a qualidade, é o critério que tem sido usado para a avaliação do Legislativo. Infelizmente, é assim nossa cultura política. E dessa visão não escapam os meios de comunicação. Basta uma convocação extraordinária para se deparar com a indefectível pergunta: quantos projetos foram votados?

Poucos indagam se os debates avançaram, se foram esclarecedores, se indicaram novos caminhos. Nada. Importa, repito, especialmente a quantidade. Esta concepção tomou conta até dos parlamentares. Todos querem produzir, votar, aprovar. Com tal acervo, o País se enche de novas leis. Umas sobre as outras. Como lembra o Deputado Bonifácio Andrada, as tecnocracias, nos regimes autoritários, pouco se incomodavam em saber se havia ou não texto legal autorizador de medida executiva que se pretendia tomar. Por isso, legisle-se. Leis sobre leis. Leis que, no seu artigo final, registram, em técnica legislativa pouco esclarecedora, o tradicional "revogam-se as disposições em contrário".

Não se costuma indicar, na nova lei, quais as disposições revogadas ou mesmo artigos de leis esparsas que teriam perdido sua eficácia em face

4. Publicado em 11 de maio de 1997.

do novo texto legal. Bem por isso, o Deputado Ibrahim Abi-Ackel lembra que os Tribunais gastam tempo e rios de tinta discutindo se a lei ou o dispositivo tal ou qual está ou não revogado. Essa ânsia legiferante, com o dispositivo revogador e genérico, gera conseqüências deletérias para a boa distribuição da justiça. Dificulta e retarda as decisões judiciárias, faz nascer sentenças contraditórias e perturba o trabalho do advogado que, no emaranhado legislativo, pode invocar leis ou preceitos não mais vigorantes. Agride, portanto, o princípio da segurança e certeza jurídica, que dá ao cidadão firmeza na postulação de seu direito. Dificulta, já se vê, o acesso do indivíduo ao Judiciário.

Poder Legislativo, portanto, não é nem pode ser fábrica de leis. Há de ser, muitas vezes, ao lado de sua função fiscalizadora, o sistematizador da legislação. Por conseguinte, ao invés de fazer leis, há de desfazê-las por inteiro. Isto constitui um trabalho de sistematização. Daí porque instituímos Grupo de Trabalho integrado por 25 parlamentares, os quais contarão com assessoria para redigirem documentos de reordenamento jurídico. O objetivo, primeiramente, é reduzir o número de leis; em segundo lugar, revogar expressamente textos legais anteriores, com indicação clara das leis que forem extintas.

No tocante ao Executivo, a sistematização é muito oportuna. Cabe lembrar que as demandas sobre a administração se tornam cada vez mais agudas, em um cenário de fortes exigências, críticas dos meios comunicação, transparência sobre os atos dos governos e enorme capilaridade das informações. Para atender as necessidades em setores básicos, como educação, segurança, saúde, o Executivo carece do amparo de uma legislação enxuta e harmônica, capaz de lhe conferir melhor operacionalidade e maior agilidade. Farto contencioso se abate sobre o Executivo, em parte resultante do cipoal jurídico que atravanca a administração.

O espírito da cidadania, que se espraia pela Nação, também abrange as demandas sobre o Judiciário. Cobra-se dele maior agilidade nas decisões. Conquistas já foram obtidas com os juizados especiais, cíveis e criminais, todos orientados para evitar os recursos alongadores dos estágios na Justiça. O aperfeiçoamento do sistema normativo certamente contribuirá para reduzir a maléfica e crescente litigiosidade social. Além disso, propiciará acesso mais rápido do povo ao Poder Judiciário. Como se vê, com tudo isso ganha a cidadania.

O entrosamento social seria maior. Ao receber a visita dos líderes do MST, ouvi de seu coordenador, João Pedro Stédile, a queixa de que os trabalhadores rurais não querem apenas terra. Querem condições para cultivá-la e comercializar os produtos. Lembrei que grandes e pequenos produtores também pretendem do governo condições semelhantes. Não seria o caso de colocarmos todos numa mesa para buscar-se solução que satisfaça a todos? É possível, sim, a integração dos interesses sociais. O País espera que os parceiros do desenvolvimento se unam e discutam, conjuntamente, suas questões. E para que esta meta seja alcançada, tornam-se imprescindíveis a simplificação e a harmonização de nossas leis.

5. GARANTINDO OS DIREITOS DO APOSENTADO[5]

O Brasil, de acordo com os dados do censo de 1996, é um país onde o número de idosos está aumentando e refluindo o número de jovens. Os brasileiros com mais de 65 anos totalizam, atualmente, 5,4% da população, praticamente o dobro registrado na década de 1960. Com o envelhecimento da população ganha ênfase a importante questão da aposentadoria e de como subsidiá-la. Atualmente, o País gasta com pensões e aposentadorias cerca de 8% do PIB.

Se é razoável que o Poder Público busque junto ao servidor público, que não contribuiu para a Previdência, recursos para custear sua aposentadoria, o mesmo não se aplica ao trabalhador privado, que já fez sua parte. Contribuiu durante 35 anos para a Previdência para poder desfrutar do que contribuiu ao longo deste período. Por isso mesmo, o Poder Público não pode e não deve culpar o aposentado pela falência da Previdência e outras mazelas do País.

O aposentado, hoje, é um dos grandes sacrificados dentre a massa de brasileiros, porque a maioria ganha minimamente. Além dos recursos serem insuficientes para sua sobrevivência, os idosos estão submetidos a uma pressão psicológica de grande instabilidade, porque a todo o momento se anunciam medidas eventualmente restritivas aos seus direitos. Isso não pode acontecer, não só pela perspectiva humana, mas também pelo ângulo jurídico. A Constituição determina amparo à velhice, portanto, proteção àqueles que se aposentaram.

Toda e qualquer política em relação aos aposentados há de ser beneficiadora deles e não restritiva aos seus direitos. Com isso, quero enfatizar que os cofres da Previdência precisam de recursos, que não originados daqueles que já contribuíram, assegurando seu direito à aposentadoria. Sou contrário à proposta de que os aposentados devam voltar a contribuir com o INSS, a exemplo dos trabalhadores na ativa.

5. Publicado em 17 de janeiro de 1998.

O direito adquirido é uma instituição que visa a proteger exatamente aquele que muitas vezes não tem meios de socorro à ação do Estado ou à ação de terceiros para que, com o direito adquirido, eles possam brandir junto aos tribunais para assegurarem aquilo que se incorporou ao patrimônio jurídico dos indivíduos. No caso dos aposentados, que chegaram a esta condição sob condições legais, não podem ter esse direito violado, sob a pena de o Judiciário vir a recompô-lo.

A Previdência aposenta, atualmente, cerca de 1 milhão de brasileiros anualmente, mas o País não consegue gerar o dobro deste número em empregos para subsidiar essas aposentadorias. Isso é agravado com o crescimento dos empregos informais, sem carteira, que não recolhe contribuições previdenciárias. E num futuro próximo, teremos 1,5 contribuinte por aposentado, o que tornará a Previdência inviável. O País está envelhecendo, sem conseguir gerar recursos suficientes para a área social. Por isso, precisamos da reforma, sem atropelar os direitos dos aposentados.

6. O TRÂNSITO E A CIDADANIA[6]

O Código Nacional de Trânsito, vigente desde 22 de janeiro deste ano, coloca o motorista brasileiro sob as rédeas curtas da lei, encerrando um período de impunidade que fez tantas vítimas e puniu tão poucos infratores. Nada é tão devastador para a cidadania do que a impunidade. Ela impede que a justiça seja universalizada, desprovendo as vítimas do direito da reparação do dano e reduzindo, perigosamente, o temor dos impunes.

A atual regulamentação de trânsito acaba com a leniência para com os infratores. A tolerância a determinadas infrações dá lugar a multas pesadas e pontos negativos no prontuário do motorista. Os brasileiros estão sentindo a seriedade e o peso com que o legislador buscou ordenar a questão do trânsito no Brasil, país recordista em mortes no trânsito – 27 mil ao ano – que teve redução significativa no número de acidentes com vítimas fatais, a partir da vigência da nova legislação.

Todo motorista ou pedestre quer estar informado sobre seus direitos e deveres. Poucas leis suscitaram tanto interesse popular, como o atual Código Brasileiro de Trânsito, esgotando a tiragem inicial e mudando, para melhor, o comportamento do cidadão brasileiro no trânsito. Mas, se o motorista não tivesse a certeza de sua aplicação da lei, certamente não observaria seu cumprimento, fato atestado pela queda das multas aplicadas neste ano em relação ao ano anterior.

Em pouco tempo de vigência, o Código consolidou novas e saudáveis rotinas à vida dos brasileiros. Uma delas, sem dúvida, é o serviço oferecido por bares e restaurantes para transportar até em casa clientes que tenham ingerido bebidas alcoólicas. Como assimilação rápida das novas regras, vai se conseguindo imprimir mais segurança ao trânsito nacional.

No futuro, seremos ainda mais rigorosos no trânsito, uma vez que o novo Código prevê que as escolas de 1º e 2º graus ensinem segurança de

6. Publicado em 16 de março de 1998.

trânsito aos alunos. A nova geração será mais cônscia de seus deveres e direitos, compartilhando de uma nova cultura frente ao trânsito, lastreada em condutas preventivas. Se tivéssemos sido educados dentro deste novo paradigma, hoje não precisaríamos ser reeducados pela fiscalização.

Quem reclama dos excessos do novo Código não está atentando para o fato de que o legislador teve a intenção clara de punir apenas o infrator. Tanto que o proprietário do veículo flagrado em alguma infração, contará com o prazo de 30 dias para informar o nome do motorista, evitando, assim, ser responsabilizado por um erro que não cometeu e onerando seu prontuário com pontos, que levaria à perda da Carteira de Habilitação. Busca-se, ainda, equilibrar direitos e deveres entre motoristas e pedestres. Estes últimos também podem ser enquadrados como infratores se atravessarem fora da faixa, a menos de 50 metros da sinalização.

A tendência do novo Código de Trânsito Brasileiro é ser aperfeiçoado. Tanto que o Departamento Nacional de Trânsito ainda está avaliando o que não é exeqüível e tirando dúvidas. A maioria de seus artigos ainda passará por regulamentação e novas propostas de alterações já tramitam pelo Congresso, devendo ser avaliadas no tempo devido. Esta é mais uma oportunidade que dispomos para fazer com que o Brasil dê certo, agora pela via do trânsito.

7. O ESTADO, O MENOR E A VIOLÊNCIA[7]

A seqüência de rebeliões nas unidades da FEBEM, em São Paulo, sinaliza um dos mais graves problemas do País, que é a ausência de uma ação conjunta do Poder Público e da sociedade civil para atendimento à criança abandonada e ao adolescente infrator. No plano conceitual, dispomos de uma das mais avançadas legislações do mundo, o Estatuto da Criança do Adolescente, que, infelizmente, tem se tornado letra morta. Ali estão garantidos os direitos fundamentais da criança (até 12 anos de idade incompletos) e ao adolescente (entre 12 e 18 anos) – direitos referentes à vida, à saúde, à educação, ao esporte, ao lazer, à profissionalização, à cultura, à dignidade, ao respeito, à liberdade e à convivência familiar e comunitária. Há, no País, 58 milhões de crianças e adolescentes, das quais 20 milhões estão crescendo em estado de miséria e abandono. A falta de uma política adequada e de abordagens corretas para tratamento do menor abandonado e para o adolescente infrator ameaçam não apenas o futuro dessa geração mas o próprio estado civilizatório do País.

Analisemos a questão, inicialmente com uma indagação: é a FEBEM um estabelecimento educacional, como prevê o Estatuto da Criança e do Adolescente, quando dá à autoridade competente o direito de aplicar medidas sócio-educativas ao adolescente que pratica ato infracional? Não. A FEBEM, como herança de um modelo correcional-repressivo, é uma instituição falida, tendo se transformado numa fábrica de crimes. Já está consensuado que uma estrutura montada para abrigar milhares de adolescentes, que passam a receber tratamento massificado e impessoal, acaba se transformando em um depósito de presos. A descentralização do atendimento, em unidades menores, mais próximas à realidade de cada adolescente, se apresenta como alternativa.

Mas a política de atendimento há que começar com a distinção entre meninos de rua e adolescentes infratores. Não podem ser tratados da

---

7. Publicado em 28 de outubro de 1999.

mesma forma, ou seja, não devem ser recolhidos no mesmo ambiente. No primeiro caso, trata-se de socialização por meio de programas que permitam uma saudável vida comunitária. O abrigo não deve ser moradia permanente, mas uma medida provisória e excepcional, como prega o Estatuto. No segundo caso, trata-se de ressocialização. A lei não protege os infratores, como muitos imaginam. Determina medidas punitivas, definidas, com privação de liberdade, mas as medidas sócio-educativas previstas não são aplicadas ou são mal aplicadas pelos governos.

Os estabelecimentos, adequados para oferecer uma infra-estrutura de esportes, lazer e formação técnico-profissional – atividades de marcenaria, carpintaria, mecânica, têxtil etc. – poderiam contar com a efetiva colaboração de entidades da sociedade, como federações de comércio e indústria, empresas privadas, associações, centrais sindicais, clubes, além do controle e fiscalização de entidades de prestígio como CNBB e OAB e dos próprios Conselhos Tutelares previstos no Estatuto. Poder Público e sociedade civil devem se dar as mãos nessa empreitada. Por sua vez, estariam assegurados ao adolescente-aprendiz os direitos trabalhistas e previdenciários.

Há distorções na divisão de recursos entre Estados e Municípios? Que se chegue a um denominador comum por meio de dispositivos legais que permitam a implantação de uma efetiva política de atendimento descentralizado. Se for necessário, o Parlamento Nacional encontrará instrumentos e meios justos para repartição de recursos e responsabilidades. Há distorções na política de seleção e formação dos monitores e educadores? Que se parta para um amplo programa de desenvolvimento de quadros especializados, inteiramente voltados para a pedagogia da criança de rua e do adolescente infrator. Da mesma forma, há que se oferecer uma completa infra-estrutura de atendimento médico, odontológico, psicológico e psiquiátrico.

Sem esse aparato e sem medidas sócio-educativas adequadas, as energias dos contingentes jovens certamente serão canalizadas para a violência. E sem quadros motivados, bem formados, psicologicamente preparados para a missão, o que se pode esperar é a aplicação implacável da lei da Física: a cada ação corresponde uma reação igual e contrária.

É evidente que não podemos isolar a política de atendimento à criança de rua e ao adolescente infrator de uma visão abrangente da questão social do País. Razoáveis taxas de delinqüência derivam da falta de oportunidade de trabalho, da falta de confiança dos jovens de todas as classes sociais no futuro do País, e na própria perda de auto-estima. É fundamental que o País reencontre os caminhos do desenvolvimento, com políticas mais justas de distribuição de renda. E é mais do que necessário que as políticas públicas e os recursos orçamentários atribuam absoluta prioridade aos programas de atendimento à criança e ao adolescente. Ao invés de se optar por obras faraônicas de pontes e viadutos, é mais fundamental a opção por investimentos na criança e no adolescente, porque eles são o futuro do Brasil.

8. CHEGA DE LEIS![8]

Culturas normativas capazes de dar substância aos interesses públicos distinguem as sociedades politicamente desenvolvidas das subdesenvolvidas. E revelam, ainda, o grau – alto ou baixo – de institucionalização de um país. A cultura normativa latino-americana, em função de fatores como a desconfiança nas instituições, padrões tradicionais de ação política, falta de autoridade, descumprimento da lei, tende a dar vazão a um fenômeno que, entre nós, está assumindo proporções monumentais. Refiro-me ao cipoal legislativo. O Brasil, segundo cálculos, vive normatizado por quase 1 milhão de leis. Uma coisa despropositada e que denota o baixo grau de nossa institucionalização.

Cultiva-se, infelizmente, em nosso País, a idéia de que a lei é a chave para resolver o problema. Foi assim, por exemplo, na Constituinte. Imaginava-se que todos teriam pão sobre a mesa e liberdade absoluta. Ganharíamos uma carta de alforria para a nossa liberdade política e econômica. O que deveria ser o arcabouço institucional destinado a prover os meios e as ferramentas para a eficácia administrativa acabou sendo uma colcha de retalhos, que até hoje estamos tentando consertar. Desenvolvemos, portanto, a idéia de que legislar é sinônimo de executar.

Entre as propostas embutidas no Plano Nacional de Segurança Pública, está uma que prevê o abrandamento da pena para criminosos que denunciam comparsas. Ora, esta lei, de minha autoria e do Deputado Miro Teixeira, já existe e está em vigor. Veja-se outro caso, a participação popular na questão na segurança pública. Isso também já está fundamentado. Quando fui secretário de segurança, no Governo Montoro, criei os Conselhos Comunitários de Segurança, que tratam exatamente da participação popular. A cada mês, reúnem-se os membros da comunidade, membros das Polícias Militar e Civil para debater as questões de segurança das regiões. Portanto, o que falta, hoje, é ativar, energizar os 800 CONSEGS constituídos.

8. Publicado em 20 de fevereiro de 2001.

Não é com mais leis que poderemos melhorar os padrões de segurança. Vejamos, por exemplo, a questão polêmica da unificação das Polícias Militar e Civil. Ora, para se obter maior eficácia, porque não tratar o problema sob a ótica administrativa? Basta unir os meios operacionais, ambos agindo sob o mesmo rol de atribuições. A operação conjunta é uma solução simples, factível e racional. Parcela ponderável dos problemas nacionais diz respeito à execução, não à legislação.

Aliás, toda vez que se aprova uma nova lei, instala-se um clima de instabilidade em função das mudanças das regras do jogo. E é por isso que vivemos sob o império da transitoriedade, que é uma das medidas da ausência de institucionalização política eficiente. Há mais de 150 anos, o timoneiro Simon Bolívar, cheio de amargura, proclamava: "não há boa-fé na América, nem entre os homens nem entre as Nações. Os tratados são papéis, as Constituições não passam de livros, as eleições são batalhas, a liberdade é anarquia e a vida um tormento". O clima de instabilidade apregoado pelo Libertador ainda está muito presente entre nós.

Em matéria tributária, a situação é caótica. Toda vez que se edita uma medida provisória nessa área, 20 a 30 mil ações batem no Poder Judiciário, agrupando interesses de pessoas e organizações que se sentem no direito de reivindicar direitos. E se continuarmos nesse ritmo, haverá um momento de plena saturação dos canais judiciais. Há leis que são, evidentemente, necessárias para a viabilização da administração. A lei do desarmamento, por exemplo, de extraordinário alcance social. É necessária e oportuna. Impede a proliferação da criminalidade. A Reforma Tributária, de que estou cuidando, carece de uma emenda constitucional. Trata-se de matéria fundamental para o País. E ela irá impedir a pletora de leis, porque vai harmonizar, sistematizar a tributação, estabelecendo regras fixas para o setor produtivo e gerando emprego.

Dou mais um exemplo. Na área ambiental, havia dezenas de leis, muitas delas repetidas. Consolidamos o sistema ambiental numa única lei que está tramitando na Câmara dos Deputados. Leis em excesso confundem, canibalizam-se, multiplicam as demandas judiciais, entopem os canais do Poder Judiciário. Na Suíça, há 5 anos, o Parlamento fez leis durante um ano. Foi um "Deus-nos-acuda". Numa sociedade fortemente institucionalizada, como a Suíça, seis leis iriam mexer intensamente com a vida dos cidadãos. No Brasil, procura-se avaliar o trabalho da Câmara dos Deputados pelo número de leis aprovadas. Como se o Parlamento fosse uma fábrica de refrigerantes, de carros. Esquece-se o conjunto de outras funções, como o trabalho das Comissões, as Comissões Parlamentares de Inquérito etc. A lei, enfim, não pode ser o refúgio para a ação.

Não deve ser confundida com a necessidade de execução. A defesa da sociedade não se faz pela quantidade de leis do país, e sim pela capacidade de cumpri-las de modo eficiente.

    É preciso dar um basta à produção de leis. Sob pena de continuarmos a cultivar o hábito de colocar o lixo para baixo do tapete.

9. O AJUSTE DO NOSSO DESTINO[9]

O Brasil vive um momento muito importante de sua história. Se pode exibir potenciais que o capacitam a ter um grande destino, no concerto mundial das Nações, sofre, como país dependente de capital estrangeiro e financeiramente vulnerável, as pressões geradas pela globalização dos mercados, aí inseridos os já indisfarçáveis ataques especulativos, que chegam a provocar danos no tecido institucional, a partir da instabilidade social e política. Sob esta moldura, o pleito eleitoral em curso assume a fisionomia de um confronto acirrado de posições e pontos de vista a respeito da crise, situação que, de certo modo, esmaece uma visão mais transparente sobre os impasses vividos pelo País.

Partidos políticos, candidatos e homens públicos, neste momento grave, não podem deixar-se levar simplesmente pelo jogo da emoção, com vista à visibilidade na mídia. Mais do que nunca, precisamos usar a sabedoria do bom senso e a consciência de nossa responsabilidade para oferecer ao País, neste momento, as alternativas corretas e os planos apropriados para afastar as grandes ameaças que se avizinham perigosamente, a ponto de ofuscar os horizontes do amanhã.

Com este propósito tem agido o PMDB. Entendemos que não podemos, sob pena de sermos cobrados pelas futuras gerações, deixar-nos levar por visões oportunistas, não atentando para a dimensão do perigo que nos ronda. Trata-se, sobretudo, de buscar um ideário que resgate a confiança dos brasileiros na autoridade pública, que reinstale o sentido desenvolvimentista, por meio da efetiva utilização do parque produtivo nacional, multiplique os empregos, reforçando-se a malha de proteção social, a partir dos sistemas preventivo e ostensivo da segurança pública.

Sabemos que parcela ponderável das soluções para a crise brasileira passa pela tão propalada Reforma Tributária, a que tanto nos dedicamos, quando presidimos a Câmara Federal. A sociedade chegou ao limite de

9. Publicado em 20 de janeiro de 2003.

suas possibilidades no campo dos tributos e impostos, esperando, assim, que se implante um sistema capaz de propiciar justiça fiscal, cujo escopo se ampara no alargamento da base contributiva, ou seja, mais gente pagando menos. Os setores produtivos nacionais, particularmente os pequenos e médios empreendimentos, carecem de motivação, o que demanda fontes de financiamento a juros compatíveis com suas condições. É de todo sabido que a estratégia de desenvolvimento auto-sustentado passa pela desoneração das exportações, única solução para o País aumentar as suas divisas e estabilizar as suas contas.

Esses são alguns dos temas que procurarei levantar e defender na próxima legislatura. O meu compromisso foi, e será sempre, o de representar com dignidade o Estado de São Paulo.

III
PARLAMENTO NACIONAL

Temer e o presidente Jaques Chirac,
analisando as relações entre o
Brasil e a França

Michel Temer e
Fernando Henrique Cardoso

O presidente da Venezuela, Hugo Chavez,
em visita à Câmara dos Deputados

Temer recebe em 16.3.2000
a visita do presidente da Bolívia,
Hogo Banzer

1. VAMOS REFORMAR O PARLAMENTO[1]

O início da nova legislatura coloca novamente em discussão a necessidade de reformulação do Parlamento em resposta ao imperativo de ganhar melhor funcionalidade e diminuir a distância que o separa da sociedade. Afinal de contas, debita-se ao Congresso Nacional o fracasso da revisão constitucional, na legislatura passada, que deixou um balanço de 72 sessões, 75 pareceres do relator, 5 emendas aprovadas e apenas uma promulgada. Os novos Presidentes da Câmara e do Senado, Luiz Eduardo Magalhães e José Sarney, respectivamente, já expressaram a conduta de suas gestões, ambas voltadas para o compromisso de melhorar o desempenho parlamentar.

Entre as linhas de ação envolvidas na Reforma do Parlamento, existem aquelas de caráter mais operativo e administrativo e outras de fenomenologia mais conceitual. Dentre estas, está a questão, sempre polêmica, do número de representantes. Nosso Parlamento estaria muito inchado ou o número corresponde plenamente às dimensões geo-políticas do nosso País? Em tese, quanto maior o número de representantes, mais próximos estaremos dos fundamentos da democracia direta. Por outro lado, há que se admitir que a quantidade de parlamentares gera reflexos na funcionalidade, a partir, inclusive, da estrutura física, dos equipamentos e das assessorias. Em termos de ausência, não temos certeza de que menor número de representantes implicaria em menor ausência.

De qualquer forma, o tema merece ser debatido, diante, inclusive, da tendência de aumento gradativo das bancadas, a partir da ampliação dos contingentes populacionais e eleitorais nos Estados.

Agora que o Congresso reinicia a discussão sobre Reforma Constitucional, vale lembrar o que ocorreu há 7 anos. Na Constituição de 1988, a operosidade e a dinâmica congressual foram dadas pela Comissão de Sistematização, formada por 93 membros, e pela Comissão de Redação,

1. Publicado em 9 de março de 1995.

composta por 24 parlamentares. Podemos concluir que a falta de harmonia da Constituição Cidadã não se deveu apenas à pressão das galerias, mas ao número excessivo de membros nas Comissões. Está provado que as comissões fixas da Câmara são reconhecidamente eficientes, confirmando a tese de que grupos menores conseguem atuar com mais dinamismo e harmonia. Essa poderá ser uma orientação para a formatação das Comissões.

A rotina de trabalho parlamentar precisa se adequar ao calendário de nossa cultura política. Deputados e Senadores trabalham em três pólos: no plenário, discutindo e votando leis e projetos; nas Comissões temáticas, onde exercem a tarefa muito importante de avaliar, discutir, sugerir e propor projetos de lei e fazer encaminhamentos sobre temas de alto interesse nacional; e junto às bases, onde exercem a prática do contato com os representados. Ou seja, o parlamentar também tem uma atividade política quando não se encontra no Congresso. Mas a opinião pública tem considerado atividade parlamentar apenas a exercida nos limites do Parlamento.

Essa questão poderá ser solucionada, de duas formas: regularizando-se a atividade parlamentar para as terças, quartas e quintas, que seriam dedicados às votações. Seriam apenados os parlamentares faltosos. As segundas e sextas seriam dedicadas a expedientes breves. Outra forma seria o de estabelecer um calendário com sessões contínuas de segunda a sexta, por determinado período, obrigando-se todos ao comparecimento, seguindo-se um calendário de atividades parlamentares junto às bases. O mais difícil será decidir sobre os tempos das sessões contínuas e os prazos da atividade parlamentar nas bases.

Outra medida saneadora está voltada para o voto de liderança. Quando poucos decidem por muitos a democracia se fragiliza. Os líderes, em muitas ocasiões, acabam votando pelos 513 Deputados, em um processo de subestabelecimento de poderes, fato que contraria o princípio constitucional da representação parlamentar. Sugerimos que, quando isso se tornar absolutamente imprescindível, o líder procure ouvir o maior número possível de seus liderados, ampliando a legitimidade de seu voto. O voto de liderança acaba desmotivando os parlamentares, aumentando suas ausências do plenário.

As pautas precisam ser desafogadas. Temos, atualmente, mais de 30 medidas provisórias e 140 vetos presidenciais a serem discutidos e votados. As estruturas e os quadros, por sua vez, carecem de mais racionalização, agilidade e profissionalismo. Prazos devem ser cumpridos rigorosamente. As ementas dos projetos de lei são freqüentemente confusas. Clareza e objetividade também são necessárias na condução dos trabalhos de plenário, a fim de que os parlamentares saibam exatamente o que estão votando. Há casos de completo desconhecimento. Esses são alguns dos aspectos que aguardam um posicionamento dos congressistas. Sob pena de o Congresso Nacional continuar desafinado com o ritmo da sociedade.

2. O PARLAMENTO E A MODERNIZAÇÃO DO PAÍS[2]

Durante o primeiro semestre legislativo, o Brasil deu importantes passos em direção à sua meta de modernização econômica. E a Câmara dos Deputados foi, em todos os momentos, instrumento decisivo nesse processo, ao aprovar as emendas constitucionais referentes à Ordem Econômica. Como é natural em um sistema democrático, as propostas ganharam o calor do debate, sujeitaram-se a pressões e contrapressões, evidenciando intensa participação parlamentar.

Mas é preciso, mais uma vez, esclarecer que a aprovação das emendas só se deu em função de um mecanismo em que o PMDB, como partido que reúne o maior número de parlamentares, foi o principal artífice. Condicionamos a aprovação das emendas à legislação ordinária, a ser discutida e estabelecida no segundo semestre. Nossa preocupação básica sempre esteve relacionada a uma análise vertical das questões inerentes à Reforma Econômica. Afinal de contas, temas tão polêmicos, como flexibilização do monopólio do petróleo e das telecomunicações, carecem de um debate profundo, norteado pelo espírito de defesa dos soberanos interesses nacionais.

No segundo semestre, voltaremos ao debate, instigados pela preocupação de estabelecer um sistema normativo balizado pela meta de preservar o espírito das emendas aprovadas e evitar exageros, que possam extrapolar os limites conceituais da nacionalização e da soberania. Estamos afinados ao espírito de um novo tempo, cujos eixos se fincam sobre os parâmetros da globalização dos mercados, da competitividade, da melhoria de qualidade e da inserção integrativa das economias mundiais. Mas não podemos dar um passo maior que as pernas, permitindo extravagâncias que poderiam pôr em perigo conquistas feitas ao longo de anos e promovendo uma abertura econômica sem critérios e normas.

Vamos enfrentar, também, um dos principais desafios à modernidade do País: aperfeiçoar o sistema administrativo. A Reforma do Estado se

2. Publicado em 4 de agosto de 1995.

impõe como meta fundamental para que possamos dispor de quadros eficientes, estruturas ágeis, transparência operacional e qualidade técnica de serviços, que constituem exigências de uma sociedade pós-industrial, profundamente calibrada pela estratégia de maximização de resultados. Temas candentes, como estabilidade do servidor público, isonomia salarial e regime único para os funcionários, serão postos em discussão, a partir de uma proposta global do Governo. Certamente, o sentido maior que guiará o processo decisório no Congresso Nacional estará inspirado nos ideais da eficiência, de salários mais dignos, de serviços mais qualificados e de racionalização das estruturas burocráticas.

A Reforma Política também estará em pauta, atendendo a um imperativo de natureza estrutural. Sem partidos fortes, coerentes, doutrinários, a política brasileira continuará a ser regida por casuísmos e difusão conceitual. A fidelidade partidária é uma proposta que se apresenta como absolutamente necessária para adensamento ético dos partidos. Uma legislação eleitoral, que procure eliminar as injustiças e a força do poder econômico nas eleições, se faz necessária. A Reforma Política estará pautada pela necessidade de dar provimento aos anseios de uma sociedade cada vez mais atenta, participativa e engajada no processo de decisão institucional. Temos constatado, nos últimos anos, o fortalecimento das instituições da sociedade civil, demonstração inequívoca da tendência dos grupamentos de procurar melhorar seus mecanismos de representação.

Revigorados pelo calor das bases, os parlamentares chegarão ao Congresso Nacional com vontades renovadas, ajustadas à verdade das cidades e dos campos, às expectativas das multidões e a um sentimento cívico que se propaga, o sentimento de que estamos vivenciando um dos momentos mais dignificantes e decisivos da história política nacional. O Brasil redesenha seu cenário sócio-político-econômico, sob as bandeiras da modernização, da seriedade, da ética, do rigor e da eficiência, que, integradas, significam mais progresso e mais bem-estar. Participar ativamente desse processo e desse momento é tarefa gratificante. Na liderança do PMDB, temos procurado analisar os fatos, interpretar as tendências, dialogar abertamente com todas as facções, trilhar caminhos éticos, respeitar os contrários, compreender e aceitar as dissensões e os adversários, e sempre decidir à luz dos sentimentos maiores do povo, que nos elegeu e a quem representamos. A ele, devemos o nosso mandato, à ele devemos prestar contas de nossos atos. Esta é a crença que inspira a nossa identidade política.

3. EM DEFESA DO CONGRESSO NACIONAL[3]

O Congresso Nacional é o repositório da vontade nacional. Suas decisões devem se inspirar no ideal do bem comum, fruto dos interesses e reivindicações das coletividades (Câmara) e das regiões que as sediam (Senado). A instituição congressual serve como fórum para debates e discussões de problemas (função parlamentar) e como órgão que comanda a alta política, promulgando leis (função legislativa). Seus representantes são eleitos pelo mecanismo democrático do sufrágio eleitoral e se integram a partidos, que constituem o núcleo da política. O povo é, portanto, agente e fim do processo político, exercendo, nas campanhas eleitorais, seu direito inalienável de aprovar, recriminar ou condenar os trabalhos desenvolvidos por seus representantes, reelegendo-os ou não para um novo mandato.

A lembrança desses fundamentos de representação política parece conveniente no momento em que o Congresso Nacional passa a receber um volume inusitado de ataques, críticas e campanhas, que procuram detratar a ação parlamentar, relacionando-a à baixezas e à defesa de interesses pessoais. O conceito de fisiologismo é usado, a todo momento, para expressar as decisões dos parlamentares, para não falar do combate sistemático às ausências nas casas legislativas, como se o corpo de representantes fosse um ente relapso, preguiçoso e anárquico. Nada mais perverso e injusto. Injustiça, diga-se, amparada na ignorância sobre o sentido e o leque de atividades que fundamentam a ação legislativa.

Primeiro, é oportuno lembrar o magnífico trabalho que o Congresso Nacional tem realizado nos últimos meses, aprovando as Reformas Econômicas e dando seqüência ao conjunto de outras reformas, a partir da Reforma da Previdência, que entra em sua segunda fase de discussões. Se há demora no processo decisório, é porque a complexidade das matérias em questão exige acuidade e responsabilidade em seu exame e em sua

3. Publicado em 21 de maio de 1996.

aprovação. Afinal de contas, estamos tratando de um conjunto de conceitos com profunda repercussão para a vida dos cidadãos e das instituições nacionais. Incluímo-nos entre aqueles que desejam apressar as Reformas Constitucionais, preocupados que somos em gerar condições para a continuidade da estabilidade econômica do País. Respeitamos, porém, o direito de parlamentares, de partidos e de outros poderes constitucionais em debater, profundamente, questões de forma e fundo, e expor as suas divergências. Afinal de contas, as virtudes da liberdade e da diversidade cristalizam a essência da filosofia democrática.

Não é verdade e não passa de completo desconhecimento que o corpo parlamentar seja inepto. Como líder de um grande partido, tenho condições de afirmar que a vontade, o engajamento e o sentido de participação animam as ações no Congresso, dando-lhe uma energia e uma efervescência intensas. E é sempre bom relembrar que o trabalho de um Deputado abrange as inumeráveis horas passadas nas discussões e decisões das Comissões Temáticas, passa pelos necessários contatos com as bases políticas, entrando, ainda, por expedientes de articulação e mobilização, que ultrapassa os expedientes normais.

Não deixa de ser também leviandade garantir que o fisiologismo inspira o comportamento político. Para os críticos que martelam o Congresso com essa tese, resta dizer que as sociedades mundiais, integrando-se a uma ordem pós-industrial, intensificam o conceito da micropolítica, pela qual fazem passar as visões e os interesses de grupos específicos. Há novos fluxos de representação, como sindicatos, associações, federações, entidades ecológicas e de movimentos étnicos, que passam a ditar influência e a abrir novas fronteiras no discurso social. Eles, de maneira legítima, manifestam idéias que devem ser acolhidas, porque, no fundo, constituem uma esteira da própria visão mais global da sociedade.

Não podemos tolerar que o Congresso Nacional continue a ser castigado por denúncias irresponsáveis e deletérias, que se prestam a macular o conceito de nossas instituições políticas, porque, afinal, a imagem do Poder Legislativo é que acaba sendo prejudicada. Falhas ou atos ilícitos praticados por alguém, em particular, podem e devem ser denunciados e julgados. Mas não podemos permitir, sob nenhuma hipótese, que o Congresso Nacional seja confundido com o praticante desses atos e que sirva de palco para o desfile de cultores da mais perversa das iniquidades: a injustiça.

4. PELA VALORIZAÇÃO DO PARLAMENTAR[4]

Foram longos anos de lutas, sangrentas muitas vezes, que fizeram com que o povo conseguisse sacar do soberano, exercente do poder monocrático, a competência para ditar os rumos do Governo. Em outras palavras: legislar. A vontade do rei foi substituída pela vontade da lei. E esta passou a ser fruto da vontade de todos e não da vontade individual. Ao rei restou a competência para executar: o Poder Executivo.

Como todo o povo não pode reunir-se para deliberar, a via encontrada foi a de representação popular. Nasceram, assim, as Casas Legislativas.

O Legislativo é, portanto, a revelação da democracia. Seu suporte. Seu sustentáculo. Sem ele, o poder volta a ser individual. Não de todos.

As Câmaras Legislativas são, por excelência, as Casas que congregam as aspirações populares. Seus integrantes, escolhidos a cada quatro anos, representam os interesses grupais e coletivos, sendo reeleitos quando recebem a aprovação dos eleitores. Por isso mesmo, todo parlamentar exerce com legitimidade o seu mandato, devendo ser respeitado em função da representação a ele conferida. Por isso, preocupa-nos a crítica generalizada e indistinta contra a figura do parlamentar, como se ele fosse responsável exclusivo por todas as mazelas de nossa cultura política.

Parcela ponderável da imagem negativa do parlamentar brasileiro, identificado por pesquisa de opinião pública, se deve ao desconhecimento sobre os limites de sua atuação parlamentar. O fato de não estar presente em Plenário, em determinados momentos, não quer significar, na maior parte das vezes, que seja um contumaz relapso, como freqüentemente se propaga. É sempre conveniente lembrar que um parlamentar está em intensa atividade, quando participa de reuniões nas Comissões Temáticas ou mesmo por ocasião de contatos com as bases.

Afinal de contas, a dinâmica processual de uma Casa como a Câmara Federal deve, e muito, aos grupos técnicos de parlamentares que,

4. Publicado em 12 de agosto de 1996.

em um primeiro momento, estudam, debatem e votam matérias de alta complexidade. As sessões de Plenário constituem a última instância do processo parlamentar. Quanto aos contatos com as bases, todos sabem a importância da relação direta entre o parlamentar e o eleitor, seja na aferição dos climas ambientais, seja na coleta de sugestões ou mesmo no atendimento às legítimas reivindicações dos grupos organizados da sociedade civil.

Há reclamações quanto à lentidão do processo decisório. É verdade que as votações não se sucedem num ritmo condizente com as necessidades do País. Nesse sentido, a par de aperfeiçoamentos no calendário de debates e votações, temos de trabalhar com a idéia avançada do voto, seguro e ágil, dado pelo parlamentar. Mas também devemos ressaltar que a lentidão do processo de formação da lei é compatível com a democracia, já que enseja amplo debate da matéria. A medida provisória, por exemplo, é de rápida elaboração. Porém, a crítica que a ela se faz é exatamente em razão da ausência do debate.

A otimização das atividades deverá, ainda, estar amparada na qualificação e no adensamento das assessorias técnicas, com a implantação de controles que garantam a eficiência, a agilidade e a fluidez dos pareceres e projetos. O importante é a calibragem do trabalho parlamentar por critérios de funcionalidade, agilidade, confiabilidade, eficiência técnica e melhoria dos padrões de qualidade. O Deputado brasileiro – basta analisar o volume e a expressão dos projetos que passaram por seu crivo, este ano – tem demonstrado alto interesse e engajamento na vida parlamentar.

Não merece, portanto, a pecha que lhe querem impingir, de vilão do processo político. O prestígio das instituições passa pelo prestígio dos parlamentares. Não é a toa que a Constituição, por exemplo, consagra a vitaliciedade dos juízes, mecanismo que lhes permite praticar a Justiça com imparcialidade, moralidade e equilíbrio. Não é a toa que o parlamentar é inviolável no exercício de seu mandato, o que lhes garante a segurança na construção de suas idéias e a firmeza na defesa de sua missão.

O achincalhe é um dos males de nossa cultura. Não se aperfeiçoa o sistema político usando o açoite de uma crítica freqüentemente injusta. Todo esforço deve ser efetuado para a valorização da atividade parlamentar. Esta valorização, repita-se, é a defesa mais clara da democracia.

5. EQUILÍBRIO E EFICIÊNCIA PARLAMENTAR[5]

O equilíbrio federativo se assenta na independência dos três Poderes. E o grau de institucionalização de cada Poder, ou seja, a capacidade de responder plena e eficientemente sua missão constitucional depende das condições operacionais, técnicas e motivacionais de estruturas e quadros. A partir dessa visão, pode-se estabelecer uma análise objetiva, imparcial e honesta das motivações, razões e argumentos que inspiram o exercício das atividades profissionais na esfera dos Poderes da República, incluindo as funções parlamentares. A pontuação sobre o trabalho parlamentar se faz necessária em decorrência das generalizações e estreitas versões, algumas em tom de escárnio, que se fazem sobre os perfis políticos.

Em primeiro lugar, cabe lembrar que o parlamentar detém um mandato conferido pelo povo, que, a seu juízo e arbítrio, poderá retirá-lo, periodicamente, caso não mais corresponda às suas expectativas e demandas. Ele não é um usurpador do poder nem um oportunista, como freqüentemente insinua a crítica maldosa, mas um cidadão que carrega a mais completa das legitimidades, que é a legitimidade conferida pela soberania popular. Em segundo lugar, convém esclarecer que a atividade parlamentar imbui-se de características peculiares, que não devem ser confundidas com privilégios. E também não podem ser comparadas com situações de outras áreas profissionais.

O parlamentar exerce dignamente a missão, quando permanece junto de suas bases políticas. É aí que ele recebe os fluxos para um bom desempenho. O contato permanente com as regiões permite ao Deputado ter uma correta e adequada visão da realidade, coisa absolutamente necessária ao exercício da administração e da política. Canhestra é a visão que exclui da atividade parlamentar o debate nas Comissões Técnicas, o tempo de estudo e análise de projetos, o tempo de elaboração de leis

---

5. Publicado em 24 de outubro de 1996.

e proposições, viagens de intercâmbio e fomento de relações internacionais e, mesmo, o tempo dependido na articulação e mobilização, fatores inerentes às tarefas congressuais. Podemos até chegar a mecanismos para aprimorar o trabalho parlamentar, fazendo ajuste de tempos e encontrando critérios capazes de agilizar o processo decisório. Mas são completamente desprovidas de fundamento as críticas que procuram insinuar a inércia do Parlamento. Basta ver a vasta pauta de trabalhos analisada, debatida e votada este ano.

Para cumprir de maneira honrada o seu mandato, o parlamentar precisa receber remuneração compatível com suas altas e qualificadas funções. Convenhamos: um salário líquido de menos de R$ 5 mil é muito pouco para que um Deputado tenha condições de atender, a contento, todas as suas obrigações e deveres. Além das despesas comuns com a família, um Deputado se vê pressionado por uma enorme folha de compromissos, principalmente junto à suas bases políticas.

Portanto, as mediações entre o salário de um Deputado federal e outros salários são desprovidas de fundamento, pois não se pode comparar coisas incomparáveis. Sabemos que o salário mínimo do nosso País é ainda muito baixo, e que os salários de diversos quadros estão defasados. Reconhecemos a justiça das lutas de categorias profissionais para melhorar suas condições salariais. Porém, no quadro geral das deteriorações e ante o escopo de compromissos funcionais, temos certeza que a base salarial do Deputado federal é uma das mais corroídas. Seu ajustamento e reforço se faz urgente para que o corpo parlamentar ganhe a motivação necessária para o equilíbrio, a estabilidade e a eficiência do Parlamento.

6. O LEGISLATIVO E OS SENTIMENTOS DA NAÇÃO[6]

É dever dos cidadãos buscar o interesse geral. É dever dos partidos políticos incorporar e reproduzir as culturas e os interesses dos cidadãos. Esse princípio, alicerce do Estado democrático moderno, se ajusta à ordem do dia da situação nacional. O País conseguiu encontrar, depois de longos anos de desequilíbrio econômico, os rumos da estabilidade e, agora, espera que suas instituições políticas e sociais garantam as condições para implantar um programa definitivo de desenvolvimento auto-sustentado.

A defesa dos interesses da cidadania encontra no Parlamento Nacional seu principal fórum. O Poder Legislativo constitui imagem da sociedade refletida no espelho político. Todos sabemos que a essência da democracia consiste em oferecer ao povo escolhas, tanto de pessoas quanto de programas. Essa possibilidade é o principal sustentáculo da liberdade. Por isso mesmo, é bastante lógico o sentido concorrencial dos partidos políticos. A concorrência entre eles, porém, para ter significado, precisa ser algo mais que simples exibição de rivalidade entre pretendentes ao poder.

O combate interpartidário há de respeitar as metas de elevação moral e material da sociedade, os direitos individuais e sociais garantidos pela Constituição e os projetos governamentais voltados para o desenvolvimento nacional e o bem-estar do povo brasileiro. Compreende-se e até é recomendável a divergência no plano das idéias principalmente quando estão em jogo questões de fundo que mudam regras já fixadas no plano constitucional. O aperfeiçoamento democrático repousa na energia intensa do entrechoque das opiniões e na agitação constante que os governos democráticos introduzem no mundo político e passam para a sociedade civil, fenômeno tão bem descrito por Alexis de Tocqueville, em sua análise sobre a democracia na América.

6. Publicado em 25 de junho de 1997.

A polêmica oxigena o espírito democrático. As maiorias, com seu poder de realização, as minorias, com seu poder de protestar e até de inviabilizar ou atrasar projetos prioritários para o País, promovem a dinâmica dos Parlamentos. Inquieta-nos, porém, a conflagração política, estribada em retaliação pura e simples entre grupos e pessoas. A responsabilidade parlamentar com os destinos do povo e o progresso da Nação é e será sempre o escopo a inspirar o debate político. Não podemos e não devemos transformar divergências pontuais e bem localizadas em disputas radicais que não se justificam. Temos o dever de fazer avançar o País. O compromisso maior da política está inexoravelmente ligado à procura das melhores oportunidades, dos melhores recursos e dos meios mais adequados para o aperfeiçoamento da cidadania.

O Congresso Nacional, bem sabemos, demonstra vigor, vontade e muito sentido participativo. Sentimos, a cada dia, o desejo intenso do corpo parlamentar de decidir mais, de votar, de mudar, de agir sob a inspiração dos grandes ideais da sociedade brasileira. Parte dessa energia circulante, porém, se esvai pela esteira de inconseqüências, que em diversas oportunidades, são fruto de embates particularistas. Comovemo-nos com a sinceridade, o destemor, o sentimento aguerrido e avançado que brota de parlamentares ansiosos para dar brilho à vida congressual. Temos, na Câmara dos Deputados, parlamentares que exercem com eficiência e dignidade sua missão, orgulhando suas bases eleitorais. Por essa razão, cremos intensamente na possibilidade de maximizar o uso dos potenciais de nossa representação política, dando-lhe maior funcionalidade, maior objetividade e mais preocupação com os altos desígnios da Nação.

As Reformas Constitucionais, em andamento, continuarão a carecer do pensamento criador do corpo político. E mais que isso: precisarão de um movimento pró-ativo, que seja capaz de acelerar o processo decisório. Urge acompanhar o ritmo dos sistemas produtivos do País. Temos de balizar o ritmo da ação parlamentar pelo sentimento das ruas, dos escritórios, dos campos, dos contingentes das grandes, médias e pequenas cidades, ansiosos por mudanças que venham a melhorar suas condições de vida. Os padrões sociais e econômicos do nosso povo certamente hão de nos inspirar na aceleração das Reformas Constitucionais. Em um ano político como o que vivemos, essa necessidade se torna mais aguda, por sabermos que o segundo semestre será dedicado às campanhas eleitorais. Atrasos longos poderão gerar sérios embaraços à estabilidade econômica do Brasil.

7. AGENDA PARLAMENTAR[7]

Alardeia-se que o Congresso não trabalha, não produz, não vota, não legisla. Há, nessa afirmação, uma injustiça. Nesta legislatura alteramos toda a ordem econômica do País. Foram apreciadas cinco emendas constitucionais que modificam a estrutura econômica brasileira. Já foram regulamentadas por legislação comum e começam a operar efeitos na economia nacional. Não é preciso dizer o quão difícil e controvertido foi alterar este capítulo da Constituição Federal. Milhares de palavras escritas e orais circularam e ecoaram pelo Congresso Nacional ao longo dos debates, mas a Reforma Econômica se fez. Vejamos os temas da chamada Reforma do Estado: a previdenciária, a administrativa e a tributária. Embora as primeiras mencionadas sejam importantes, não sofreram tanta contestação como ocorre no caso destas últimas. Como ignorar que as Reformas Administrativa e Previdenciária dizem respeito praticamente a cada qual dos brasileiros? Todos os cidadãos se engajaram na discussão e – por que não dizer – resistiram a estas propostas por meio de vários setores organizados.

Todos sabemos da importância das reformas para o País, mas haveremos de compreender também, com o espírito democrático, que tais oposições são mais que naturais. De um lado, os que não querem as reformas; de outro, os que as desejam, cientes de sua necessidade. O palco desta controvérsia é, repito, o Congresso Nacional. Sem embargo disto, o fato é que a Reforma Previdenciária já foi aprovada na Câmara dos Deputados e é discutida agora no Senado Federal. A votação da Reforma Administrativa está para ser concluída. A Reforma Tributária envolve interesse dos Estados e Municípios e só uma grande negociação institucional é que a levará adiante. Além de tudo isto, o Congresso votou leis da maior importância como aquelas atinentes ao porte de armas, ao crime de tortura, à Justiça Militar, ao rito sumário nas desapropriações agrárias. No Legislativo, só se vota e se aprova depois de longo e refletido debate

7. Publicado em 8 de julho de 1997.

entre as várias tendências que se fazem presentes em cada uma de suas Casas. É bom que seja assim: revela-se no Legislativo, o exercício democrático e participativo.

Sei que ao mencionar as Reformas Constitucionais discutidas e aprovadas em curto espaço de tempo, dada a magnitude das modificações, objeta-se com a afirmação de que tais propostas nasceram do Poder Executivo, e que seria ele, portanto, o mobilizador e o formulador da agenda legislativa. Esta é uma meia verdade. Primeiro, porque a Constituição confere ao Presidente da República a possibilidade de deflagrar o processo legislativo; segundo, porque as propostas encaminhadas pelo Executivo foram discutidas e, muitas vezes, radicalmente modificadas como fruto desta discussão. Mas, remanesce, sem dúvida, a outra meia verdade: a de que o Legislativo não tem tido a permanente iniciativa de deflagração de projetos e discussões que interessem ao País e que podem encontrar em suas Casas o campo fértil para uma produção de medidas que ajudem a governabilidade mediante propostas de solução para problemas sociais angustiantes. Isto porque, como já ressaltado, no Legislativo estão presentes as forças vivas da Nação que controvertem, debatem e até debateram.

Para dar cumprimento a esta meia verdade é que se pensa numa agenda parlamentar própria do Legislativo. Nascida nele, impulsionada, vivificada e concluída por ele. É o agir concreto, direto, objetivo, inicial, inaugural do próprio Poder. Daí porque a imprensa o denomina de "Reage, Câmara". Trata-se, na verdade, da formulação de uma "Agenda Parlamentar" própria. Uma vez que, agindo, o Legislativo sempre esteve, embora muitas vezes provocado por iniciativas do Poder Executivo. E agindo muito, como já se evidenciou. O tema da Reforma Política, que deve ser pensado já para ser implantado na eleição de 2002, há de ser um dos carros-chefes desta agenda. A segurança pública, embora competência dos Estados-membros, passou a ser problema nacional e está a merecer meditação do Legislativo, razão pela qual já criamos comissão especial para cuidar do tema e à qual se deve dar prioridade. Saúde pública e educação são matérias que não podem ser olvidadas nessa temática.

Este movimento interno do Legislativo, por nós incentivado, nasce com uma preocupação democrática legítima: a de trabalhar pelo prestígio cada vez mais crescente da Instituição, na convicção mais absoluta de que o Legislativo é fundamental para a preservação das liberdades, do desenvolvimento e crescimento do País. É tanto mais saudável este movimento quando se verifica que ele passa a ser integrado por parlamentares de todos os partidos, ensejando aquilo que é mais que desejado num Legislativo autêntico: o diálogo permanente entre todos os parlamentares, independentemente de ideologias ou crenças partidárias. Esta fórmula facilitará acordos que conduzam à quase unanimidade e ensejará produção legislativa mais sólida, já que incentiva debate mais amplo e aberto. Nesta mobilização está também a certeza de que acima de interesses individuais ou de segmentos político-partidários residem o interesse do povo brasileiro e o trabalho para modificar o conceito que a opinião pública tem do Poder Legislativo. Será difícil pôr a "Agenda Parlamentar" em prática? Certamente será. Mas a democracia exige paciência e determinação de todos.

8. A FUNÇÃO DO LEGISLATIVO EM DEFESA DOS PEQUENOS[8]

Em seus estudos de política, John Locke considera o Legislativo o órgão Supremo do Estado e, na Constituição Americana, ele figura em primeiro lugar entre os três Poderes. Esta grandiosidade fica evidenciada por meio de sua grande função: falar em nome do povo. Na verdade, este é o ideal que deve nortear nossa prática enquanto representante da sociedade. A organização do Legislativo tem o tônus democrático, porque reúne maioria e minoria e onde o confronto das idéias e a crítica pública estão sempre presentes, evidenciando sua característica democrática.

Na era medieval, os parlamentos se reuniam a partir da convocação do rei e podiam firmar vontade própria, independente do soberano, desde que a maioria encontrasse um consenso. Estes Parlamentos eram formados pela nobreza e o clero, as pessoas influentes, que falariam pelo povo de sua região. Esta gênese do parlamento evoluiu e na Grã-Bretanha oitocentista os liberais defendiam o direito de que todos fossem representados, com base numérica da população, e não apenas a partir dos que tinham terras e riquezas. O cidadão passou a ser a unidade básica da política democrática, o equivalente a um homem, um voto.

No absolutismo, a vontade do rei era a lei. O soberano exercia, portanto, todas as funções estatais que, em momentos históricos diferentes, se buscou dividir e entregar a órgãos distintos. A Declaração da Independência Americana e a Revolução Francesa iniciaram a transferência do poder do soberano para o povo. Este entendeu que o poder utilizado pelos seus representantes também deveria implicar em atividades governativas. E uma controlaria a outra por mecanismos constitucionalmente estabelecidos. Legislativo, Executivo e Judiciário nasceram dessas concepções. Em sua base, estava a idéia de preservação dos direitos individuais.

8. Publicado em 26 de novembro de 1997.

A separação de Poderes, portanto, é o primeiro instrumento constitucional destinado a garantir direitos dos cidadãos e a participação de todos no processo governativo. Embora se faça a correlação entre Governo e Poder Executivo, o Legislativo é o primeiro dos Poderes. É o deflagrador da atividade jurisdicional. Sem a sua atuação, os demais não subsistem. O Legislativo é o produtor do ato geral.

Originalmente, os Parlamentos não tinham a função principal de fazer leis, mas apenas e tão-somente de autorizar a coleta de fundos para o rei e fixar fórum para reclamações. Esta última função, contudo, conservamos até hoje, porque os vereadores e Deputados ainda formam o canal de comunicação entre a sociedade e o Executivo, seja municipal ou federal. Ele humaniza o impessoalismo do Poder Público, encaminhando e buscando viabilizar as demandas da população.

O trabalho legislativo começa no Município, na Câmara Municipal, onde o sentimento de valorização do bem-estar local é a força motriz do trabalho dos vereadores. Cada Município dispõe de, no mínimo, nove vereadores para legislar, a partir do grande lastro da persuasão. Para atender às necessidades em setores básicos, como educação, segurança e saúde, o Prefeito carece do amparo de legislação enxuta e harmônica, capaz de lhe conferir melhor operacionalidade e maior agilidade. Este é o papel que cumpre ao Legislativo desempenhar.

Desde a Constituição de 1988, o Município mudou. Tornou-se mais autônomo, mais capaz. Convém recordar que a autonomia política significa a capacidade conferida a certos entes para legislarem sobre negócios seus e por meio de autoridade própria. O fato de o Município passar a reger-se por lei orgânica significa a detenção de um poder de auto-organização que antes lhe era negado. Ganhou a prerrogativa de firmar sua própria Constituição. Os instrumentos foram dados e, politicamente, cabe aos Prefeitos e vereadores utilizarem-nos devidamente em proveito da população.

O vereador tem importância fundamental porque é no Município que os cidadãos moram e trabalham. A relevância dos Municípios pode ser mensurada através de uma pesquisa de opinião realizada pelo Ibope, este ano, na qual se apurou que 55% dos brasileiros entrevistados apontaram ser as prefeituras a esfera de governo mais importante no seu dia a dia. Quando o cidadão levanta-se pela manhã e dirige-se ao trabalho em transporte público, deixa os filhos na escola ou creche municipal, e volta para casa, cruzando ruas com iluminação que lhe garanta segurança, ele está tendo convívio direto com os serviços prestados pelo Poder Público municipal.

Mas há muitos complicadores neste cenário, porque na maioria dos centros urbanos, o crescimento habitacional é desordenado, para fora do centro rumo às periferias, onde está a população marginalizada. Sem acesso a serviços básicos de infra-estrutura, contam com o Parlamento para encaminhar seus pleitos ao Executivo. Essa tendência de crescimento desordenado e aumento das carências tende a se acentuar, se levarmos em conta o ritmo de urbanização no Brasil. Ele começa a crescer na década de 1940. Mas, hoje, 60% da população brasileira já vive em cidades. E as estimativas apontam que, no ano 2000, 80% dos brasileiros viverão nos Municípios. Esta perspectiva torna ainda mais relevante o trabalho da Câmara Municipal para a maioria esmagadora da população brasileira.

Os Municípios, por meio do Legislativo, vêm conseguindo propor idéias inovadoras que correspondem à crescente demanda básica das populações urbanas. É o caso do orçamento participativo, através do qual a população decide onde quer gastar o dinheiro público, as parcerias com a iniciativa privada, que viabilizam projetos sociais, os programas de renda mínima, que têm ajudado a fazer distribuição de renda, e os agentes de saúde, que vêm revertendo a mortalidade infantil.

Cabe à Câmara dos Vereadores garantir a governabilidade da administração de seu Município, assegurando sua continuidade se ela for positiva. Para exercer a contento seu papel de representante do povo, o vereador deve ter grande disciplina partidária para que a ação de minorias não obstrua matérias de interesse da maioria, pois só desta forma parecerá coerente aos olhos do eleitor. Esta, também, é a melhor forma do político cuidar bem de sua cidade e de sua carreira. Acredito que as ações dos parlamentares sempre são julgadas pelas urnas, por isso precisam demonstrar coerência.

A despeito de seu papel social realçado, os Municípios vivem, hoje, uma situação difícil economicamente. Dependem do Fundo de Participação dos Municípios, gerido pelo governo federal e responsável pela maior parte da receita das cidades, e pela cota-parte do Imposto sobre Circulação de Mercadorias e Serviços (ICMS), do governo do Estado. A crise financeira vem sendo agravada não só pela Reforma do Estado, mas pela criação de novos Municípios, que levam à divisão do cômputo geral das verbas, cabendo a cada qual menor participação.

Neste contexto econômico, o papel do Legislativo municipal é relevante à medida que o Município, a exemplo da União, tem atribuições tributárias, arrecada tributos diretos, como o IPTU. Os Municípios, desde a promulgação da Constituição de 1988, também puderam cobrar impostos diferenciados sobre veículos e combustíveis. Com a criação destas alternativas de arrecadação, é possível melhorar os serviços públicos essenciais.

As responsabilidades do Município estão crescendo e, paralelamente, as funções dos vereadores. Prova disto é a municipalização da educação no ensino fundamental, definida pela Lei de Diretrizes e Bases da Educação e pela Emenda 14/1996. As atribuições dos Estados passam para o âmbito municipal porque é através da descentralização que se abre a possibilidade de governar de forma mais democrática.

O compromisso prioritário da vereança com seus eleitores é a assiduidade aos trabalhos parlamentares nas comissões e plenário. Só assim será possível dar a devida atenção às matérias em votação, geralmente voltadas aos interesses imediatos dos municípes. A máxima "o poder emana do povo" é atendida pelo voto, porque em nome do povo, o poder é exercido. Quando há essa reciprocidade, fortalece-se o exercício da cidadania, que se configura com a aproximação dos cidadãos dos centros de decisão, como a Câmara.

A exemplo da Câmara Federal, o Legislativo municipal também tem de se manter independente e mostrar sua capacidade de decidir e ser responsável pelos destinos do Município e de seus habitantes. Precisa, por mais fortes que sejam as pressões políticas, manter credibilidade e autonomia para valorizar seu trabalho. Tem de saber mediar o desejo do povo e do governante, deixando para segundo plano seus interesses pessoais. Até porque o sistema partidário clientelista está em decréscimo no País e deve ser alijado. Também, do âmbito do Legislativo municipal, não pode haver transigência quanto ao apoiamento às manifestações sociais, porque este é o caminho mais curto para a modernização da política nacional.

Quando o Legislativo trabalha bem, há o reconhecimento público e a reversão da imagem de morosidade e inoperância que a atuação legislativa acabou cunhando até passado recente. O Legislativo, para ser eficiente, há de ser ágil. Afinal, as funções legislativas precisam acompanhar a dinâmica do desenvolvimento e a premência das demandas sociais. Ocorre que a eficácia do Legislativo, seja federal ou municipal, tende a ser medido pelo número de leis que produz, o que é uma maneira enviesada de analisá-lo. É como se fosse uma fábrica, com tantas toneladas de produtos manufaturados. Quantidade não é qualidade e esta verdade está ganhando visibilidade para a população.

A Casa Legislativa municipal tem, pelas mãos dos vereadores, a oportunidade de provar que é uma instituição eficiente, voltada a legislar em favor da causa popular. Muitos obstáculos se apresentam às Câmaras

Municipais. E soluções têm de ser operacionalizadas para vencê-las no devido tempo. Muitas vezes, esta solução figura na alteração do regimento interno, que deve se adequar à realidade do Município e da Casa Legislativa. Os vereadores necessitam ter suporte legislativo e administrativo para realizar seu trabalho, devendo contar, para tanto, com Mesa diretora eficiente.

9. BALANÇO DO TRABALHO LEGISLATIVO[9]

O Legislativo é fundamental para a democracia e esta é prioritária para a liberdade dos indivíduos. A liberdade de expressão implica na liberdade de cobrança do Poder Público, para que todos tenham condições dignas de vida. E são fundamentais para a subsistência da democracia um Legislativo e um Judiciário livres e um Executivo atuante. Com liberdade, o Legislativo pode desfrutar das condições para produzir e atender às demandas reclamadas pela sociedade.

Em 1997, o Congresso Nacional não apenas produziu quantitativamente, mas qualitativamente. Realizou 888 sessões, das quais 388 foram deliberações relativas a projetos de lei, decretos legislativos, sem contar, naturalmente, decisões relativas a questões de ordem, adiamentos de votação, isto é, matéria que foi discutida e votada. O Brasil entrou no rumo da democracia plena e o que o povo quer é uma política de resultados. Para isso é necessário um Legislativo produtivo.

Além do plenário, o trabalho nas Comissões também foi muito frutífero durante o ano passado. Nas Comissões Permanentes aconteceram mais de 300 reuniões e nas especiais, mais de 65. Em ambas foram tomadas decisões relevantes para o País e o povo. Aliás, o Parlamento brasileiro está se transformando em um órgão técnico e eficiente. Não há mais o culto às grandes oratórias, porque os grandes oradores vigoraram na época dos grandes debates ideológicos. Hoje, o povo quer uma política de resultados, que envolva a apreciação de projetos de lei e de eventos constitucionais sob o foco exclusivamente técnico.

Votaram-se reformas de ordem econômica que mudaram toda a estrutura do País para permitir a entrada do capital estrangeiro produtivo, alijando o especulativo, interessado apenas em ganhar dividendos, sem contribuir para criar empregos e riqueza. Mas, não basta legislar, é preciso executar, priorizar as urgências para que seja executado o que está

9. Publicado em 16 de fevereiro de 1998.

disposto nas reformas. Para chegar a estas mudanças, foi o Legislativo que deu o pontapé inicial.

O trabalho do Legislativo no âmbito dos projetos de lei foi igualmente significativo. Na área social, aprovou-se projeto que assegura a chamada renda mínima para as famílias que tenham filhos nas escolas. Asseguramos a certidão de nascimento e óbito gratuitos para os carentes, estabelecemos regras relativas ao exercício da cidadania como, por exemplo, a regulamentação do plebiscito, do referendo e da iniciativa popular que permite o exercício da democracia direta.

No tocante aos Municípios, alteramos as regras que dizem respeito ao Fundo de Participação dos Municípios para beneficiar as cidades, alteramos os critérios de repartição do ICMS exatamente para multiplicar e solucionar um problema que foi gerado no passado pela primeira lei, feita pelo Congresso e proposta pelo Poder Executivo. A questão da segurança do cidadão também mereceu atenção, com a aprovação do novo Código de Trânsito, que há muito tempo tramitava no Congresso Nacional, sem conseguir entrar na ordem do dia.

E, por ser o desemprego uma das grandes preocupações nacionais, o Legislativo aprovou o sistema financeiro imobiliário que visa a incrementar a construção civil, setor que emprega mão de obra massiva. A medida vai gerar empregos e também distribuir habitações, outra grande carência nacional. Durante 1997, o Legislativo estabeleceu regras de grande repercussão social, e em termos globais, deu pronta resposta à crise externa decorrente das bolsas asiáticas, com repercussão negativa para o País. O Executivo tomou as medidas, convalidadas pelo Poder Legislativo.

Neste ano que se inicia, o temário será igualmente relevante. Será discutida a nova Constituinte, para a qual propus a criação de um plebiscito para dar-lhe legitimidade, por entender que o povo é a fonte do poder. Também será discutido um problema que aflige a Nação – o excesso de medidas provisórias. Está na pauta da convocação extraordinária projeto de emenda constitucional que regulamenta as medidas provisórias, com o objetivo de restringir sua edição, deixando ao Legislativo a tarefa de legislar. O ano de 1998, embora seja eleitoral, promete ser igualmente produtivo como foi o de 1997.

10. A IMUNIDADE PARLAMENTAR[10]

A cassação do mandato do Deputado Sérgio Naya e os processos que tramitam na Câmara dos Deputados, envolvendo denúncias contra alguns parlamentares, voltam a acender a questão da imunidade parlamentar. Afinal de contas, que garantias tem o parlamentar para poder exercer, em plenitude, a sua missão? Tenho discorrido, com freqüência, sobre esse tema. Vale recordar, pois, alguns conceitos que venho apresentando, inclusive em meu livro *Elementos de Direito Constitucional*.

Em primeiro lugar, há que se acentuar que se garante a atividade parlamentar para garantir a instituição. Conferem-se a Deputados e Senadores prerrogativas com o objetivo de lhes permitir desempenho livre, de molde a assegurar a independência do Poder que integram.

Daí as garantias constitucionais de inviolabilidade no exercício do mandato e imunidade processual.

A *inviolabilidade* diz respeito à emissão de *opiniões, palavras e votos*.

Opiniões e palavras que, ditas por qualquer pessoa, podem caracterizar atitude delituosa, mas que assim não se configuram quando pronunciados por parlamentar. Sempre, porém, quando tal pronunciamento se dá no exercício do mandato. Quer dizer: o parlamentar, diante do Direito, pode agir como cidadão comum ou como titular de mandato. Opiniões, palavras e votos proferidos sem nenhuma relação com o desempenho do mandato representativo não são alcançados pela inviolabilidade.

Para viabilizar essa inviolabilidade, o § 1º do art. 53 determina que, a partir da expedição do diploma até a inauguração da legislatura seguinte, os membros do Congresso Nacional não poderão ser presos, salvo em flagrante de crime inafiançável, nem processados criminalmente, sem prévia licença da Casa a que pertencerem. É certo, porém, que o indeferimento

---

10. Publicado em 23 de abril de 1998.

do pedido de licença ou mesmo a ausência de deliberação sobre a matéria suspendem a prescrição enquanto o parlamentar não deixar o mandato. Significa que, findo o mandato, sem reeleição, o parlamentar sujeita-se ao processo criminal.

A Casa Legislativa, ao tomar conhecimento do flagrante de crime inafiançável, não procede a julgamento técnico-jurídico, mas simplesmente decide sobre a prisão e sobre a oportunidade do processo-crime.

Ao decidir, a Câmara estará implicitamente definindo se aquele ato concreto foi praticado como extensão ou implicação do exercício da função parlamentar, ou não.

Tem-se discutido se continua inviolável o parlamentar que se licencia para exercer cargo executivo (Secretário de Estado, Ministro de Estado). Se continua, ou não, exercendo o mandato. O Supremo Tribunal Federal decidiu que o licenciado não está no exercício do mandato e, por isso, dispensa-se a licença aqui referida.

Parece-nos que o art. 56 da CF responde a essa indagação ao prescrever que: *não perderá o mandato* o Deputado ou Senador investido na função de Ministro de Estado, Governador de Distrito Federal, Governador do Território, Secretário de Estado etc.

"Não perderá o mandato." Significa: quando cessarem suas funções executivas, o parlamentar, que *não perdeu o mandato*, pode voltar a exercê-lo. O que demonstra que, enquanto afastado, não se encontrava no *exercício* do mandato. Este, sim, coberto pela imunidade. O preceito do art. 56 teve o efeito de fixar que o afastamento temporário não importa a cessação do mandato, senão que *interrupção de exercício*. Harmoniza-se com a prescrição da impossibilidade de exercício simultâneo de funções em poderes diversos.

11. O PARLAMENTAR E AS REFORMAS[11]

Em um momento de redefinições políticas, prestes a se concretizarem com as eleições quase gerais no País, existem muitos questionamentos a respeito de como será o cenário político nacional no futuro próximo. A sociedade interroga como as forças partidárias estarão interagindo; como os partidos ou membros dos diversos partidos se comportarão diante de um eventual segundo mandato do Presidente Fernando Henrique Cardoso. E, assim, a sociedade pergunta-se como será o encaminhamento de reformas pendentes, que ainda coíbem o desenvolvimento nacional, e qual Reforma – Tributária ou Político-partidária – terá prioridade e será votada com urgência.

A Reforma Político-partidária tem sido, de fato, um dos temas abordados nos círculos políticos. Costuma-se dizer que esse assunto vem à tona somente em períodos eleitorais, e que, fechadas as urnas, cai no esquecimento parlamentar e sai da pauta das discussões. Mas existem agora condições para que o assunto não esbarre nos lapsos de memória do Congresso Nacional. Diferentemente de outros períodos, o País mostra-se amadurecido para uma Reforma Política.

Não há no Brasil mais que três ou quatro correntes de opinião que respondem pelo pensamento social e político da população. Se isso é um fato, não há como justificar a existência de quase 40 partidos. Na verdade, a grande maioria deles é responsável pelas contrafações do nosso sistema político. Por isso, já se consolidam posições favoráveis à implementação das chamadas "cláusulas de barreira", que impedem a formação indiscriminada de partidos. Isto, no entanto, não configura a existência de uma corrente contrária à existência de partidos ideológicos e diversidade de pensamento, mas de frontal oposição às siglas partidárias – a que alguns chamam de siglas de aluguel – que são fruto de acordos de conveniências locais e pessoais.

11. Publicado em 14 de outubro de 1998.

A Reforma Político-partidária passa, naturalmente, por um outro tema polêmico, o da fidelidade partidária, que deverá ser discutido. A fidelidade não deve ser engessante. Ou seja, não é o caso de o parlamentar nunca poder desvincular-se do partido em que ingressou. A mudança poderia ocorrer em momento do registro da candidatura. Mas é inadmissível que um parlamentar, no curso de uma legislatura, migre de um partido para outro, porque, neste caso, estaria violando a vontade da sociedade que o elegeu.

Dentro da discussão, há outro assunto de interesse suprapartidário. Trata-se da realização das eleições proporcionais juntas com as majoritárias. Esse tema deverá ser examinado e debatido ainda na atual legislatura. Se as eleições legislativas não fossem casadas com as do Executivo, elas ganhariam maior relevância. Haveria maior visibilidade do candidato a Deputado e a sociedade seria envolvida em um debate mais amplo e mais dirigido a respeito da importância do Legislativo. Certamente, haveria uma maior reflexão quanto ao processo eletivo de quem exerceria o poder em nome do povo.

No atual cenário, as eleições majoritárias acabam canibalizando as eleições proporcionais, com evidente prejuízo destas. A sociedade precisa ter em mente que o Poder Legislativo é tão importante quanto o Poder Executivo e que, somados ao Poder Judiciário, formam as bases do Estado. Não deve haver hegemonia de um ou outro Poder. O Executivo executa aquilo que o Legislativo autoriza. E o Judiciário é a instância a que se recorre nos conflitos de natureza constitucional. Portanto, como legislar é uma atividade outorgada ao Poder Legislativo está evidenciada a importância do Congresso Nacional, das Assembléias Legislativas e das Câmaras Municipais.

Para essa importante finalidade, o povo transfere seu poder, através de voto, aos candidatos que, espontaneamente, se apresentam para representá-lo no Poder Legislativo. Como não é possível o povo se reunir para deliberar, a via encontrada foi a representação popular. Daí a importância do Poder Legislativo. É pena que, numa eleição complexa como a atual, o candidato a Deputado fique em plano secundário, passando ao longe das discussões mais calorosas. Perde a Nação quando não dispõe de um Legislativo forte e capacitado para dar-lhe as feições de um poder coletivo. A grandeza desse poder reside na essência da representatividade, que, entre outras conseqüências, gera atitudes políticas decisivas para o equilíbrio do País. Basta ver a importância dos atos legislativos deste ano – principalmente no capítulo das Reformas Constitucionais – para os avanços no caminho da modernização institucional. Ao eleger representantes que traduzam a sua vontade, o povo consolida a sua cidadania e exercita a democracia.

No entanto, a prioridade nacional mais urgente é a Reforma Tributária que deve ser retomada imediatamente após as eleições. É possível concluí-la ainda neste ano, bastando para isso que a eleição presidencial seja resolvida no primeiro turno. É preciso, claro, que haja vontade política. E mais: que se chegue a um bom consenso sobre, pelo menos, as linhas gerais da Reforma Tributária mais adequada para atender as necessidades nacionais. Trata-se de um anseio geral, das classes produtivas, da indústria, do comércio, da agricultura, do setor de serviços. Assim, o Brasil ganhará tempo. Caso fique para 1999, em razão do princípio da anuidade tributária, a nova legislação entrará em vigor somente no ano 2000. E, desta forma, o País continuará a perder recursos, somar déficits públicos, gerar desemprego e estagnação econômica. Com a Reforma Tributária, o País fechará o ciclo das Reformas Constitucionais.

De qualquer forma, as sementes das reformas já foram lançadas. Resta-nos adubá-las e trabalhar o terreno político para colhermos os frutos tão necessários ao País, principalmente nesse momento em que temos de enfrentar as turbulências e as incertezas geradas pelos capitais voláteis da economia globalizada.

IV
REFORMAS ESTRUTURAIS

1. RENOVAÇÃO PARTIDÁRIA É URGENTE[1]

Uma das reformas que o Brasil terá de enfrentar, obrigatoriamente, para atingir a estabilidade e a modernidade é a de âmbito político-partidário. O País possui hoje um conglomerado de partidos que não representam os segmentos da população brasileira. Eles proliferam de forma pulverizada para atender a interesses políticos. O resultado é uma colcha de retalhos, que agrupa siglas sem nenhuma afinidade a não ser a de ordem eleitoreira.

As chamadas siglas de aluguel impedem que o sistema partidário brasileiro se paute por realinhamentos que obedeçam a uma coerência programática e atenda às expectativas do eleitorado, o que, freqüentemente, resulta no afastamento entre representantes e representados. Essa volatilidade vem provocando grandes distorções e danos à prática democrática, levando à descrença na classe política e ao trabalho do Legislativo e do Executivo.

As mudanças que se fazem necessárias no sistema político-partidário passam, necessariamente, por uma legislação mais rigorosa que impeça o surgimento de siglas sem representatividade parlamentar, sem peso eleitoral e sem abrangência nacional. Com menor número de partidos, porém fortes, o sistema político terá mais força para vencer qualquer sintoma de paralisia, fortalecendo a democracia representativa. Os compromissos partidários também devem ser um requisito fundamental para se criar um sistema político estável, capaz de conferir à classe política o papel efetivo de intermediador da vontade popular.

1. 1º de setembro de 1994.

2. REFORMA DO JUDICIÁRIO – PRIMEIRO PASSO[2]

Enfim, um início de caminho. Sancionado o Projeto de lei que regulamenta o art. 98, I, da Constituição Federal, ficam os Estados e o Distrito Federal autorizados a criar os chamados Juizados Especiais – tanto os cíveis quanto os criminais. Aqueles, para julgamento das chamadas causas de menor complexidade; os últimos, para julgamento das causas de menor potencial ofensivo.

Como a lei os definiu? Disse, no caso dos Juizados Cíveis, que as causas de valor até 40 vezes o salário mínimo, as ações de despejo para uso próprio e as ações possessórias são consideradas menos complexas e, por isso, competem ao Juizado Especial Cível. Contravenções penais e delitos que importem condenação de até um ano de detenção, foram consideradas de menor potencial ofensivo. Vão para o Juizado Especial Penal.

Qual o significado dessa inovação legislativa? Significa, como dissemos, que Estados e Distrito Federal estão autorizados a instalá-los, importando, segundo estatísticas recentes, no deslocamento de cerca de 40% dos feitos cíveis e penais do Judiciário existente para os novos Juizados Especiais. Tal fato tornará ágil a estrutura judiciária já existente e agilíssima a dos Juizados Especiais. Neste último caso, também porque o rito processual é o mais célere possível.

Só para exemplificar, na área penal: recebimento da denúncia, a audiência do acusado, das testemunhas, provas oferecidas, alegações finais e sentença se dar-se-ão numa única audiência, sendo certo ainda que, ocorrendo o fato, a autoridade policial fará relatório circunstanciado e conduzirá imediatamente os envolvidos ao Juizado que tenha jurisdição para apreciar o feito. O procedimento pode até ser oral, permitindo-se a gravação de depoimentos, segundo o critério do juiz. Autoriza-se a transação, o acordo imediatamente efetivado entre os contendores, permitin-

2. 30 de setembro de 1995.

do-se até imposição de pena do tipo multa para o acusado, se este com ela concordar. E a composição de danos também se dará no mesmo instante processual da fixação da pena. Os juízes serão togados ou leigos, cabendo a estes últimos o papel de conciliadores, sob a orientação dos primeiros. Tudo com vistas a tornar ágil a prestação jurisdicional e eliminar as áreas de litigiosidade tão prejudiciais à estabilidade das relações sociais.

Afinal, a única razão para a existência do Direito é a segurança das relações entre os indivíduos e destes com o Estado. Toda litigiosidade não resolvida é instabilizadora. Os Juizados Especiais visam eliminá-la rapidamente. Houve tanta preocupação com isso que a nova lei, para garantir o duplo grau de jurisdição, prevê a possibilidade de recurso; porém para um tribunal integrado por juízes de carreira no próprio Juizado Especial.

Cálculos preliminares indicam a possibilidade de instalação de quase 5 mil Juizados no País, fazendo com que o Judiciário tenha praticamente um juiz em cada Município ou bairro, criando, quem sabe, o "juiz da comunidade". Assim, por meio dos Juizados Especiais, a magistratura terá instrumentos para decidir de forma mais rápida, independente e por baixo custo, facilitando o acesso do povo à Justiça.

A democratização da Justiça será ampliada até em função da extensão do horário, já que os Juizados poderão funcionar à noite, todos os dias da semana. Acresce a circunstância de que é uma Justiça extremamente barata, uma vez que elimina instâncias recursais, não necessitando, portanto, de muito espaço físico, de muitos prédios, servidores, para a distribuição dessa espécie jurisdicional, prevista na Lei 9.099/1995, ora sancionada.

Tudo indica que a Reforma do Judiciário, por meio dos Juizados Especiais, tomará corpo. E servirão eles, tenho certeza, para desmentir o ditado "si é siccura non é rápida, si é rápida non é siccura".

3. PERSPECTIVAS POLÍTICAS PARA O PAÍS[3]

As perspectivas políticas do Brasil se apóiam fundamentalmente nas definições que estão sendo tomadas no presente. Desde a Constituição de 1988, seguida pela eleição direta do primeiro Presidente após 29 anos de Governo militar, o País vem procurando consolidar sua democracia. Apesar de enfrentar grandes obstáculos, alguns até oriundos de dispositivos constitucionais que geraram distorções nas relações entre a União, Estados e Municípios, o País ingressou no ciclo da racionalidade política e econômica. Nas últimas eleições, o eleitorado mostrou-se bastante racional, votando a favor das reformas.

Alcançada a maioridade constitucional, trabalha-se, agora, para aperfeiçoar mecanismos constitucionais e viabilizar um conjunto de reformas modernizantes, necessárias para respaldar a estabilidade econômica, garantir o crescimento, racionalizar as estruturas governamentais e promover a inserção do País nas economias globalizadas e competitivas. O País passou a conviver harmoniosamente com o real, a inflação foi derrubada, uma nova cultura monetária se desenvolve, mas o cenário de tranqüilidade só será sustentado se forem corrigidos pontos de estrangulamento que ameaçam derrubar a nossa ainda precária estabilidade.

Dentre as reformas em andamento, a Reforma da Previdência constitui uma das mais importantes, em função de sua estreita relação com o equilíbrio social e a governabilidade. Se o Governo não dispuser de instrumentos sólidos para administrar com eficiência a previdência social, num futuro muito próximo faltarão recursos para pagar os aposentados, fato que acarretaria sérios desequilíbrios sociais, afetando a própria governabilidade. Por isso mesmo, temos a convicção de que a Reforma da Previdência, depois de amplamente analisada, será aprovada, contemplando os interesses mais gerais e preservando princípios de eqüidade e justiça.

A face do Estado brasileiro também deve se alterar positivamente com a evolução da discussão e aprovação da Reforma Administrativa.

3. 4 de março de 1996.

Uma máquina pública enxuta, motivada e orientada para a maximização de resultados certamente funcionará com mais eficiência. Seus efeitos serão benéficos para a própria população, que encontrará serviços qualificados. Também deixará de ser presa fácil dos desperdícios e da malversação do dinheiro público. Obviamente, nunca existirá consenso sobre a maneira como deve se proceder a Reforma do Estado. Mas existe um razoável entendimento sobre os princípios gerais, a necessidade de se equilibrar as contas públicas e de se estimular o desenvolvimento. Com o peso atenuado das folhas de pagamento, a União, Estados e Municípios terão mais recursos para administrar, ganhando fôlego para realizar novos investimentos. Nesse sentido, cremos, ainda, na idéia de uma Reforma Tributária em profundidade, que possa oferecer ao País mecanismos permanentes de geração de recursos, evitando a transitoriedade dos instrumentos voltados para a criação de novos impostos e tributos.

No aspecto político, temos de consolidar o sistema partidário com o intuito de fortalecer a meta permanente de institucionalização do País e garantir a fortaleza dos Poderes constituídos. Tudo indica que, futuramente, caminharemos rumo a um cenário, onde despontarão grandes partidos nacionais, com efetiva densidade eleitoral. Os partidos assentados exclusivamente em siglas tendem a se extinguir, porque uma agremiação política necessita ter o mínimo de representatividade popular, expressa pelo voto de pelo menos 0,5% do eleitorado, em, no mínimo, um terço dos Estados. Com esta dimensão, a Reforma Política estará contribuindo para aperfeiçoar o regime democrático e revalorizar a classe política.

A evolução também se processará no interior dos partidos. Os estatutos partidários deverão incorporar normas como a fidelidade e a disciplina partidária, adotando-se um modelo que torne mais transparentes e fáceis as negociações políticas entre Executivo e Legislativo. A Justiça Eleitoral, por seu lado, já trabalha com a idéia de implantar, já nas próximas eleições, um processo de informatização para a apuração do pleito, o que inviabilizará a prática de fraudes.

Trilharemos, assim, uma rota de reformas duradouras, capazes de colocar um ponto final nos casuismos e em decisões de caráter transitório. Precisamos livrar de vez o País do ciclo da transitoriedade, levando-o para o território da "definitividade". Sentimos na Câmara Federal um pulsar de energia e vitalização, com as Comissões Técnicas funcionando a pleno vapor e o Plenário dando vazão a temas de grande relevância. Temos motivos para crer no crescente aperfeiçoamento do Poder Legislativo. Sabemos que o perfil do político, forjado nos valores do presente, requer posturas éticas rigorosas e maior sensibilidade para com os interesses da cidadania. Constatamos que esses novos valores passam a integrar a pauta política. Por isso mesmo, somos muito otimistas em relação às perspectivas políticas para o nosso País.

4. REFORMA DA PREVIDÊNCIA: RESPEITO AO DIREITO[4]

Relator da Emenda Constitucional que reforma a Previdência Social recebi, com a tranqüilidade de quem prega o mecanismo democrático de separação de Poderes, a liminar concedida em Mandado de Segurança impetrado por parlamentares.

Meu respeito às decisões judiciais me impôs o silêncio sobre a matéria. Amigos e juristas, porém, alertaram-me para o fato de que isto poderia abalar a modesta credibilidade que obtive na vida acadêmica. Não foram raras as ocasiões em que, diante de um argumento novo, mudei posições. No caso presente, nenhum argumento trazido à discussão foi capaz de modificar meu entender. O equívoco interpretativo que se pretendeu dar à minha posição não pode ficar sem resposta.

Primeiro argumento da inicial do mandado de segurança: eu teria sido o autor e, ao mesmo tempo, relator, o quê, de fato, é vedado pelo Regimento Interno. Respondo: não sou o autor da chamada Emenda Aglutinativa. São autores, regimentalmente, os que a subscrevem. Não a subscrevi. Portanto, ainda que eu apregoasse aos quatro ventos a autoria, autor não sou para efeitos jurídicos, que é o que interessa no caso.

Segundo argumento do mandado de segurança: os autores da Emenda Aglutinativa teriam utilizado preceitos do substitutivo que já fora rejeitado na primeira votação e isto não poderia ser feito por que se aplicaria uma regra da Constituição Federal que diz: "a matéria rejeitada ou havida por prejudicada não pode ser objeto de nova proposta na mesma sessão legislativa".

O problema, portanto, é saber se, regimentalmente, já se teria esgotado o processo legislativo de formulação da emenda constitucional na Câmara dos Deputados com a votação e rejeição do substitutivo inicialmente oferecido. Explico o mecanismo regimental: o Poder Executivo

4. 27 de abril de 1996.

propôs a Emenda Constitucional e a esta foram oferecidas emendas modificativas, supressivas, aditivas, pelos parlamentares. O primeiro exame foi feito pela Comissão de Constituição e Justiça e de Redação e de lá seguiu para a chamada Comissão Especial onde relator designado deveria dar o seu parecer. Que poderia ele fazer? Opinar pela aprovação da proposta original do Poder Executivo, rejeitando em conseqüência, todas as emendas ou, em outra hipótese, aproveitar trechos do Projeto original e as emendas parlamentares oferecidas para substituir a proposta do Poder Executivo. Como visa a "substituir" esse documento, chama-se, regimentalmente, "substitutivo". O que acontece quando o substitutivo é rejeitado? Prossegue o processo legislativo determinando, o regimento, que se apreciem a proposta original e todas as emendas apresentadas pelos parlamentares. Nessa fase regimental é que surge a possibilidade de um décimo de Deputados ou líder que represente este número, apanharem o texto do Projeto original e das emendas apresentadas para oferecer um novo Projeto, fruto de sua aglutinação. Nessa fase procedimental, o novo Projeto passa a chamar-se "Emenda Aglutinativa". Verifica-se que o campo material de que se serviu o relator que propôs o "substitutivo" e aquele de que se serviram os autores da "emenda aglutinativa" são exatamente o mesmo. Daí porque pode haver, sem nenhuma proibição regimental, a semelhança de dispositivo do "substitutivo" com preceitos da "emenda aglutinativa". Ou seja: a matéria constante da proposta de Emenda ainda está sob produção legislativa. O processo legislativo a ela atinente não cessou. Cessará, na Câmara dos Deputados, quando votada em definitivo a emenda aglutinativa, assim como os destaques a ela oferecidos, incluindo-se nesse íter, o segundo turno de votação. O que se deu, até agora, foi a aprovação da Emenda Aglutinativa em primeiro turno de votação, ressalvados os destaques. Não se pode falar, portanto, em matéria vencida.

    Terceiro argumento do mandado de segurança: teria havido inovação de matéria na Emenda Aglutinativa. Registro que não há indicação, no Mandado de Segurança, das supostas matérias inovadas. Afora isso, é preciso entender que a Emenda Aglutinativa, nos termos do regimento, visa a fundir emendas para alcançar o objetivo por elas almejado, não significando, portanto, a adoção literal da emenda. Não há, neste caso, sequer o que contestar. Insisto: os autores não violaram nenhum dispositivo regimental.

    Ressalto que o mandado de segurança visa a proteger direito líquido e certo violado por ato de autoridade. Significa: se a aplicação concreta de determinado preceito legal violar direito individual, abre-se espaço para o Mandado de Segurança. Ora, qual o direito dos impetrantes se o processo legislativo referente a construção da Emenda Constitucional ainda não se findou? O quê os impetrantes desejavam, talvez, era obter uma declaração de inconstitucionalidade do dispositivo regimental que autoriza a Emenda Aglutinativa mesmo depois de rejeitado o substitutivo. Aí, se possível fosse, seria o caso da "Ação Direta de Inconstitucionalidade". Nunca o Mandado de Segurança. Mas isto foi dito apenas para argumentar porque, nos termos da Constituição Federal, compete privativamente à Câmara dos Deputados elaborar seu regimento interno (CF, art. 51, III). Ao elaborá-la, a Câmara, privativamente, disporá qual o processo desejado para apreciação de um projeto de emenda constitucional desde que obedeça a fórmulas preestabelecidas na Constituição, como por exemplo: votação em dois turnos, aprovação por 3/5 de votos, de cada Casa. Esclareço que essa matéria, obedecidos os pressupostos constitucionais, é de exclusiva competência interna da Câmara dos Deputados. O que é "privativo" de alguém, "priva" outrem de qualquer interferência nessa matéria. Daí se dizer que a matéria regimental é *interna corporis*.

5. JUDICIÁRIO NO CAMINHO DA REFORMA[5]

Depois de anos de questionamentos e debates, a Reforma do Judiciário, finalmente, divisa uma luz no fim do túnel. Com a sanção do Projeto de lei que cria os Juizados Especiais, pelo Presidente da República, nesta terça-feira, a tão pretendida Reforma do Poder Judiciário entra em curso. Em sua essência, o Projeto permite que os Juizados Especiais adotem procedimento sumaríssimo, no qual o ritual envolvendo denúncia e queixa, instrução processual, inclusive os debates referentes às alegações finais e sentença, seja realizado numa única audiência. Os primeiros cálculos feitos por autoridades judiciais indicam que cerca de 40 a 45% dos casos pendentes desaguarão nos Juizados Especiais, desafogando a Justiça.

Para o cidadão, a crise do Poder Judiciário é uma das mais sensíveis. Ela se traduz pela morosidade da Justiça, implicando em permanente litigiosidade entre cidadãos e desses com os Poderes Públicos. A conseqüência é uma crônica falta de credibilidade nas instituições, com graves danos à imagem da Justiça, o que resulta em clima de instabilidade social. Se a Justiça falha ou é lenta, os cidadãos freqüentemente buscam outros meios para fazer valer seus direitos. A razão do Direito, conjunto de normas estruturais do Estado, objetiva regular a convivência entre os indivíduos e entre estes e o Estado, mantendo a estabilidade social. Perseguir a meta de aprimorar os mecanismos da Justiça constitui, portanto, prioridade absoluta da sociedade, por meio de suas entidades e representantes.

Muitas soluções foram e são apontadas para solucionar as questões pertinentes à Justiça, entre elas a mais recente, o controle externo da Magistratura, hoje transformada em panacéia. Na série de formulações propostas, no entanto, estavam faltando medidas concretas e objetivas, que não dependessem de altos recursos financeiros, mas, fundamentalmente, de mecanismos normativos, como a regulamentação do art. 98 da Constituição, à qual poucos tinham dado atenção. A solução veio por

5. 5 de fevereiro de 1998.

meio de sua regulamentação, através de Projeto de lei de nossa autoria e do então Deputado e hoje Ministro da Justiça, Nelson Jobim, unificado pelo relator da matéria, Ibrahim Abi-Ackel. Os Juizados Especiais Cíveis e Criminais cuidarão de causas criminais de menor potencial ofensivo e causas cíveis de menor complexidade.

O Projeto atacará de frente a morosidade da Justiça porque tirará do Juizado Comum quase a metade dos atuais processos, agilizando os ritos processuais, que são o objeto central das críticas. A criação dos Juizados Especiais assume importância também pelo fato de criar o "juiz da comunidade". No prazo de seis meses de promulgação da lei, conforme dispositivo constitucional, todos os Estados terão de criar e instalar os Juizados em todos os Municípios, segundo as demandas de cada cidade. Só a capital de São Paulo exigirá pelo menos um Juizado Especial por distrito. Ao tomar-se por equivalência os distritos policiais, teremos, no mínimo, 102 Juizados, significando a fixação de um "juiz da comunidade" em cada bairro, voltado para a solução de pendências em sua jurisdição.

Nesses tribunais, não atuarão somente juízes togados, de carreira. A inovação introduz leigos e conciliadores. Os primeiros são os formados em advocacia, com cinco anos de experiência, e os segundos, qualquer bacharel em direito. Quando não houver conciliação entre as partes em litígio, pode-se optar de comum acordo pelo Juízo Arbitral, cujo árbitro será escolhido entre os juízes leigos e com competência para apresentar o laudo ao juiz togado, pela homologação por sentença irrecorrível. Quanto à sentença, excetuando-se a homologatória de conciliação ou laudo arbitral, caberá recurso ao próprio Juizado, outra grande vantagem. O recurso será julgado na própria sede do Juizado para garantir o duplo grau de jurisdição.

Por meio dos Juizados Especiais, a Magistratura terá instrumentos para decidir de forma mais rápida e independente, fortalecendo o acesso do povo à Justiça. A desburocratização será ampla e um bom exemplo disso está nos registros dos atos processuais, que poderão ser feitos através de gravações em fita magnética, a ser inutilizada após o trânsito em julgado da decisão. A democratização da Justiça será amplificada em função da extensão do horário. Os Juizados poderão funcionar em horário noturno, todos os dias da semana, e a instalação do processo poderá ser realizada por meio de pedido oral à secretaria do Juizado.

A somatória de todas as mudanças conseguidas pelos Juizados Especiais será altamente positiva por beneficiar diretamente o povo, até então apenado pela morosidade da Justiça, que acaba beneficiando os culpados, punindo as vítimas, gerando injustiças. Os Juizados Especiais – que não devem ser confundidos com Tribunais de Pequenas Causas – darão novo vigor à atividade jurisdicional, ao permitir-nos limpar e acabar com a prolixidade e formalidade. Servirá, também, para desmentir o ditado "se é siccura non é rappida; se é rapidda non é sicurra". A Justiça brasileira passará a ser mais eficaz e acessível a todos. Com esta garantia, podemos acreditar que a Reforma do Judiciário, agora, toma corpo.

6. REFORMA E JUSTIÇA TRIBUTÁRIA[6]

A Reforma Tributária, entre as Reformas Constitucionais, se afigura como uma das mais importantes para o País, principalmente quando se leva em conta a estratégia de estabilização econômica e o equilíbrio do sistema federativo. Não há como deixar de se concordar com a tese de que precisamos encontrar mecanismos para viabilização de um controle mais efetivo sobre as despesas e gastos dos governos federais, estaduais e municipais. As atribuições da União, dos Estados e dos Municípios carecem de uma clara definição.

Daí porque a Reforma Tributária há que conter, necessariamente, um componente de natureza fiscal. Mas um princípio, desde já, há que ser preservado: não podemos e não devemos fazer Reforma Tributária onerando ainda mais os Municípios. Se quisermos construir com solidez o edifício democrático, temos de fortalecer as bases da comunidade política, que nasce e prospera, a partir dos Municípios. Portanto, a Reforma Tributária há de se inspirar na idéia de justiça tributária para os Municípios.

Como se sabe, a Reforma Tributária se defronta com problemas muito complexos. Em primeiro lugar, aponta-se a dificuldade de se avaliar os impactos sobre a receita de Estados e Municípios e sobre a distribuição da carga tributária entre os contribuintes. Há, ainda, a delicada questão das diferenças regionais, que tornam regiões, como o Norte e Nordeste, mais propícias a aceitar um sistema de dependência de transferências federais, enquanto o Sul estaria mais disposto a acatar um modelo autônomo, com base na maior arrecadação de impostos. São questões que merecem um amplo debate e uma visão técnica apurada.

Entre os Projetos que estamos examinando, na Câmara Federal, destaca-se, inicialmente, a proposta do governo federal, que está ultimando estudos simulativos para exame pela Comissão da Reforma Tributária. O

6. 26 de abril de 1998.

Projeto do Governo se ampara, basicamente, na idéia do IVA – Imposto sobre Valor Agregado – federal, sobre bens e serviços, com alíquota única; o Imposto sobre Vendas a Varejo (IVV), sobre mercadorias (cobrado pelos Estados) e sobre serviços (cobrado pelos Municípios), com alíquota única; o Imposto seletivo sobre cigarros, bebidas, energias e combustíveis, cobrado pelos Estados na fonte produtora e Impostos regulatórios sobre comércio e operações financeiras. Propõe, ainda, a redução gradual das vinculações constitucionais e um fundo temporário para garantir a diferença de arrecadação das esferas de governo, na transição para o novo sistema.

Na proposta do Deputado Mussa Demes, permanecem os atuais impostos municipais, estaduais e federais, com exceção do IPI (Imposto sobre Produtos Industrializados), cria-se o ICMS federal, para substituir o IPI, convivendo com o ICMS estadual; extinguem-se as tarifas diferenciadas de impostos estaduais, proibindo-se a concessão de vantagens para atrair empresas; são mantidas as vinculações, acrescentando-se mais uma para conservação de estradas. E, na área do contribuinte, autoriza-se a quebra do sigilo bancário em favor da receita federal.

O Deputado Luis Roberto Ponte propõe um Imposto sobre Transições Financeiras, com vistas ao financiamento da seguridade social; um Imposto Seletivo, federal, sobre petróleo, energia, comunicações, veículos, fumo e bebida, arrecadado na fonte produtora; um Imposto de Renda simplificado e Contribuição Social para complementar o programa de seguridade; Impostos Regulatórios sobre Comércio Exterior e Imposto sobre Propriedade Imobiliária; e um Imposto sobre Valor Agregado (IVA) apenas na hipótese de compensação das perdas junto aos Estados decorrentes do período de transição. A partilha prevista, de acordo com o Projeto, prevê a distribuição automática dos impostos para a União (34%), Estados (40%) e Municípios (25%) e para um fundo de desenvolvimento regional (1%), exceto os vinculados à seguridade social.

Há, ainda, o Projeto do Deputado Rubem Medina, que prevê a criação do IVA, de um Imposto de Venda a Varejo (IVV), estadual, e de um Imposto de Vendas a Varejo, municipal; um Imposto Seletivo sobre bebidas, cigarros, telecomunicações, energia, combustíveis, armas e munições e loterias (estadual) e um Imposto sobre propriedade urbana e rural (municipal). Cada esfera da Federação terá a sua arrecadação própria, deixando de depender das transferências de outras unidades; assegura compensação e isenções tributárias até a implantação final do novo sistema; e a seguridade social passa a ser financiada pelas contribuições dos empresários sobre a folha de salários.

A partir desse quadro, pode-se ter uma visão do escopo da Reforma Tributária. Há quem defenda a idéia de se criar um modelo em que o tamanho da unidade federativa seja compatível com suas receitas, tanto a que origina em sua própria arrecadação quanto a obtida com os repasses federais. Trata-se de algo muito delicado, pois não podemos, em nenhuma hipótese, apenar os Municípios menores, que, sem condições de sobreviverem, teriam, segundo os defensores dessa tese, de voltar à condição de distrito. Não podemos concordar com tal idéia. É um retrocesso. Entendemos que a União se assenta nos pilares dos Municípios e dos Estados. Sem o fortalecimento desses pilares, teremos uma União frágil.

Por outro lado, é um risco muito grande concentrarmos quase tudo nas mãos da União, deixando-se apenas o novo IVV na competência dos Estados, como parece desejar a equipe econômica do Governo. Temos de dotar os Municípios e os Estados das condições mínimas para cumprirem os seus programas, que se tornam cada vez mais prementes, diante das crescentes demandas da população nos setores dos serviços essenciais – educação, segurança, saúde, habitação, saneamento básico.

Como se observa, há pontos bastante polêmicos. Na área consensual, percebe-se a tendência de se promover um enxugamento no leque de tributos, com o objetivo de otimização das estratégias de fiscalização e dificultação da sonegação fiscal. Precisamos, sem dúvida, diminuir os custos da fiscalização, que são muito altos, chegando-se, em alguns Estados, ao índice de 20% da arrecadação. Essas questões hão de ser discutidas com propriedade e senso de justiça. Temos o dever parlamentar de cuidar dos altos interesses da Nação, mas com os olhos voltados para os legítimos interesses de nossas comunidades.

7. A FIDELIDADE E O VOTO DISTRITAL[7]

A via do aperfeiçoamento do nosso sistema político passa necessariamente pela Reforma Política. E um dos principais aspectos – diria mesmo o eixo que exige maior urgência – é o estatuto da fidelidade partidária. Como fica cada vez mais evidente, a mudança freqüente de partido acaba solapando a noção de representação, que é a base da democracia liberal. E uma das conseqüências mais nefastas é a fragilidade partidária. Tanto que, no Brasil, com exceção de um ou outro partido, vota-se na pessoa e não na entidade ou em sua ideologia. Nenhuma democracia do mundo ocidental atribui tanta autonomia aos políticos como o nosso País. E o que se constata é a ênfase no individualismo, como acabamos de presenciar no pleito eleitoral.

Defendo a fidelidade partidária dentro de certos limites. Ela não pode ser engessante. Não pode amarrar um político ou um militante a um partido, em definitivo. É bem razoável que os eleitos tenham de ficar no partido até o momento das convenções partidárias, o que significa que permaneceria por três anos e seis meses. Por ocasião da convenção, a lei abriria um espaço para que o candidato ou o filiado pudessem mudar de entidade. Teríamos, então, uma fidelidade partidária que faria com que o indivíduo eleito em razão de um partido cumprisse seu mandato naquele partido, podendo, no momento eleitoral, disputar as eleições por outro. É claro que essa decisão está integrada à questão da reformulação político-partidária, além de outros temas fundamentais, como o voto distrital misto, o voto facultativo ou obrigatório.

O nosso sistema de voto proporcional é o de lista aberta, que só tem similaridade na Finlândia. Pelo sistema, vota-se em apenas num Deputado e o voto não pode ser transferido a outras pessoas. As cadeiras são distribuídas primeiramente aos partidos de acordo com o número de votos obtidos pelo conjunto de seus candidatos, e, depois, em cada par-

7. 19 de outubro de 1998.

tido, de acordo com o número de votos de cada candidato. Esse sistema incentiva o individualismo nas campanhas, observando-se que o poder de um determinado candidato é fortalecido pelo total massivo de votos. E o interessante é que um candidato pode não se eleger ainda que some mais votos que outro candidato de outro partido.

Pelo sistema de voto distrital, poder-se-ia usar, para metade das cadeiras, o sistema de lista fechada, como na Alemanha. A outra metade seria eleita por votos de todas as regiões, com o eleitor escolhendo o candidato de sua opção. Na lista fechada dos distritos, o partido organiza uma ordem inalterável de candidatos previamente às eleições. Se o partido conquistar cinco cadeiras, os cinco primeiros nomes da lista são os eleitos. O eleitor seleciona o partido, mas não vota em um candidato específico do partido. É assim em Israel e na Espanha.

Mas pode haver também o sistema de lista, no qual o partido interfere na ordem dos candidatos, incluindo-se, ainda, uma opção pelo voto preferencial. Nesse caso, o eleitor tem condições de votar em um candidato de sua preferência. Na Bélgica, por exemplo, um eleitor pode escolher ou a lista partidária ou um candidato específico. Os votos dados ao partido são conferidos em primeiro lugar ao primeiro candidato do partido em número suficiente para que ele seja eleito, depois ao segundo, e assim por diante. Isso confere uma grande vantagem aos candidatos privilegiados pelos partidos.

O voto distrital está, portanto, na ordem do dia. Não se trata de copiar modelos, mas tão-somente de adequar o nosso sistema à realidade eleitoral. Basta ver a formação das bancadas federal e estaduais. A grande maioria do eleitorado votou nos candidatos de suas regiões ou identificados com suas causas e expectativas. Com os mapas eleitorais nas mãos, estribado na nossa realidade sócio-política, o Congresso Nacional há que estudar a melhor fórmula para o aperfeiçoamento da instituição política. Se diminuirmos o individualismo dos candidatos e aumentarmos a densidade ideológica dos partidos, certamente estaremos contribuindo para livrar nossa democracia de mazelas históricas que acabam turvando a vida política do País.

8. MAIS URGÊNCIA NA REFORMA TRIBUTÁRIA[8]

Uma vez reeleito, como indicam todas as pesquisas de opinião, o Presidente Fernando Henrique Cardoso poderá contar com os esforços do Congresso Nacional para ter concluída, ainda neste mandato, a Reforma Tributária. A presidência da Câmara dos Deputados, na atual legislatura, disponibilizará, sem hesitar, todas as facilidades desta Casa para que a almejada revisão da carga tributária seja finalmente concluída.

Acreditam-se também que as mesmas facilidades sejam oferecidas pelo Senado, que igualmente tem interesse em criar condições favoráveis ao desenvolvimento do País e, acima de tudo, na geração de empregos e bem-estar social. Essa necessidade, de urgência máxima, requer esforços sobre-humanos dos parlamentares para que o povo tenha estabilidade e qualidade de vida. E que o País possa caminhar com tranqüilidade rumo à consolidação das conquistas políticas, econômicas e sociais dos últimos anos.

As possibilidades de o Congresso Nacional concluir a Reforma Tributária ainda este ano são grandes. Muitas são as demonstrações, dadas por estas Casas, de empenho, hombridade e de cumprimento de sua missão em todas as ocasiões em que a nação clamou por urgência. Basta o Executivo Federal definir as mudanças necessárias que viabilizem a condução do País e o Parlamento colocar-se-á a legislar. Trata-se de uma dívida com aqueles que geram as riquezas desta nação e com a sociedade de forma geral, exaurida pela pesada carga de taxas e impostos.

Naturalmente, qualquer que seja o projeto enviado pelo Executivo, deverá este passar por consistentes discussões entre os congressistas, com o apoio técnico de especialistas em tributação. Certamente, por melhor que se apresente o projeto, estarão em jogo interesses vindos dos muitos atores sociais que interagem com o Congresso Nacional. Portanto, além

8. 24 de novembro de 1998.

da urgência deve o Parlamento estar comprometido com a qualidade da Reforma Tributária para não decepcionar a sociedade.

Quanto à urgência de resultados, ninguém tem dúvida. A sociedade não pode esperar mais pelas reformas que gerem empregos, distribuam renda, fomentem o crescimento e tragam melhorias sociais. Sim, o sistema tributário, um fardo anacrônico, apresenta-se como um dos principais fatores das desvantagens de produtos e serviços brasileiros quando competem pelo mercado internacional e – pós-globalização e abertura da economia – pelo próprio mercado interno. A desequilibrada distribuição dos encargos, cuja parcela maior e mais sacrificante incide justamente sobre o sistema produtivo, atinge num primeiro plano o empresariado nacional e, em seguida, colide de forma avassaladora com o trabalhador que sobrevive exclusivamente de salário.

Ao longo da História, o Congresso Nacional vem proporcionado, à sociedade, exemplos do quanto é necessário e urgente passar a limpo a legislação deste País. Um deles foi a instalação de uma Comissão Especial na Câmara dos Deputados para uniformizar leis infra-constitucionais e conflitantes, sem dizer arcaicas, visando municiar a Justiça com instrumentos modernos e eficazes, para que beneficiem um número maior de brasileiros. Outro exemplo foram leis aprovadas, nesta legislatura, com intuito de diminuir encargos, como a Lei Kandir.

Certamente, a sociedade não espera dos seus parlamentares reformas superficiais, emergenciais e que não solucionem questões que há anos clamam por solução. Exigem, isto sim, reformas profundas e duradouras inclusive na própria Constituição Nacional, por meio de um congresso revisor, para que esse País, que vem passando por profundas transformações, tenha uma legislação abrangente e sintonizada com os novos tempos.

Portanto, espera-se empenho do Congresso Nacional e, certamente, se acionado for, cumprirá sua missão de legislar para o bem da sociedade brasileira como um todo. Este é o momento histórico para se fazer as mudanças pretendidas, pois o Brasil, indubitavelmente, necessita de reformas, com urgência e com qualidade, acima de tudo.

9. HORA DE MUDANÇAS[9]

A hora, todos o sabem, é grave. E nos chama, na convocação cívica da quadra legislativa que se instala, para analisar, debater e colocar o Brasil no rumo da estabilidade e do crescimento.

A Câmara dos Deputados, por dever constitucional e movida pelo civismo de seus parlamentares, saberá dar respostas adequadas aos fluxos e refluxos da crise. Justiça se faça ao Parlamento Nacional e aos senhores parlamentares: fizemos as Reformas Econômica, Administrativa, Previdenciária; abrimos o monopólio do petróleo, das telecomunicações, da navegação de cabotagem; mudamos o conceito de empresa nacional; implantamos um forte programa de privatização; avançamos em diversos capítulos da desregulamentação e descentralização administrativa.

No entanto, o muito que fizemos ainda é pouco para superar os paradoxos que ilustram o nosso panorama social. A Reforma do Estado, pois, há que continuar sob o império da reforçada necessidade de se melhorar os núcleos de competência, reforçar a capacidade de planejar, remontar o pacto federativo, reestruturar os programas sociais, eliminar os ainda persistentes focos de corrupção, readequar, enfim, o desenho institucional, dando-lhe maior dinamicidade e procurando-se atender aos requisitos de adequação funcional, controle de desempenhos e sistema de remuneração, benefícios e sanções. As deficiências das estruturas existentes nos três níveis da Administração Pública fragilizam o Estado, incapacitando-o a gerir de modo eficaz o entorno público.

Precisamos nos esforçar para implantar estruturas sólidas e conceitos permanentes. E uma das sementes para plantarmos a cultura da definitividade, no País, é a própria reforma do sistema político. Os nossos sistemas partidário e eleitoral carecem ser reformados, a fim de se conferir uma gestão mais racional à democracia. Não temos condições de administrar a política, com quase 40 partidos, quando não há mais do que cinco ou

---

9. 26 de fevereiro de 1999.

seis correntes de pensamento no País. E as leis precisam deixar de lado os casuísmos sucessivos, que só contribuem para denotar a instabilidade do nosso sistema político.

Com mudanças na ordem política, chegaremos certamente ao ideal dos sistemas democráticos contemporâneos, que é a ampliação dos espaços de participação popular no processo político. Dever-se-á, também, fazer justiça ao pluralismo das decisões, das vontades e dos interesses, na crença de que a democracia se alimenta da força dos contrários, do jogo das idéias, do respeito às diferenças de opinião.

Os Estados, os Municípios, os setores produtivos, o Brasil, enfim, pedem pressa na reforma do sistema tributário e fiscal. As recentes mudanças na política cambial; a abertura comercial; a continuidade da política de juros altos, mesmo que temporária segundo o Governo; a atração de capitais para esfera da valorização financeira; a desproporção entre a grandeza de capitais financeiros e o tamanho da base produtiva real; o peso da acumulação predatória, que acaba recaindo sobre o Estado, que vê, a cada dia, o estiolamento de seu equilíbrio financeiro; todos estes fatores balizam o escopo de uma nova proposta nas esferas tributária e fiscal.

Não podemos deixar de advogar, no conjunto das mudanças que precisamos promover no País, uma reforma no âmbito do Judiciário. Há de se considerar que as mudanças no campo econômico causaram impactos diretos no regime jurídico e regulatório. A reforma do regime normativo e regulatório torna-se, assim, inevitável.

A agenda da Câmara dos Deputados, para o presente ano legislativo, é densa e extensa. A nossa responsabilidade estará acrescida pelo peso das circunstâncias. Não fomos, não somos e não seremos omissos. O Brasil tem pressa e exige de nós velocidade nas ações. Não significa que devamos estar a reboque das propostas do Executivo. Não significa que devamos endossar a linha geral das diretrizes programáticas alinhavadas pelo Governo. Significa que o Parlamento Nacional, com independência, racionalidade e espírito cívico, haverá de encontrar respostas adequadas aos problemas nacionais.

10. A AGENDA POSITIVA E AS REFORMAS[10]

A realidade é irrefutável: nos últimos cinco anos o Brasil empreendeu um significativo salto no caminho de sua modernização política e social. Neste processo, o Poder Legislativo contribuiu de maneira singular, viabilizando as Reformas Administrativa e da Previdência, estabelecendo uma nova Ordem Econômica e encaminhando as Reformas Tributária e do Judiciário, que devem ser concluídas este ano. A Reforma Política, por sua vez, já começa a produzir frutos com as primeiras discussões no Senado.

O encaminhamento das reformas no âmbito do Legislativo só foi possível com a adoção de uma agenda positiva na Câmara Federal, em contraponto ao discurso exageradamente pessimista que grassava em muitos setores da Nação. Nesta agenda, figura com destaque a Reforma Tributária, fundamental para o País. Embora ela seja consensual, cada segmento do setor produtivo tem sua proposta de mudança do sistema tributário. À frente da Câmara dos Deputados, comprometi-me com o tema e a necessidade de sua inserção em um amplo debate nacional, capaz de contemplar diferentes interesses. Cada setor deveria ceder um pouco para que a carga se tornasse suportável para todos. A questão é particularmente sensível para as entidades federativas. União, Estados e Municípios refutam todo tipo de perda de arrecadação.

A discussão da Reforma Tributária na Câmara Federal teve início com a instalação de uma Comissão Especial, cujos parlamentares membros estão viajando por todo o País, ouvindo e trazendo elementos para a discussão no interior da Casa Legislativa. Um dos pontos que, acredito, deva ser contemplado é o aumento de recursos aos Municípios, subtraídos pela Carta de 1988. Hoje, espera-se que os Municípios cuidem da educação básica e da saúde. Mas os ônus das prefeituras não se limitam a estes tópicos. Embora a segurança seja função do Estado, cabe a muitos

10. 11 de junho de 1999.

Municípios prover a Polícia de viaturas, funcionários e até de um prólabore para os policiais. Divergências – sejam do setor produtivo, sejam das entidades federativas – são naturais e deverão ser superadas através do debate. Caminhamos, portanto, a passos largos para a concretização de uma efetiva Reforma Tributária, na qual predomine um sistema universal, justo e definitivo.

Costumo lembrar que a questão tributária é antiga. A Câmara dos Lordes, na Inglaterra, surgiu por uma razão tributária. Em 1215, os nobres ingleses foram ao rei e exigiram ser consultados antes de serem privados de qualquer parte de seu patrimônio. Este foi o embrião do princípio da anualidade, da legalidade tributária, da regra que estabelece não haver taxação sem representação. Tributar significa sacar uma parcela de determinado patrimônio. No Brasil, a Constituição de 1988 estabeleceu o princípio da noventena, isto é, as contribuições podem entrar em vigor noventa dias depois, incentivando a provisoriedade. A instabilidade no sistema tributário gera efeitos danosos em outros setores. Tanto que, para cada medida provisória editada, versando sobre tributos, há entre 50 e 100 mil ações no País, congestionando o Judiciário, graças às forças da provisoriedade. Os investidores estrangeiros, quando chegam ao Brasil, não conseguem entender como as regras são alteradas de forma recorrente, praticando-se a inconstitucionalidade.

No Brasil, infelizmente, mede-se a eficiência do Legislativo pela quantidade de leis que produz e não pela qualidade de sua atuação. São tão ansiosas as vontades voltadas à produção extraordinária de leis que foi necessário criar na Câmara dos Deputados uma Comissão para enxugar e sistematizar o nosso sistema normativo. Um exemplo bem claro está no Código do Meio Ambiente, solução encontrada para compatibilizar cerca de 300 leis sobre o assunto. O Legislativo aprovou, ainda, uma lei que dispõe sobre a relação de leis, acabando com as revogações genéricas. Agora, é obrigatório definir que artigo está sendo revogado. A expressão "revogam-se as disposições em contrário" constitui uma fórmula bem brasileira de adiar decisões, resultando em milhares de ações, que acabavam inviabilizando a constituição de um sistema jurídico estável no País.

As dificuldades, costumo frisar, não ensejam impossibilidade. Tanto é verdade que a Câmara dos Deputados aprovou o Projeto de limitação das chamadas medidas provisórias, um tema a princípio árduo e de difícil negociação. A medida provisória é a negação de um sistema democrático. O Legislativo tem recebido críticas sobre sua lentidão na elaboração das leis. Na verdade, não há demora. O que se registra é um amplo debate democrático. O processo legislativo começa com uma iniciativa, que é analisada pelas Comissões, onde estão os representantes dos partidos, e depois pelo Plenário, onde estão os representantes de todos os partidos. Com a medida provisória, isto não acontece. Ela não expressa a vontade da representação parlamentar, do povo. Ela foi criada em 1988, no bojo de um Projeto parlamentarista de Governo e utilizada fora das limitações constitucionais de urgência. Foram necessárias sete longas reuniões com todos os líderes da situação e oposição para chegarmos a um texto único, impondo limitação às medidas provisórias. Uma inédita decisão de peso unânime. A reedição, na forma como estava concebida, permitia a cada medida provisória introduzir novas matérias. Foi um passo a mais no sentido de acabarmos com a cultura da transitoriedade no País.

Quanto à Reforma do Judiciário, o grande objetivo é democratizar e tornar ágil a Justiça brasileira. Uma das questões geradoras da instabilidade social é a permanente litigiosidade entre os indivíduos ou entre corporações. No Brasil, temos uma série de instâncias, da primeira ao Supremo Tribunal Federal, percorridas inúmeras vezes por uma mesma ação. Um exemplo da necessidade de simplificar este sistema está nos 4.500 executivos fiscais propostos por uma prefeitura paulista, com créditos de R$ 15 e outros valores baixos, indeferidos pelo juiz, não convencido da necessidade de se acionar a máquina do Estado por uma importância econômica trivial. A questão foi parar no Supremo. Também criei uma Comissão Especial na Câmara para viabilizar a Reforma do Judiciário, que já apresentou suas conclusões. Acredito que a inspiração para uma justiça ágil no Brasil sejam os chamados Juizados Especiais, criados na Constituição de 1988 e regulamentados posteriormente. Até mesmo a saturada Justiça do Trabalho poderia ser beneficiada com estes juizados, dotados de um rito sumário. É proposta em juízo a reclamação. Há uma forte tentativa de conciliação. Caso não se concretize, segue para o Tribunal que está no interior do próprio juizado. Há somente duas instâncias para garantir o duplo grau de jurisdição, que soluciona com rapidez todas as matérias.

Igualmente importante na agenda positiva da Câmara é a Reforma política. Se um estrangeiro analisasse a atuação dos parlamentares no Congresso Nacional, poderia concluir que o País possui três partidos. Um dos que vota a favor das reformas. Outro, contra, e os alternativos que variam os votos para um lado ou outro. No entanto, não há 40 correntes de pensamento no País. Portanto, não podem existir 40 partidos políticos; isto é antidemocrático. A regra da criação de um partido deve prever um crescimento municipal, estadual e, finalmente, nacional. Um dos instrumentos para limitar este número excessivo de partidos é a fidelidade partidária. Quando a Alemanha foi discutir a aprovação do euro como moeda da união européia, os partidos já haviam se reunido e decidido. Quando a matéria foi a plenário só se confirmou a decisão partidária. Esta mesma postura contribuiria para dar mais agilidade ao Legislativo brasileiro. Com as reformas concluídas e as que estão em andamento, o Legislativo está sinalizando ao País uma mensagem de esperança, construtiva e próativa. Esta é a minha crença.

11. REFORMA TRIBUTÁRIA E MUDANÇA SOCIAL[11]

No início desta Legislatura propusemos a agenda de reformas, que chamamos agenda positiva e que muitos setores consideraram mais uma dentre tantas propostas que teimam em florescer e fenecer nos gabinetes e tribunais brasileiros. É equívoco que o Brasil não possa mais suportar. Entre estas propostas, destacamos a Reforma Tributária, que é ponto basilar para que o Brasil não perca o jato da história num mundo que se globaliza rapidamente. Nem continue a conviver com altos índices de desemprego e miséria, a assistir seus produtos perderem competitividade no mercado global e, sobretudo, a punir os que pagam impostos enquanto alimenta um País paralelo e informal de mais de 800 bilhões de reais.

Passados alguns poucos meses, vemos que a nossa proposta não ressoou apenas entre Deputados e Senadores, mas ganhou força junto aos outros Poderes, avançou pelos Estados, Municípios e ganhou as ruas. Tornou-se tema importante no encontro dos Chefes de Estado na Cimeira do Rio de Janeiro e passou a ser parte dos nossos acordos internacionais. Estamos, hoje, recebendo o retorno do nosso próprio desafio: o de que todos os setores deveriam pressionar, ocupar o seu lugar e discutir estas reformas. Elas interessam a cada brasileiro, a cada esfera de poder, a empresários e trabalhadores. As nossas palavras tiveram eco junto à sociedade.

Precisamos relembrar que o Brasil tem pressa. Não podemos partir para a divergência absoluta, mas procurar as convergências possíveis. Acreditamos que, até o final deste mês, já possamos contar com uma proposta consolidada para ser votada e aprovada neste ano.

Depois de muito debate no âmbito da Comissão de Reforma Tributária, perto de 50 reuniões realizadas em menos de quatro meses, inclusive durante o recesso parlamentar de julho, onde todos os setores da socie-

11. 10 de agosto de 1999.

dade foram ouvidos; após percorrermos o País para escutar os reclamos de Governadores, Prefeitos, empresários, trabalhadores e representantes de classe, temos, hoje, um Projeto preliminar elaborado pelo competente relator, Deputado Mussa Demes (PFL-PI). É importante destacar que este Projeto tem o seu norte: a busca de um sistema tributário justo, racional e eficiente.

Se ainda existem divergências em alguns pontos, o relator e a comissão estarão abertos para receber todo tipo de sugestões, opiniões e até críticas, que podem e devem ser feitas via internet, correio, fax ou diretamente na Câmara dos Deputados para que possamos continuar divergindo e pressionando na procura de convergências.

O núcleo da proposta preliminar do relator caminha na direção correta, pois termina com os tributos que incidem de uma forma cumulativa em todas as etapas da atividade econômica, como é o caso do PIS, COFINS e da CPMF. O fim destas contribuições cumulativas, por si só, já dá mais competitividade à nossa economia, com a conseqüente geração de empregos.

O pré-Projeto procura atacar também a guerra fiscal entre os Estados, criando um novo ICMS, com mudanças na cobrança da origem para o destino e com uma legislação votada pelo Congresso que uniformize as alíquotas entre os Estados e a União. Lembramos, ainda, que o texto autoriza a criação de um programa de renda mínima, favorecendo mais os pobres; existe, igualmente, a proibição da utilização de medidas provisórias para instituir ou aumentar contribuições, taxas e impostos. A verdade é que devemos discutir o pré-Projeto mais amplamente para superarmos eventuais desacordos. Convocamos a Nação para tanto. Estamos insistindo para que haja essa manifestação, ainda, diante do pré-Projeto.

Quando propusemos esta discussão, estávamos exercendo o principal papel do Legislativo: deflagrar com a lei, que nasce de exaustivas discussões, a atividade executiva e a atividade jurisdicional. A Reforma Tributária é um reclamo antigo no Brasil. Hoje, ela é inadiável. O mundo encolheu em face da globalização. Exige respostas urgentes e legislação mais apropriada à realidade. Se não agirmos rápido, estaremos condenados a continuar na periferia do mundo, deixando a promessa do País do futuro para mais uma geração.

O filósofo inglês Bertrand Russel dizia que o Estado deveria ser uma espécie de guarda de trânsito, que não manda no trânsito, mas o coordena. No Brasil, o Estado tem sido por força de circunstâncias político-culturais, um guarda truculento. Acrescenta mais peso na formação de preços do que o lucro a que se propõe o capital. Nosso sistema tributário é um dos responsáveis pela miséria no País. Além de gerar desemprego, o sistema atual é injusto, entre outras razões, porque o trabalhador, que recebe até quatro salários mínimos, consome 14% do que ganha só nos tributos embutidos nos alimentos. No Brasil, até 35% do preço de um alimento industrializado são formados por impostos, enquanto a média mundial não passa de 8%. Na Inglaterra, é 0%, na França, 5,5%, na Espanha, 6% e na Alemanha, 7%.

Na área industrial, os impostos praticamente inviabilizam nossas exportações. Para nos atermos à indústria automobilística, que tanta discussão tem suscitado, 40% do preço final de um veículo corresponde a impostos, contra 16% da Europa, ou 7% dos Estados Unidos. Para que este guarda tenha apenas o papel de coordenador do trânsito da nossa economia e de uma conseqüente reforma social, faz-se necessário novo código. Vamos a ele, com o apoio de todos!

12. REFORMA TRIBUTÁRIA: NÃO DÁ MAIS PARA ADIAR[12]

Elegemos a Reforma Tributária como prioridade da Câmara Federal, transformando-a em eixo da agenda positiva para o País, na crença de que ela será o salvo-conduto para o País sair de uma crise persistente que tem origem no complicado, assimétrico e casuístico sistema tributário nacional. Não podemos mais conviver com formas episódicas e assistemáticas em matéria de tributação, responsáveis pela pletora de impostos que leva em consideração a exclusiva necessidade de suprir as necessidades do Erário Público. Ademais, a burocracia da arrecadação maltrata a vida de milhares de micro, pequenos e médios empresários. O setor produtivo carece de sistema tributário harmônico e definitivo, justo com as entidades federativas e benéfico para os contribuintes. Esta é a essência do pensamento e do esforço dos Deputados Germano Rigotto e Mussa Demes, que têm percorrido todo o País, buscando idéias para aperfeiçoar o pré-Projeto em discussão.

Há, é evidente, restrições ao Projeto, na maior parte advindas das partes que temem perdas, como Municípios e Estados. As posições e as legítimas reivindicações de setores que se acham prejudicados certamente serão consideradas, até porque a nossa intenção é a de submeter democraticamente o ante-Projeto ao crivo de toda a sociedade. Mas já se pode divisar nele aspectos de alta relevância, a começar pela inversão da equação que tantos danos tem provocado à produção nacional. O Projeto claramente aponta para a desoneração das exportações e oneração das importações, oferecendo ao empresariado nacional condições de competitividade e equalização com a indústria internacional.

É exatamente por aqui que se pode começar a estratégia de combate à pobreza, pois a recuperação da produção nacional significará aumento do número de postos de trabalho, mais distribuição de riqueza e melho-

12. 27 de agosto de 1999.

ria da infra-estrutura social. A propósito, acabamos de dar importante passo para alavancar a vida produtiva das mais de 4 milhões de micro, pequenas e médias empresas nacionais, aprovando, na Câmara Federal, o Estatuto da Microempresa e Empresa de Pequeno Porte, para as quais fica assegurado tratamento jurídico diferenciado e simplificado nos campos administrativo, tributário, previdenciário, trabalhista, creditício e de desenvolvimento empresarial.

Distinguimos no pré-Projeto de Reforma Tributária importantes vantagens para o setor produtivo, como o desaparecimento da cumulatividade dos impostos (IPI sobre ICMS, ICMS sobre IPI), a cumulatividade das contribuições (PIS, COFINS), e, como já mencionamos, a oneração das exportações (PIS e COFINS no processo produtivo) e a menor tributação do produto importado em relação ao nacional. Os contribuintes, por sua vez, contarão com muitos benefícios, entre os quais o prazo de 90 dias além do princípio da anterioridade, a substituição tributária com devolução do que for pago em excesso, a supressão do IPI, ICMS (atual), ISS, PIS, COFINS, CSLL, CPMF, Salário-Educação, podendo, ainda, seu débito ser pago com precatório e não mais se sujeitando à imposição de medida provisória para instituir ou aumentar tributo.

No capítulo da arrecadação, todos os esforços e criatividade serão orientados para se encontrar um equilíbrio que permita garantir os volumes atuais entre União, Estados e Municípios. Sabemos que a montagem da equação é muito complexa, mas somos levados a crer que não haverá perda para as entidades federativas, até porque não há nada em definitivo, podendo o próprio IVV (Imposto sobre Vendas a Varejo) ser revisto, dependendo das simulações que estão sendo conduzidas pelo Deputado Mussa Demes, principalmente no caso do ISS, responsável, no ano passado, por R$ 4,52 bilhões da arrecadação dos Municípios. Essa receita, de acordo com o pré-Projeto, passaria para os cofres de Estados e União, mas os Municípios contariam com a IVVs, com alíquota de até 3%.

Outro mérito do pré-Projeto é o de acabar com a perniciosa guerra fiscal, que tem provocado grandes dissidências políticas e administrativas entre Estados, criando instabilidade e atritos inconseqüentes entre governantes. O Projeto em apreço até pode não ser o ideal, mas é um ponto de partida. Pode e deve receber sugestões, como se registra, algumas criativas e inovadoras, como as que sugerem a alternativa de impostos não declaratórios.

O momento é o de discussão e mobilização. Não podemos permanecer nas simples manifestações conceituais. Temos de chegar ao consenso possível e decidir. Mas o caráter centralizador de nossa cultura política com a excessiva concentração decisória nas mãos do Executivo indica que, sem sua inteira motivação e participação, não haverá Reforma Tributária. É preciso que todos os setores envolvidos – grandes, médios e pequenos empresários, classe trabalhadora, enfim todas as áreas produtivas do País – façam pressão sistemática em torno do assunto. Tenho enfatizado, na Câmara Federal, que chegou a hora de decisão. Ou fazemos a Reforma Tributária ou o País continuará a caminhar pela trilha da provisoriedade em matéria de tributos, atravancando seu fluxo do desenvolvimento. Esperamos que o Poder Executivo assuma uma postura pró-ativa na Reforma Tributária. O Parlamento tem cumprido seu dever, trabalhando, inclusive no recesso de julho, com os membros da Comissão da Reforma participando do debate em todas as regiões do País. Trata-se, como se pode observar, de projeto que não tem cor partidária ou ideológica, sendo desejado pelo conjunto político nacional. Para harmonizarmos as tendências e os pontos de vista, urge, sobretudo, ter vontade política para mudar e eleger o civismo como eixo de nossas decisões. Não dá mais para empurrar o País com um sistema tributário injusto, capenga e provisório.

13. O FINANCIAMENTO PÚBLICO DE CAMPANHA ELEITORAL DEVE SER ADOTADO NO BRASIL?[13]

Sim. O regime democrático baseia-se no princípio da igualdade de todos perante a lei. Não há princípio democrático onde há desigualdade. A realidade do mundo moderno, por seu lado, torna impossível a participação direta de todo o povo nas decisões de Governo, como ocorria na Grécia clássica, berço da primeira experiência democrática. Criou-se então o sistema representativo para viabilizar a aplicação da democracia ao sistema de governo das Nações. Não é que as Constituições dos chamados Estados de Direito repetem sistematicamente que todo o poder emana do povo e em seu nome é exercido.

Aceitos esses princípios, cabe buscar os melhores caminhos para permitir que todas as correntes de opinião possam fazer-se representar nos vários tipos de governo. O processo eleitoral, por meio do qual o povo escolhe seus representantes, e o método de financiamento das campanhas são fatores importantes para se poder garantir ampla democracia, com oportunidade igual para todas as classes sociais e seus representantes, ou estabelecer filtros que privilegiem determinados grupamentos e seus candidatos.

Não há sistemas imunes à irregularidades, mas somos levados a acreditar que o financiamento público das campanhas é o mais democrático, o mais transparente e o mais sujeito a controles. Inspira-se na idéia central de igualar as chances de todos os candidatos. Portanto, trata-se de um mecanismo fundamental para a consolidação do Estado Democrático de Direito. É a idéia de que todos vão poder, igualmente, disputar as eleições. Temos visto, na história recente do País, casos de compra de votos, utilização irregular de sobras de campanha, favorecimento de candidatos em detrimento de outros. O financiamento público vem, senão eliminar

13. 29 de abril de 2000.

por completo a cooptação de votos pelo poder monetário, pelo menos contribuir para um sistema mais igualitário entre candidatos.

A legislação já caminha na direção quando estabelece limites para gastos eleitorais das candidaturas nas várias áreas de representação. O financiamento privado, entretanto, nos moldes conhecidos, pode permitir desigualdades e, de certa forma, violar o princípio da igualdade de oportunidade, alicerce do Estado de Direito. São muitos os casos da história recente do País que dão conta de compra de votos, utilização irregular de sobras de campanha, favorecimento explícito de candidatos em detrimento de outros. Ademais, o financiamento das campanhas eleitorais é permitido às grandes corporações, mas é mais restrito à participação das pessoas físicas, dos sindicatos e associações classistas dos trabalhadores, sendo que estas últimas não podem patrocinar campanhas. Fica claro, portanto, que a legislação é mais permissiva com o capital e seus representantes, no sentido de eleger seus candidatos, e menos aberta ao trabalho. As tentativas de limitação dos gastos privados têm sido de eficácia relativa, como se sabe. A contabilidade apresentada à justiça eleitoral nem sempre corresponde aos gastos efetivos.

Pode-se lembrar que o financiamento público da campanha não irá resolver todos os males, nem impedir as fraudes. Mas é certo que sua simples implantação irá aumentar a fiscalização. Setores sociais e, mais acentuadamente os partidários, além dos próprios candidatos que contendem entre si, fiscalizar-se-ão mais adequadamente. O excesso de gastos revelará o abuso do poder econômico que, se denunciado, poderá ser apurado pelos canais judiciários competentes.

Há experiências diversas de financiamento público de campanha em países mais desenvolvidos. Nos EUA, há a combinação dos financiamentos públicos e privados para a eleição presidencial. Candidatos que tenham conseguido pelo menos 25% dos votos na eleição primária podem solicitar financiamento público. Na Alemanha, França e Japão, entre outros países, há participação de recursos públicos no financiamento de campanhas. No caso da França, há ainda um reembolso público das despesas eleitorais. Nas eleições presidenciais, os candidatos que obtiverem menos de 5% dos votos são reembolsados em até US$ 1,2 milhão; e o que tiverem mais do que esse percentual recebem de volta até US$ 6 milhões. Os dois candidatos franceses à presidência que chegarem ao segundo turno poderão reembolsar até US$ 8 milhões. Nas eleições parlamentares, os candidatos têm desembolsos de acordo com sua performance.

A Suécia, onde o tema começou a ser discutido nos anos 30 e foi aplicado a partir de 1966, adota um sistema que inspira diversos países.

Lá os recursos são repassados aos partidos. Todavia, a legenda que não atinge um percentual mínimo de votos tem que pagar até pela impressão e preparação de suas cédulas eleitorais.

A aplicação prática do financiamento público das campanhas, que a meu juízo representará avanço democrático, vai exigir amplo debate, até porque ele é apenas parte do conjunto das reformas políticas que a Nação deverá enfrentar brevemente. Caso nossa opção seja por distribuir esses recursos através dos partidos, há que se providenciar também maior fortalecimento das estruturas partidárias. Até porque nossa legislação reforça o comportamento individualista dos políticos, impedindo a consolidação partidária. Um sistema de representação proporcional com maior controle partidário sobre as listas reduzirá sensivelmente a compra de votos. Portanto, o financiamento público das campanhas deve vir acompanhado de medidas que possam vitalizar os partidos.

14. UM "PROSEG" PARA SOCORRER A SOCIEDADE[14]

Chegamos ao fundo do poço em matéria de insegurança pública. O estado é de emergência, de calamidade social. Por isso, peço licença aos responsáveis pela segurança pública, tanto no âmbito dos Estados como na esfera federal, para fazer algumas reflexões e pontuações. A começar pela necessidade de mudar o conceito para a alocação de recursos: precisamos sair da escala do milhão para a escala do bilhão. Precisamos de um PROSEG (Pró-Segurança), para socorrer a sociedade. Mais ainda: precisamos deixar os diagnósticos, por demais conhecidos e avaliados, e partir para a ação. Dou alguns fundamentos.

Primeiro, a questão dos recursos. Os EUA gastam o equivalente a 25% do PIB brasileiro, 250 bilhões de reais. É claro que temos realidades diferentes, mas o combate à criminalidade deve ser visto de maneira mais abrangente e ter como parâmetros os exemplos que deram certo. O Brasil precisa dispor de uma estrutura de segurança forte e amparada na expansão da rede de presídios. Mesmo com 100 milhões de habitantes a mais, os EUA podem, sim, nos dar alguns rumos. O Governo Clinton inaugurou uma penitenciária por semana, para expandir uma estrutura que abriga 2 milhões de encarcerados. Aqui, temos cerca de 200 mil presos, 100 mil mandados de prisão para criminosos graves, que não são cumpridos por falta de estabelecimentos. Meta urgente: criar, no espaço de três anos, 100 mil vagas prisionais.

As regras determinam que um preso fique numa cela com, no mínimo, 6 metros quadrados, com acomodações adequadas. O que temos? Celas pequenas, com grupos de 30 a 40 presos em muitas delas. Ora, a lógica dos que estão detidos é a de pensar todo tempo em estabelecer meios de fuga. Portanto, o investimento em novos presídios é fundamental. A seguir, a questão da motivação. O salário do policial há de ser diferencia-

14. 24 de janeiro de 2002.

do. Trata-se de uma categoria especial de servidores públicos. Diante de questões emergenciais, soluções emergenciais. Com um salário de R$ 600 a R$ 700, um policial, com família constituída, não sobrevive, se não com o apoio de bicos ou o ingresso na rede da criminalidade. Com melhores condições salariais, o policial ganha motivação para treinar mais. Nos Estados Unidos, o salário inicial é de R$ 4.500. Veja-se a diferença.

Hoje, muito se fala em tolerância zero, aquela que vigora em Nova Iorque. Ora, tolerância zero quer significar apenas a exigência do cumprimento estrito do texto legal. Se a lei for cumprida, inclusive para as pequenas infrações, os delinqüentes passarão a ser mais diligentes. Outro ponto importante diz respeito ao sistema de inteligência. É preciso detectar os focos de criminalidade para se fazer o policiamento prévio. Cerca de 90% dos crimes em São Paulo ocorrem em menos de 10% das ruas. Ora, a lógica da inteligência sugere que se reforcem esses focos com mais segurança. Daí a necessidade do bom planejamento. E um planejamento que leve em consideração a descentralização, mais ainda, a municipalização da segurança. Nesse caso, a questão da segurança pública deveria ser administrada por Municípios com, no mínimo, 200 mil habitantes e por sua livre opção. Essa decisão passa, é claro, por devidos acordos com o Estado, a quem, hoje, compete a segurança. O planejamento local detectará, com mais propriedade, os locais mais críticos, os tipos de crime, as culturas criminosas. Aliás, a tese é compatível com a autonomia constitucional dos Municípios, que se ancora na idéia de que o Município é autônomo para cuidar das questões de seu peculiar interesse. No médio prazo, portanto, os policiais poderiam operar no Município e não mais no Estado.

Temos, ainda, de destacar que a questão da segurança não se resolve pela via legislativa, mas pela via executiva. Legislação ajuda, mas não equaciona de vez o problema. É preciso mais administração. O bandido faz uma avaliação dos riscos de ser preso e não da possibilidade de se sujeitar a uma legislação mais dura. Aliás, temos, já, a classificação de crimes hediondos, o que torna as penas mais rigorosas. Mas isso não reduziu a criminalidade. Ao contrário. Houve um aumento, de 1988 para cá.

O problema da corrupção também deve ser enfrentado sem medo. Milhares de policiais, em todo o País, estão envolvidos com as redes de crimes pesados, como o roubo de bancos e cargas, extorsão, seqüestro, homicídios e tráfico de drogas. Terão de ser apenados. É preciso limpar as impurezas na própria polícia. Ademais, um planejamento sistêmico haverá de considerar o envolvimento da comunidade. Está provado que, nos lugares onde a comunidade foi mobilizada para integrar o esforço pela segurança, a criminalidade diminui acentuadamente. Lembro, a propósito, os CONSEGS, Conselhos de Segurança, que criei, quando secretário de Segurança Pública, no Governo Montoro. Naquela época, foram peças importantes para a segurança da população. É fundamental, pois, contar com o apoio da comunidade no esforço de segurança.

O aparato do Judiciário merece também muitas correções. Juízes especializados na tramitação e no rápido exame dos processos judiciais poderão apressar as demandas criminais. É preciso legislação, sim, para propiciar acordos que os advogados promoveriam, ao invés de trabalharem apenas com a idéia de protelar processos. Como sabemos, o adiamento de processos gera uma sensação de impunidade. Portanto, a agilidade processual no Judiciário é absolutamente fundamental.

Cumprir a pena de acordo com a natureza do delito – eis outro ângulo que deve merecer uma avaliação. A verdade é que pessoas que cometem pequenos crimes são jogadas em prisões juntos com bandidos perigosos. E aí vão fazer parte das escolas de bandidagem. No caso do menor, há muitas distorções no cumprimento da legislação. O Estatuto da Criança e do Adolescente estabelece entidades de atendimento e institutos de correção, organizados em termos de tratamento psicológico e assistência médica completa. Não vemos isso. Os menores vão para a FEBEM, que tem sido, lamentavelmente, ao longo dos últimos anos, uma fábrica de criminalidade. Ou seja, é muito difícil a um preso, no Brasil, ter possibilidade de recuperação. Um dos focos do problema, aliás, está na situação de abandono a que foi relegado o menor, conforme tão bem expressa Antônio Cláudio Mariz de Oliveira, em seu magistral artigo na *Folha de S. Paulo*, onde pondera: "a criança carente cresce desnutrida, sem saúde, sem escola, sem afeto, abandonada e cercada pela violência. Nessas condições, tem poucas possibilidades de se transformar num cidadão prestante, útil à sociedade e respeitador de valores que nunca lhe foram transmitidos". Não podemos deixar de lado a questão do lazer e dos esportes que, nas grandes cidades, podem servir de centros comunitários para o convívio e a integração social dos jovens na sociedade. O Estado deve ter presença mais forte nas periferias.

E qual é o papel da Polícia Federal dentro deste sistema? A área federal há de se organizar para investir recursos juntamente com os Estados. Há de ser prestigiada para desempenhar as suas tarefas nas áreas dos crimes federais – o tráfico e o contrabando de drogas, a questão das fronteiras e outras tarefas. Nesse momento, é importante oferecer contribuição efetiva, particularmente na área de inteligência, a serviço da descoberta de seqüestros, ainda que isso importe em modificação constitucional.

Sobre os fatores de natureza social, é claro que precisam ser enfrentados, particularmente o desemprego, fruto de desajustes. Mas não podemos esperar pelos efeitos de políticas desenvolvimentistas para debelar a miséria e secar as fontes do terror. Quando fui secretário de segurança, imprimi uma mensagem, que foi bem captada pela polícia: não se pode tratar bandido com rosas na mão. Ademais, diz a lei da Física, a toda ação deve corresponder uma reação igual e contrária. Se a ação criminosa é violenta, a resposta do aparelho estatal há de ser dada com muita energia. Afinal, o que o povo espera de quem cuida de segurança pública é segurança. De nada valem discursos reveladores e desajustamentos sociais para justificar a insegurança. É hora de ação.

15. REFORMA TRIBUTÁRIA, UM COMPROMISSO COM O BRASIL[15]

A defesa da Reforma Tributária tem assumido, neste ano eleitoral, feições de uma unanimidade nacional. Não há setor produtivo, representante político ou entidade empresarial que não concorde com a necessidade de uma revisão no sistema tributário brasileiro, assunto que integra algumas propostas atualmente em trâmite no Congresso. Como Presidente da Câmara dos Deputados, nomeei Comissão Especial para discutir com a sociedade e elaborar um projeto harmônico e justo de Reforma Tributária. A tônica dos pontos de vista acerca do tema é a de que o Brasil carece de uma reforma que desonere os setores produtivos e diminua a carga de tributos sobre o consumidor.

O cenário, realmente, é preocupante, e esboça uma perigosa equação: a arrecadação atinge patamares nunca dantes alcançados, asfixiando os setores produtivos, enquanto a despesa pública não dá sinais de redução – a manutenção dos gastos públicos é fator decisivo no impulso à fome arrecadatória. Cerca de R$ 250 bilhões, ou 21% da riqueza que o País produz, são gastos apenas com os salários e as aposentadorias do funcionalismo. Como se não bastasse o imenso buraco a ser coberto pelo bolso do contribuinte, ele é ainda maior se avaliarmos quantos, no Brasil, realmente pagam impostos. O Fisco atinge apenas 56% da base tributável do País. Isso significa que a carga efetiva para aqueles que pagam imposto equivale a 61% do PIB. Se toda essa base fosse atingida, a estrutura tributária poderia ser reduzida pela metade e a arrecadação permaneceria nos patamares atuais. Ou seja, se todos pagassem imposto, cada um pagaria menos.

Entre 1994 e 2001, a economia brasileira cresceu 2,4%, enquanto o total de impostos recolhidos aumentou 42%, equivalendo hoje a 34% do Produto Interno Bruto do País – a carga mais alta da América Latina.

15. 5 de setembro de 2002.

O sistema tributário atual desenha, em tal contexto, uma combinação perversa: além de injusto e desigual, onera a produção, compromete investimentos e a geração de emprego e renda. Em nome da fome de sempre arrecadar mais, o País tem travados seus potenciais de crescimento, vítima de um sistema cujo objetivo único é atender às necessidades orçamentárias do Estado.

O Brasil precisa de uma Reforma Tributária para abandonar as trilhas que, hoje, atravancam seu desenvolvimento. Não podemos mais conviver com um sistema tributário capenga, complicado, assimétrico e casuístico como o que temos hoje, que desconsidera as premências das atividades que movem a economia do País.

Claro que, no bojo das propostas para o sistema tributário, há divergências entre diversos segmentos. A nova sistemática do PIS/PASEP, que aguarda votação na Câmara, é um exemplo, já tendo sido frustrada em outros momentos em razão de interesses conflitantes. Assim, para harmonizar as divergências entre os diversos pontos de vista e as propostas esparsas sobre o sistema tributário, urgem a vontade política e, sobretudo, a disposição para o diálogo e o consenso, em nome do interesse maior do País.

É preciso que todos os setores envolvidos, sejam grandes, médios ou pequenos empresários e a classe trabalhadora, façam pressão sistemática para que propostas comprometidas com a equanimidade e a justiça integrem as discussões sobre o sistema tributário nacional. Somente assim, com discussão e mobilização, é que a unanimidade da Reforma Tributária deixará de ser letárgica e demagógica para se tornar uma proposta factível de compromisso com o presente e o futuro do Brasil.

16. SEGURANÇA PÚBLICA: É PRECISO VONTADE POLÍTICA[16]

Nenhum país do mundo avança sem estar estribado no império da lei e da ordem. Preservar a ordem pública, garantir o cumprimento das leis e punir criminosos seriam, no Brasil, elementos do óbvio ululante se não fossem, na verdade, figurantes na ação de um Estado que deixa muito a desejar na garantia à integridade de seus cidadãos. Não é nenhuma novidade verificar que o País vive um clima de insegurança.

A Segurança Pública tem como prerrogativa o enfrentamento das questões sociais. É preciso, para tanto, o diálogo com essa sociedade, trazê-la para o interior da discussão e da vivência da segurança junto àqueles que têm de promovê-la. Quando secretário de Segurança Pública de São Paulo, fui responsável, por exemplo, pela implantação dos Conselhos Comunitários de Segurança, que trouxeram a comunidade para conviver com a polícia. Também criei a Delegacia de Defesa da Mulher, que representava, à época, uma premência social bastante evidente.

Não se pode aventar a tarefa inarredável do Estado em combater a criminalidade sem falar, fundamentalmente, de investimento e eficiente aplicação de recursos. Dizer que é preciso investir na polícia parece óbvio, mas se trata de uma obviedade relegada ao plano do esquecimento no Brasil.

O policial brasileiro vai para a rua ganhando, no máximo R$ 900,00, com 200 tiros de munição. Nos Estados Unidos, esse profissional ganha o equivalente a R$ 4.500,00, com um preparo de pelo menos 3.000 tiros. Medidas que auxiliaram a segurança pública norte-americana ter sido incrementada, nos últimos dez anos, após a violência ter atingido números extremamente preocupantes naquele país. Investindo mais, estaremos mais preparados contra a impunidade. Para tanto, há que estruturarmos

16. 20 de janeiro de 2003.

um sistema permanente de combate e controle ao crime e às formas de violência que de disseminam na sociedade.

Além da participação da comunidade e do investimento generalizado nos aparatos de segurança, defendemos uma política de aplicação de recursos penitenciários mais condizente com a realidade nacional – cabe lembrar que, nos Estados Unidos, há 2 milhões de presos, enquanto o Brasil, com 180 mil, tem um déficit de 100 mil vagas; a implantação de programas mais sólidos e abrangentes por parte dos governos estaduais, incluindo gratificações e programas de motivação a policiais militares e civis; a integração, sempre que necessária, entre as ações do governo federal e as polícias estaduais; o redimensionamento das Forças Armadas, principalmente no apoio a missões especiais de combate ao crime organizado nas regiões de fronteira; e o reforço da Polícia Federal, que possui cerca de 8 mil homens. Estudos científicos comprovam a necessidade de pelo menos 30 mil. O ideal seria, portanto, um incremento de 22 mil ou 25 mil homens, fardados, que atuariam, também, nas fronteiras do País.

Em situações emergenciais de violência, são necessárias, é verdade, medidas emergenciais de combate ao crime. Mas não se pode virar os olhos para planos, a médio e longo prazo, que representem um salto qualitativo no tratamento da segurança pública no Brasil. É preciso, sobretudo, vontade política. Sair da toca da inoperância e alçar vôos para além das obviedades que emolduram os discursos prontos e se dissolvem no vazio demagógico são passos primordiais, mas de verdadeiros gigantes, para que o Brasil sustente seus anseios de crescimento com um mínimo indispensável de harmonia e segurança social.

17. AVANÇOS NA SEGURANÇA PÚBLICA[17]

O setor da Segurança Pública não deve guiar-se apenas pelo combate à criminalidade. É, sem dúvida, uma das suas atividades essenciais. Há nele, porém, forte dose social. A preocupação com segmentos específicos da sociedade há de guiar os passos de quem comanda a Segurança no Estado. Os conflitos sociais são enfrentados por essa área administrativa. Greves, passeatas, aglomerações, reuniões reivindicatórias exigem sempre a presença das forças da segurança. Não para reprimir, mas para manter a ordem pública e garantir o livre direito às reuniões. Isto exige diálogo, acerto de posições, combinação de condutas. Foi o que fizemos na nossa gestão. Recordo-me de uma grande e prolongada greve dos bancários em que os seus principais organizadores mantiveram permanente contato conosco, ajustando situações até pelo telefone, impedindo "quebra-quebra" e agressões aos grevistas. Tudo terminou numa reunião na Praça da Sé em que os homens da Segurança Pública foram aplaudidos ao final daquela greve. O mesmo ocorreu com a tomada do prédio da Reitoria da UNESP pelos estudantes daquela Universidade, que desejavam ver empossado no cargo de Reitor o renomado cientista e professor William Saad Hossne. Os alunos ocupantes lá se achavam há mais de cinco dias quando o Judiciário decretou a reintegração liminar na posse do imóvel a pedido do Estado. Ciente das dificuldades para desocupação forçada mediante intervenção da polícia militar, fui até o prédio e, lá, conversei com mais de quatrocentos estudantes esclarecendo que o movimento já ganhara notoriedade, até em função da nossa presença pessoal, e que o seu pleito (audiência com o Governador) seria atendido. Depois desse diálogo saímos todos do prédio sem a necessidade de utilização de força física. Era a Segurança no Estado Democrático.

As mulheres tiveram nossa especial atenção quando criamos a primeira Delegacia de Defesa da Mulher, que não onerou o orçamento do Estado. A criatividade estava em reunir apenas servidoras mulheres nessa

17. Publicado em abril de 1993.

Delegacia: uma ou duas Delegadas, várias Escrivãs e Investigadoras, cuja competência seria a de atender mulheres eventualmente agredidas ou objeto de atos delituosos. Quando saímos da Secretaria havia poucas Delegacias da Mulher. No Governo Orestes Quércia instalaram-se dezenas de novas Delegacias especializadas nesse atendimento, até porque foi Quércia, no governo do PMDB, que duplicou os Distritos Policiais na Capital, passando-os de 51 para 102. Tudo fruto da preocupação social que permeia a atividade da Segurança Pública na Administração.

Nessa mesma linha de preocupações, relembro a criação, na minha gestão, dos Conselhos Comunitários de Segurança, os CONSEGS, exemplo vivo da integração do povo com a polícia. Esta foi, também, uma fórmula criativa que não onerou o orçamento do Estado. Como não o oneraram a instalação da Delegacia de Proteção aos Direitos Autorais e a Delegacia de Apuração de Crimes Raciais.

Não posso deixar de mencionar o reaparelhamento das Polícias Civil e Militar e a recomposição salarial nessas categorias nos Governos Montoro e Quércia, o que deu ânimo e motivação para a ação policial. Todos estes fatos indicam que o PMDB, no Governo, sempre teve como uma de suas metas a tranqüilidade do povo paulista tanto no que toca ao combate à criminalidade como também no enfrentamento democrático das questões sociais.

V
CONSTITUIÇÃO

1. INFIDELIDADE E PERDA DE MANDATO[1]

É pacífico que o princípio de fidelidade partidária não se aplica aos membros do Colégio Eleitoral. Juristas ilustres já se manifestaram nesse sentido e o Tribunal Superior Eleitoral também já deu sua palavra.

Um ângulo novo da questão começa a ser levantado e, ao que parece, ainda não foi enfrentado.

É o que diz respeito à eventual decretação da perda do mandato de parlamentar que por atitudes ou pelo voto se opuser às diretrizes fixadas pelo partido. É saber se tal decreto cabe à Justiça Eleitoral ou à Mesa da Câmara a que pertence o parlamentar. Muitos já veiculam a afirmação de que as atitudes de Deputados e Senadores consubstanciada no apoio a candidato de outro partido enseja a imediata perda do mandato mediante decreto do Presidente da Câmara ou do Senado, conforme seja Deputado Federal ou Senador.

Para examinar esse problema é que fazemos as considerações seguintes.

Julgar é função do Poder Judiciário. Ao exercer a jurisdição, o Judiciário diz o direito aplicável a uma controvérsia em caráter definitivo. Nenhuma lesão a direito individual pode ser excluída da apreciação do Poder Judiciário. É o que retrata a nossa Constituição (art. 153, § 4º).

Esta foi, aliás, uma das grandes conquistas dos povos que lutaram pela distribuição das funções estatais por órgãos distintos e independentes uns dos outros.

O Legislativo legisla, o Executivo administra e o Judiciário julga. É fenômeno, este, ligado à idéia de liberdade e proteção do indivíduo contra o Estado que age por meio dos governantes.

Um Juízo imparcial constituiu, sempre, postulação dos que ansiavam por liberdade. Um julgador que não fosse parte interessada no litígio. *Im-*

1. Publicado em novembro de 1984.

parcial. Não parte. Precisamente por não ter nenhum interesse na solução da controvérsia.

A perda do mandato parlamentar é agressão nítida ao direito do indivíduo que alcançou aquela representação popular. É flagrante que se trata de lesão a direito pessoal.

Sendo assim, só o Judiciário pode deliberar sobre essa matéria.

Há, entretanto, dois dispositivos constitucionais de aparente contradição. Um deles, o art. 35, no item 5 e no § 4º, fixador de que a perda do mandato no caso de infidelidade partidária será automática e declarada pela respectiva Mesa.

Outro, o art. 152, nos §§ 5º e 6º, que assinalam a perda do mandato daqueles que por atitudes ou pelo voto se opuserem às diretrizes estabelecidas pelos órgãos de direção partidária, salientando que, nesses casos, ela será decretada pela Justiça Eleitoral mediante representação do partido, assegurado o direito de ampla defesa.

Ao intérprete do direito incumbe compatibilizar tais preceitos.

Afinal, a quem cabe decretar a perda do mandato em razão da infidelidade? À Mesa da Câmara a que pertence o parlamentar ou à Justiça Eleitoral?

A resposta a essas indagações casará, harmonicamente, àqueles dispositivos de aparente conflitância.

Note-se, em primeiro lugar, que, nos termos do art. 152, § 6º, a Justiça Eleitoral decreta a perda do mandato ao passo que no art. 35, § 4º, a Mesa da Câmara declara a perda.

Um é ato constitutivo (decretar); outro é ato declaratório (declarar). É certo que o mesmo § 4º do art. 35 esclarece que a "perda será automática". Mas isto significa, tão-somente, que a atividade declaratória da Mesa é vinculada. Ou seja: a Justiça Eleitoral examina a representação partidária e verifica se houve ou não a prática da infidelidade. Concluindo pela procedência da representação, depois de assegurar ampla defesa, decreta a perda do mandato em razão da infidelidade. Decretada esta, comunica-se tal decisão à Mesa dirigente da Casa a que pertence o parlamentar e ela, porque a "perda é automática" em face do decreto judicial, a declara.

Nem poderia ser de outra forma em face do princípio da separação de Poderes. O Judiciário julga, mas não lhe cabe extinguir mandatos. Tal função, nos termos do artigo 35, § 4º, compete à Mesa dirigente da Casa Legislativa integrada pelo parlamentar faltoso.

Anote-se mais. A fidelidade é ao partido e não à Mesa dirigente. Não cabe a esta fiscalizar a ocorrência ou não da infidelidade do parlamentar ao partido a que está filiado. Ao partido, sim, incumbe tal apreciação. Tanto que a Constituição lhe confere, nessa hipótese, a legitimidade ativa para representar à Justiça Eleitoral (art. 152, § 6º).

Despropositado, por óbvio, que a Constituição tivesse travestido o Presidente das Mesas diretores dos Parlamentos em julgadores da fidelidade partidária, circunstância que interessa única e exclusivamente ao partido político. Por isso mesmo que a hipótese de representação do partido à Justiça Eleitoral está prevista no Capítulo Constitucional que trata dos Partidos Políticos (Capítulo III do Título II).

Aliás, o constituinte, atento aos princípios que apontamos no início deste artigo, não permitiu nem mesmo que a agremiação partidária julgasse a ocorrência, ou não, da infidelidade. Permitiu-lhe, tão-só, levar ao conhecimento da Justiça Eleitoral a notícia e os argumentos reveladores dela para que a Corte especializada julgasse a controvérsia.

Tudo em atenção ao princípio do monopólio da jurisdição pelo Poder Judiciário.

Sobremais, entender-se que a Mesa Diretora de uma Casa Legislativa possa decretar a perda do mandato é permitir a vulneração de outro princípio constitucional estabelecido no art. 153, § 15, segundo o qual aos acusados será assegurada ampla defesa.

Se a Mesa pudesse "cassar" o mandato, o acusado não teria nenhuma defesa. E o Texto Magno alude ao acusado, não ao apenado. Aquele é que tem o direito de utilizar-se de todos os meios asseguratórios de sua defesa, antes de qualquer condenação.

Por isso que a expressão "perda automática" só pode ter a significação que antes lhe emprestamos. Ou seja, a atividade da Casa Legislativa é vinculada ao decidido pela Corte Eleitoral.

Essa vinculação não pode causar surpresa uma vez que em outra passagem a Constituição adota a mesma fórmula. É o caso do decreto de inconstitucionalidade de ato normativo. O Supremo Tribunal Federal decreta a inconstitucionalidade, comunica-a ao Senado Federal e este suspende a execução da lei (art. 42, VII). É, igualmente, atividade vinculada do Poder Legislativo à declaração feita pelo Poder Judiciário.

De resto, afastando dúvidas a respeito desse tema, o art. 137, IX, da Constituição Federal repete a afirmação segundo a qual a decretação da perda de mandato de Senadores, Deputados e Vereadores, nos casos do § 5º do art. 152, cabe à Justiça Eleitoral.

Esta é a fórmula exegética capaz de compatibilizar os dispositivos que, à primeira leitura, podem parecer conflitantes.

2. VICE-PRESIDENTE PODE SER PRESIDENTE?[2]

A Constituição é um todo harmônico. Por mais desencontradas que possam parecer certas normas, a função do intérprete é a de conjugar todas elas de modo a alcançar a referida harmonia.

Tal é o caso do capítulo constitucional que trata do Poder Executivo, na seção referente ao Presidente e ao Vice-Presidente da República.

Nessa seção, que se inicia no art. 73 e finda no art. 80, estão disciplinadas, basicamente, as seguintes hipóteses: a) quem exerce o Poder Executivo; b) como são eleitos o Presidente e o Vice-Presidente; c) o prazo de duração do mandato presidencial; d) a posse; e e) a substituição e sucessão do Presidente da República no caso de impedimento ou vacância do cargo.

São hipóteses distintas previstas em dispositivos distintos.

Pode-se afirmar, por isso, que uma das previsões diz respeito ao instante da posse (art. 76 e seu parágrafo único). Outro concerne ao instante em que o Presidente e o Vice-Presidente já tomaram posse e estão no exercício de suas funções (art. 77).

Vou reproduzi-los para que o leitor possa bem acompanhar o raciocínio que pretendo desenvolver. Tudo com vistas a demonstrar que pela boa interpretação jurídica, José Sarney deverá continuar na Presidência da República se ocorrer o mais indesejado e doloroso acontecimento envolvendo o Presidente eleito Tancredo Neves.

Ei-los: "Art. 76. O Presidente da República tomará posse em sessão do Congresso Nacional e, se este não estiver reunido, perante o Supremo Tribunal Federal, prestando compromisso de manter, defender e cumprir a Constituição, observar as leis, promover o bem geral e sustentar a união, a integridade e a independência do Brasil. Parágrafo único. Se, decorridos dez dias da data fixada para a posse, o Presidente ou Vice-Presidente, salvo motivo de força maior, não estiver assumido o cargo, este será decla-

2. Publicado em 16 de abril de 1985

rado vago pelo Congresso Nacional. Art. 77. Substituirá o Presidente, no caso de impedimento, e suceder-lhe-á, no de vaga, o Vice-Presidente".

Eis aí, como disse antes, hipóteses diversas. A do art. 76 trata da posse. Quando se outorgou a atual Constituição perguntou-se qual deveria ser o procedimento se naquele instante – da posse – o Presidente ou o Vice-Presidente não assumissem seus cargos. A solução, já bastante debatida e solucionada, é a de que se o Presidente não tomar posse – como ocorreu –, o Vice-Presidente assumirá o cargo e exercerá a Presidência até que o titular possa fazê-lo, superado o motivo de força maior. Se ambos não assumirem é que se declarará a vacância.

Verifica-se, portanto, que, no instante da posse não se cogita do impedimento ou de vacância. Tanto que o preceito do art. 76, parágrafo único, salienta que o cargo de Presidente somente "será declarado vago pelo Congresso Nacional" se o "Presidente ou Vice-Presidente (...) não tiver assumido o cargo". O "cargo de Presidente" porque a cabeça do art. 76 está tratando da posse do Presidente. Basta lê-lo tal como aqui reproduzido.

Assim, se o Presidente eleito não tomar posse, o cargo jamais será declarado vago. Pois não houve vacância pelo fato de o Vice-Presidente havê-lo assumido nos termos do parágrafo único do art. 76.

Tomo a liberdade de repetir e enfatizar: no instante da posse, a vacância do cargo de Presidente somente será declarada se o Presidente ou o Vice não houverem assumido.

Reforça esse entendimento a disposição do art. 79 da Constituição Federal onde está escrito: "vagando os cargos de Presidente e Vice-Presidente, far-se-á eleição 30 dias depois de aberta a última vaga e os eleitos completarão os períodos de seus antecessores".

Note-se bem: só haverá eleições depois de aberta a última vaga, ou seja, a de Vice-Presidente. E é natural que seja assim. Havendo Vice-Presidente, este assume o lugar do Presidente. Impossível novas eleições se há Vice-Presidente porque este ocupará o cargo supremo.

A objeção que se tem colocado a esse raciocínio é a de que o Presidente não tomou posse e, por isso, não pode o Vice sucedê-lo. O suposto dessa alegação é o de que não há como declarar vago o cargo de Presidente, se este não assumiu. E, para tanto, invoca-se o art. 77 da Constituição Federal.

Ocorre, entretanto, que o art. 77 prevê outro caso. Não mais o instante da posse, em que o constituinte já deu a solução aqui enunciada. Pretendeu responder a outra indagação: o que fazer se, tendo o Presidente sido empossado e estando no exercício de suas funções, ficar temporária ou definitivamente impedido. O caso – disse o constituinte – é de impedimento de vacância. Aqui, sim, vacância a ser declarada pelo Congresso Nacional.

A solução dada foi a de substituição, no caso de impedimento temporário, e de sucessão no caso de definitivo, pelo Vice-Presidente da República.

Reafirma-se a diferença dos casos. Na previsão do art. 76, parágrafo único, não há vacância porque o Presidente não tomou posse. Fê-lo, nos termos constitucionais, o Vice-Presidente. A hipótese do art. 77 é de vacância em face do impedimento definitivo e depois que o titular do cargo tomou posse.

Não se pode, destarte, conectar o art. 76 e seu parágrafo único com o art. 77 para resolver o alegado impasse institucional se vier a faltar aquele que foi eleito para titularidade a cargo supremo, mas não chegou a tomar posse.

As hipóteses são distintas e foram diferentemente tratadas pelo constituinte em preceitos diversos.

Em palavras finais: o constituinte previu uma missão constitucional para o Vice-Presidente da República tanto no caso de impossibilidade de posse do Presidente como para o caso de vacância, a qual só ocorre depois que o Presidente toma posse.

Esta missão do Vice-Presidente, numa ou noutra circunstância, é a de exercer em definitivo o papel de Presidente da República. Num caso, sem declaração de vacância; noutro, em razão dela.

Assim, José Sarney será Presidente da República, independentemente de declaração de vacância, pois esta, na questão em exame, não se deu.

3. CONSTITUINTE: POR QUE E QUANDO?[3]

A Nação se agita, outra vez, em torno de um tema da Constituinte.

A primeira pergunta que se deve fazer é esta: por que a Constituinte?

O Estado é sociedade.

Integram-na os membros do povo. Ninguém pode imaginar a existência de um núcleo social sem a participação dos seus sócios, sem que a vontade dos seus integrantes manifeste-se livre e autonomamente.

Daí porque não se pode jamais imaginar a hipótese da criação de um Estado, nascido do cérebro ou do pensamento de alguns poucos. Todos hão de participar.

Já escrevemos anteriormente que a Constituinte rompe com a ordem jurídica e existente. Ou seja: não há na Constituição uma norma que autorize a ruptura do sistema normativo vigente para que outro se instale em seu lugar.

A Constituinte, assim, terá o efeito de derrogar a ordem jurídica atual para fazer criar um novo Estado.

Portanto, é ato revolucionário na medida em que – repita-se – rompe com a ordem jurídica atual.

De todo modo, é preciso encontrar uma fórmula que viabilize a convocação. A denominação deste ato (que é revolucionário) pouco importa. Mas tudo indica que a melhor solução seria rotulá-lo como Emenda à Constituição (não previsto no sistema e sim ato que com ele rompe) no qual se estabeleça a data do início dos trabalhos da Constituinte e o seu funcionamento.

Pelo que exporemos a seguir, a Constituinte só deve instalar-se com a eleição do novo Congresso, com poderes especiais para tanto.

3. Publicado em novembro de 1985.

É preciso saber qual a importância da Constituinte. Em outras palavras: qual a Constituição a ser produzida por uma Assembléia Popular? Será muito diferente daquela atualmente em vigor? A resposta, quase óbvia, é a de que a diferença será mínima. A Constituição atual prevê mecanismos preservadores da Federação, dos direitos individuais, da tripartição do Poder. Princípios, estes, que se apresentaram, sempre, como alicerces do Estado de Direito.

O que houve, ao longo do tempo, foi a má aplicação desses preceitos, numa interpretação destoante daquilo que o Texto Magno expressamente estabelece, como lembra, reiteradamente, Celso Antônio Bandeira de Melo.

Portanto, o que a Constituinte fará – supomos – é o novo Texto Constitucional, trazendo modificações àquele vigente, como, por exemplo, a extinção dos decretos-leis, a modificação no sistema de aprovação de leis por decurso de prazo, a extinção das chamadas medidas de emergência e do estado de emergência conservando-se tão-só, o estado de sítio como meio de preservação dos valores básicos como Federação, tripartição do Poder e lisura no trato da coisa pública. Certa e seguramente haverá um melhor e mais adequado mecanismo de controle da constitucionalidade das leis. Por exemplo: o Procurador Geral da República não pode ficar vinculado à vontade do Chefe do Poder Executivo Federal, mas deve exercitar mandato por período certo para exercer livre e soberanamente a sua função.

Não serão muitas, talvez, as modificações a serem feitas.

Se tais modificações não serão substanciais, pode-se indagar: não bastaria uma simples Reforma Constitucional pelo Congresso atual, no exercício de sua função?

A resposta é negativa porque o grande valor da Constituinte é exatamente a audiência dos vários setores do povo brasileiro, dos segmentos os mais expressivos e os menos expressivos das várias camadas sociais.

O movimento constituinte, portanto, antecede à própria instalação da Assembléia Popular. Não há Assembléia Popular que possa considerar válido o seu trabalho se antes não houver "agitação" em torno dos ideais de um novo Estado. Deve-se discutir, debater, promoverem-se reuniões; a sociedade civil deve manifestar-se, as corporações religiosas e militares devem também dar a sua palavra para que os fundamentos do novo Estado sejam amplamente discutidos no meio social e só depois a Assembléia Popular, já agora composta de representantes eleitos, possa reunir-se para redigir um documento que seja o continente com o conteúdo básico já discutido pelos vários setores sociais.

Em síntese: é preciso sensibilizar aqueles que vão, um dia, ter assento na Constituinte, mediante a discussão prévia de idéias básicas para um novo Estado.

E essa sensibilização há de iniciar-se pelo primeiro ato preparatório da Constituinte: uma comissão de técnicos.

Daí porque não se pode pensar numa Constituinte imediatamente.

A Constituinte só pode vir quando as idéias estiverem praticamente sedimentadas, a fim de que num movimento prévio o povo possa exigir daqueles que vão representá-lo uma redação adequada cuja palavra escrita seja, efetivamente, a emanação mais verdadeira do sentimento popular.

Aliás, não basta nem mesmo que se produza a Constituição como fruto desse movimento prévio e da vontade dos representantes populares.

É preciso que, depois, seja ela referendada pela manifestação nacional.

Daí, sim, teremos um texto que poderá ser duradouro porque previamente discutido, depois debatido em Assembléia representativa e, afinal, referendado por aqueles que previamente o discutiram.

Tudo indica, portanto, que uma Constituição livre, soberana, que faça surgir um Estado igualmente livre e soberano só pode legitimar-se pela via, primeiro, da discussão prévia; segundo, da redação dessas idéias por uma representação popular que também continuará, como representante, a discutir e debater o mesmo tema e, finalmente, o referendo popular, quando o povo recebe o escrito feito pelos seus representantes e aprova ou desaprova.

4. REFORMA EXIGE NEGOCIAÇÃO E BOM SENSO[5]

A maneira como vem sendo gestada a Reforma Constitucional, é preciso convir, não é das mais louváveis. A remessa pelo Executivo de suas propostas de reforma esbarra não apenas na dificuldade de não ter havido suficiente negociação com o Legislativo, mas no fato de que há um corpo de novos parlamentares desejosos de participar ativamente da discussão política, portanto, com disposição para analisar, avaliar e decidir, de maneira acurada, todas as questões pertinentes às mudanças constitucionais. O exercício da liderança partidária, nesse novo espectro, torna-se mais árduo, na medida em que terá de medir os posicionamentos das bancadas, que se apresentam bem diferentes e até conflitantes.

Louva-se e compreende-se o esforço do Governo para apressar determinadas questões, como a Reforma Econômica, por exemplo, mas seu excessivo otimismo deveria ter sido acompanhado de um leque de decisões de natureza político-partidária junto aos partidos que lhe dão sustentação. Trata-se de definir as posições e os espaços da base partidária de sustentação do Governo, dentro de uma estratégia de exercício do poder com efetiva participação na administração federal. É conveniente dizer que, nesse aspecto, o PMDB tem se pautado pela ética do respeito à filosofia do Executivo, não procurando barganhar nem mesmo exercer sua força de maior partido para impingir ao Governo decisões e ações. Mas seus parlamentares, como outros, se sentem desconfortáveis em verificar que o processo de condução da reforma vem se desenvolvendo como se o Legislativo fosse um corpo estranho ao aparato governamental.

Ao Governo também têm faltado objetividade e informações mais precisas no esclarecimento de suas propostas. Temos insistido na necessidade de melhor explicitação para os limites do conceito de flexibilização dos monopólios, por exemplo, até por achar que a questão é muito

4. Publicado em 7 de abril de 1995.

complexa e polêmica, envolve uma gama variada de interesses e qualquer detalhe menos compreendido poderá criar impasses intransponíveis. Todos sabem que a pressa é inimiga da perfeição. Temas de natureza tão conflitante deverão merecer cuidadosa e profunda análise. Nesse aspecto, aliás, é de se lamentar a imensa perda que tivemos pela oportunidade não aproveitada de abrir o ciclo da Reforma Constitucional, de acordo com as disposições da Carta de 1988. Tivéssemos iniciado o processo, a partir do quinto ano, conforme se consensua, hoje, estaríamos bem amadurecidos na análise dos pontos fundamentais e aptos a tomar decisões com taxa maior de consenso.

De qualquer forma, nem tudo está perdido e até se pode recuperar o tempo perdido, contanto que haja a devida compreensão para alguns aspectos. Primeiro, há que se ter mais modéstia. O Governo precisa atentar para o fato de que o atual Congresso quer efetivamente participar da reforma. Seu excesso de confiança deve ser substituído pela negociação, pela capacidade de diálogo, pelo bom senso, pela modéstia, pelo exercício de ouvir mais o Legislativo. Como professor, confesso que também sou instado a me aborrecer e a me surpreender quando alunos discordam de pontos e conceitos apresentados em sala de aula. O Professor Fernando Henrique, possivelmente com a melhor das intenções, encaminha os conceitos do Governo ao Parlamento e tem se mostrado desconfortável ante as reações dos parlamentares. Sabemos que as coisas que partem do Executivo recebem, de princípio, certa rejeição no Legislativo. Isso é histórico e compreensível. O importante é a conscientização de que estamos vivenciando a quadra do debate, da discussão aberta, da participação, do envolvimento dos grupos sociais. Afinal de contas, trata-se de mudar pontos fulcrais na Carta Magna.

Com esta compreensão, será possível chegarmos ao equilíbrio tão necessário para que a Reforma Constitucional não se torne refém de uma disputa de forças que apenas prejudicará o País. A sociedade brasileira espera que cada entidade que forma o Governo cumpra o seu dever com o espírito desarmado e unido pelo sentimento cívico.

5. A GRANDEZA DA REFORMA CONSTITUCIONAL[6]

Uma constituição serve ao Estado assim como o esqueleto serve ao corpo humano. Sua estrutura deve ser rígida para sustentar o corpo. Como um conjunto de princípios filosóficos, regras, poderes e funções, somados aos direitos e responsabilidades privadas, e entidade que consubstancia o esquema político das instituições do Governo e as relações entre elas e os cidadãos, uma constituição, para ser eficiente, deve incorporar características que lhe dêem permanência. Sob pena de não garantir a estabilidade das instituições e ameaçar o equilíbrio das forças sociais que lhe conferem substância.

Por acreditar firmemente nesse conceito, defendo a tese de que as reformas que estamos empreendendo na Carta Magna devem assumir caráter de durabilidade, evitando-se os casuísmos e os particularismos. Quanto mais universal e abrangente for o seu caráter, mais condições terá uma constituição de suportar a prova do tempo, sem perder sua atualidade. Uma boa constituição é aquela que recebe a consagração do tempo e da tradição. É aquela em que o povo confia e considera que lhe pertence. É a Carta Magna respeitada pela sociedade. Seria catastrófica para o País, por exemplo, uma constituição reformada, promulgada, esquecida e ultrapassada rapidamente pelo tempo. Assim como seria pernicioso para o País um programa de privatização com o objetivo exclusivo de fazer caixa. Dentro dessa mesma linha de raciocínio, não podemos deixar de considerar como casuística e extravagante uma Reforma Tributária que apenas viesse adicionar mais impostos à fileira de tributos suportados pelo setor produtivo nacional, sob a justificativa de gerar recursos para os programas sociais do Governo.

A equação do fortalecimento institucional requer elementos de estabilidade e estes, por sua vez, estão amparados em sinais claros de permanência. A transitoriedade é fugidia e gera incertezas. Os malefícios da transitoriedade se manifestam na ciclotimia das instituições, na extrema

5. Publicado em 12 de maio de 1995.

mobilidade dos agentes políticos, e no desenvolvimento de uma cultura de improvisação, inspirada por sentimentos egocêntricos e no atendimento às reivindicações de grupos e corporações. Engendra-se um círculo vicioso de pressões e contrapressões, enfrentamentos e disputas, lutas intestinas e ambições desmesuradas. E não há como fazer do transitório algo permanente. O que é transitório é passageiro. Não adianta tamparmos o sol com a peneira, buscando um misto de transitório-permanente, que, em última análise, constitui mais um casuísmo malsão.

O Congresso Nacional deve se esforçar para buscar uma ordem constitucional apropriada. Para tanto, há que deixar de lidar com o cotidiano, com o varejo, com as coisas pequenas. Temos de imprimir à nossa Constituição o espírito imutável das grandes leis e configurá-la para oferecer estabilidade, tranqüilidade, segurança e bem-estar. Seremos eficientes se formos capazes de oferecer-lhe um fio condutor que conduza a sua história ao longo dos próximos 30, 40 ou 50 anos. O Brasil precisa, hoje, de homens que projetem sua história do amanhã. O Brasil carece de homens de pensamento. Ideais acima do voluntarismo interesseiro, civismo acima do grupismo, substituição do *eu* pelo *nós*, a coletividade, devem nortear o espírito congressual nesse instante em que a Reforma Constitucional ganha ritmo e força.

Nós, políticos, temos de abrir caminhos para dar à reforma um sentido de grandeza, a grandeza da qualidade, não a grandeza da extensividade, da quantidade, da prolixidade. Grandeza que começa pela Reforma Política, priorizando-se a Reforma Partidária. Não se pode mais admitir a figura do partido-ônibus, que permite entrada e saída a qualquer político, em qualquer estação, a qualquer hora. A fidelidade partidária se impõe como norma ética, de moralização e de respeito ao povo, a quem se deve o mandato parlamentar. O fortalecimento partidário deverá ser meta prioritária para se clarificar o sistema político, tirando-o da moldura cinzenta em que se encontra e eliminando, de uma vez por todas, com os climas e posturas fisiológicas que acabam estiolando a força das entidades e a missão parlamentar.

Se começarmos a decidir, inspirados por esses sentimentos, será bem possível entendermos o momento da Reforma Constitucional como o grande momento da brasilidade e a oportunidade que o Parlamento dispõe para diminuir o espaço que há, no território, entre Estado e Nação. A Reforma Constitucional deixará de ser vista como queda de braço, e as disputas clássicas entre grupos doutrinários pelo menos não se turvarão pelo rancor e terão como convergência o amor à Pátria, a grandeza ética e o reconhecimento geral de que todos estão lutando pelos mesmos ideais, ao buscar caminhos mais seguros para a caminhada do País.

6. O TRANSITÓRIO E O PERMANENTE[7]

Uma Constituição serve ao Estado assim como o esqueleto serve ao corpo humano. Sua estrutura deve ser rígida para sustentar o corpo, já dissemos, antes. É, ela, um conjunto de princípios fixadores de poderes, funções e competências somados aos direitos e deveres, públicos e privados. É o pacto documentado definidor das relações do Governo (Legislativo, Executivo e Judiciário) e os cidadãos e das relações destes, entre si. Portanto, a Constituição, para ser eficaz, deve ser permanente, sob pena de não garantir a estabilidade das instituições e ameaçar o equilíbrio das forças sociais que lhe conferem substância.

Por isso, as reformas que estamos empreendendo na Carta Magna devem assumir caráter de durabilidade, evitando-se os casuísmos e os particularismos. Quanto mais universal e abrangente for o seu caráter, mais condições terá a Constituição de suportar a prova do tempo, sem perder sua atualidade. Uma boa Constituição é aquela que recebe a consagração do tempo e da tradição. É aquela em que o povo confia e considera que lhe pertence. Há de ser Carta respeitada pela sociedade. É catastrófico para o País uma Constituição que, promulgada, é esquecida e ultrapassada rapidamente pelo tempo. Daí porque haveremos de abandonar as medidas de natureza passageira, transitória. Regras do tipo Fundo Social de Emergência, IPMF por tempo certo não devem ser prestigiadas. O que se deve fazer nesse caso é uma Reforma Tributária, permanente, estável. Não poderemos tolerar uma Reforma Tributária que apenas adicione mais tributos à fileira de impostos já suportados pelo setor produtivo nacional sob a justificativa de que, neste momento, exemplificando, é preciso incrementar a política social do Governo. Como seria pernicioso, por exemplo, programa de privatização com o objetivo exclusivo de fazer caixa. Esta há de ser uma política de Governo e não algo transitório, episódico, circunstancial.

A equação do fortalecimento institucional requer elementos de estabilidade e estes, por sua vez, estão amparados em sinais claros de per-

6. Publicado em 8 de junho de 1995.

manência. A transitoriedade é fugidia e gera incertezas. Os malefícios da transitoriedade se manifestam no desenvolvimento de uma cultura de improvisação, inspirada por sentimentos egocêntricos e no atendimento às reivindicações de grupos e corporações. Engendra-se um círculo vicioso de pressões e contrapressões, enfrentamentos e disputas, lutas intestinas e ambições desmesuradas. E não há como fazer do transitório algo permanente. O que é transitório é passageiro.

Reafirmamos que o Congresso Nacional deve se esforçar para buscar uma ordem constitucional apropriada. Temos de imprimir à nossa Constituição o espírito imutável das grandes leis e configurá-la para oferecer estabilidade, tranqüilidade, segurança e bem-estar. Seremos eficientes se formos capazes, na reforma, de criar regras que conduzam a história do Brasil ao longo dos próximos 30, 40 ou 50 anos.

No momento em que a Reforma Constitucional ganha ritmo e força temos de abrir caminhos para dar-lhe um sentido de grandeza. A grandeza da qualidade, não a da quantidade, da prolixidade. Nela há de inserir-se ao lado das reformas da ordem econômica, a Reforma Política, priorizando a Reforma Partidária. Não se pode mais admitir a figura do partido-ônibus, que permite entrada e saída a qualquer político, em qualquer estação, a qualquer hora. A fidelidade partidária se impõe como norma ética, de moralização e de respeito ao povo, a quem se deve o mandato parlamentar. O fortalecimento partidário deverá ser meta prioritária para qualificar o sistema político, tirando-o da moldura cinzenta e dúbia em que se encontra. Partidos fortes geram instituições sólidas, duradouras, permanentes. É o que precisamos.

Se começarmos a decidir inspirados por esses sentimentos, será bem possível entendermos o momento da Reforma Constitucional como o grande instante da brasilidade e a oportunidade que o Parlamento dispõe para diminuir o espaço que há entre Estado e Nação. A Reforma Constitucional deixará de ser vista como queda de braço, e as disputas clássicas entre grupos doutrinários pelo menos não se turvarão pelo rancor e terão como convergência o amor à Pátria, a grandeza ética e o reconhecimento geral de que todos estão lutando pelos mesmos ideais, ao buscar caminhos mais seguros para a caminhada do País.

7. MUDANÇAS PARA O FUTURO[8]

A proposta de emenda constitucional sobre a Reforma Administrativa visa a introduzir inúmeras modificações na relação do servidor com o serviço público. Mas a principal é a que se refere à alteração do regime da estabilidade. Em especial porque a proposta de emenda autoriza demissões por duas novas causas não previstas no sistema atual: insuficiência de desempenho e excesso de cargos. A elas adicionam-se as já existentes: em razão de sentença judicial transitada em julgado e por prática de falta grave. É aí que as opiniões são mais controversas. E a controvérsia se resume ao seguinte: há, nesse caso, direito adquirido oponível a emenda constitucional (EC)?

Para solução desse debate é fundamental distinguir "estabilidade" de "direito adquirido". Um gera o outro, embora sejam diversos. O decurso de dois anos de efetivo exercício do servidor nomeado por concurso público dá-lhe estabilidade. Esta, por sua vez, se incorpora ao seu patrimônio jurídico. Essa incorporação é que faz nascer para o servidor o direito adquirido – que está entre os chamados direitos individuais e, por isso, considerado cláusula pétrea, imodificável até mesmo por emenda constitucional.

Já não é o caso da estabilidade, esta, sim, componente do regime jurídico do servidor público. A distinção é sutil, mas fundamental para o que vou expor. Repito: a estabilidade faz parte do regime jurídico do servidor. Não é "cláusula pétrea". Se fosse, nenhuma emenda constitucional poderia sobre ela dispor. O direito adquirido o é. Por isso, nenhuma emenda constitucional poderá alterá-lo. Sendo assim, é intuitivo que uma emenda constitucional pode estabelecer novo regime jurídico para a aquisição da estabilidade. Pode acrescentar duas novas hipóteses de perda do cargo público ou até estabelecer que certos cargos e funções, que antes geravam estabilidade, deixem de produzir esse efeito, como

---

7. Publicado em 14 de outubro de 1995.

pretende a proposta governamental, transformando cargos em empregos. Mas tudo para o futuro, ou seja, para os servidores que ingressarem no serviço após a promulgação da emenda. O regime da estabilidade, portanto, não é imutável, mas a sua modificação se projeta para o futuro. Nunca para o passado, porque aí entra em pauta o "direito adquirido", que se configurou, seja em razão do decurso do prazo, seja por outras razões constitucionais.

Feita essa distinção, procuremos saber se esse direito, assim adquirido, pode ser derrubado por emenda à Constituição. A meu ver, não. Dou os argumentos, salientando que a regra a interpretar é a que diz: "A lei não prejudicará o direito adquirido, o ato jurídico perfeito e a coisa julgada".

Muitos sustentam que a expressão "lei" se refere à ordinária apenas. A interpretação é, como se vê, literal. Adotando essa posição, chegaríamos à conclusão de que a lei complementar, o decreto legislativo e as resoluções congressuais podem violar o direito adquirido.

A emenda constitucional é "lei" no sentido de "ato normativo". Tem apenas maior força (eficácia) que as demais. Mas, tal como os demais atos normativos, submete-se à Constituição. É ato subordinado, secundário, subsidiário, subalterno da Lei Magna. Portanto, obediente a ela. Se violar direito imutável, será declarada inconstitucional. Dá-se-lhe o nome de emenda à Constituição para diferenciá-la da lei ordinária, assim como se faz com a lei complementar, o decreto legislativo etc. São "palavras" destinadas a promover a adequada comunicação entre os indivíduos. Ou seja, se falo em emenda, estou fornecendo ao interlocutor a dimensão exata desse instrumento legislativo (3/5 de votos para aprovação etc.); se falo em lei ordinária, da mesma forma (maioria simples para aprovação, etc.). A diferença está na dimensão dos efeitos produzidos no mundo jurídico: as emendas, se constitucionais, têm efeito mais amplo que as leis, decretos legislativos, resoluções. São todos, inclusive as emendas à Constituição, "lei" a que se refere a Carta no artigo 5º, XXXVI.

Se admitirmos violação do direito adquirido por emenda constitucional, haveremos de admiti-la para desfazer "atos jurídicos perfeitos" e "coisa julgada". São institutos igualados pela Constituição.

Tramita no Congresso proposta de emenda constitucional que muda o sistema previdenciário. Jamais ouvi dizer que contribuinte que completou 35 anos de serviço não tenha adquirido direito à aposentadoria, embora venha a mudar o sistema. Estabilidade é direito que também se alcança pelo decurso do tempo: dois anos de estágio probatório.

O art. 17 das Disposições Transitórias determinou que vencimentos, remuneração, vantagens e adicionais percebidos em desacordo com os tetos salariais estabelecidos na Constituição deveriam ser imediatamente reduzidos, "não se admitindo, neste caso, invocação de direito adquirido (...)". Ora, se até mesmo o constituinte originário, cujo poder é supremo, podendo dispor como bem entender sobre tudo, a nenhuma norma anterior se submetendo, fez questão de impedir aquela invocação, é porque direitos foram adquiridos sob o império da Constituição anterior. Para que não se pudesse invocá-lo foi preciso norma expressa. Se é assim, como compreender que emenda constitucional, fruto do Poder Constituinte derivado, possa impedir aquela invocação?

Tenho ciência de que acórdãos do Supremo Tribunal Federal, antes de 1988, quando os direitos individuais não eram cláusulas pétreas, inadmitiam a tese aqui sustentada, mas um recente, produzido sob a Constituição atual, pelo plenário do STF, diz: "Uma Emenda Constitucional emanada, portanto, de constituinte derivada, incidindo em violação à Constituição originária, pode ser declarada inconstitucional pelo STF, cuja função precípua é de guarda da Constituição" (Ação Direta de Inconstitucionalidade 939-7-DF, rel. Min. Sidney Sanches). Assim, a proposta governamental pode ser aprovada para projetar seus efeitos para o futuro, não atingindo os servidores que já são estáveis. Não há necessidade de incluir no texto da proposta a norma que exclui de sua incidência os atuais servidores. A meu ver, basta interpretá-la. Se incluirmos, agora, disposição dessa natureza, teremos de fazê-lo em todas as próximas emendas constitucionais. Afinal, já há previsão do direito adquirido na Constituição. Não é preciso reafirmá-lo.

Até aqui, busquei fazer interpretação jurídica, mas tenho sugestão administrativa: se União, Estados, DF e Municípios precisam enxugar suas máquinas administrativas, devem aplicar a Constituição vigente: 1) recadastrem os servidores – fantasmas e os de duplo emprego aparecerão; 2) demitam os não-estáveis. Afinal, quem ingressou no serviço público após 5.10.1993 (menos de cinco anos antes da Constituição de 1988), sem concurso público, estável não é; 3) aplique-se o art. 37, XI, conjugado com o art. 17 das Disposições Transitórias. Um fixa teto remuneratório, o outro manda reduzir aos tetos a remuneração excedente. São medidas racionalizadoras que independem da Reforma Administrativa.

8. EMENDA CONSTITUCIONAL E DIREITO ADQUIRIDO[9]

Foi aprovada, na Comissão de Constituição e Justiça, a Reforma Administrativa. Seu ponto básico, fundamental, é o da estabilidade. A decisão da CCJ é o apito do juiz para que a partida tenha início. Há, ainda, longo caminho a percorrer. Comissão Especial, com 40 sessões para deliberar (60 dias mais ou menos), votação no Plenário da Câmara e, depois a mesma tramitação no Senado Federal. Supondo-se, contudo, que se mantenha a quebra da estabilidade, em todas essas fases, subsistirá a pergunta: aplica-se ela, ou não, aos atuais servidores estáveis?

A solução dessa matéria, promulgada a Emenda, caberá ao Poder Judiciário. Deixa de ser política para ser jurídica. Convém incentivar esse debate, ao qual pretendo dar modesta contribuição, indagando: afinal, qual a exata dimensão do instituto chamado "direito adquirido"? Servidores públicos, sujeitos como são a um regime jurídico administrativo, podem adquiri-lo? Se podem, é o direito assim obtido eliminável por Emenda à Constituição?

Para responder a essas questões, é preciso enfrentar uma prévia: por que as Constituições novas colocam entre os direitos individuais a regra tradicional "a lei nova não prejudicará o direito adquirido, o ato jurídico perfeito e a coisa julgada"? É para manter a continuidade e a estabilidade da ordem social. As relações entre os indivíduos e destes com o Poder Público são determinados e resolvidos pelas normas legais. A ordem jurídica é determinante da ordem social. Para não submeter a sociedade à permanente instabilidade é que as pessoas incorporam ao seu patrimônio um dado direito, em caráter definitivo (direito adquirido); atos negociais, contratuais, se aperfeiçoam, em definitivo (ato jurídico perfeito) e decisões sobre litígio são tomadas em definitivo pelo Judiciário (coisa julgada).

8. Publicado em 23 de novembro de 1995.

O objetivo do Direito, afinal, é buscar, pelo conhecimento que todos têm das "regras do jogo" social estabelecidas na Constituição, a harmonia entre os homens e as instituições. Não fosse assim, a cada nova norma legal, contratos seriam desfeitos (milhares); decisões judiciais já executadas seriam anuladas; direitos já adquiridos seriam desmontados. Seria necessária nova e imensa estrutura administrativa para dar outra forma àquilo que foi desfeito. Esta, portanto, a razão lógica para a existência da norma que estamos comentando.

Evidentemente, não estamos cuidando de tais institutos em face de uma Constituição nova. Esta tudo pode fazer. Ao criar novo Estado, poderá dizer que o Brasil é Estado Unitário e não Federal; Monarquia e não República; preserva ou não o direito ao voto; arrola ou não os direitos individuais. Enfim, que o vermelho, será, juridicamente, branco. Tudo porque é um Poder Originário, criador. Por isso, em face da Constituição originária não podem ser invocados aqueles direitos, embora as Constituições novas procurem preservá-los, atentas, sempre, à continuidade histórica das relações sociais. Entretanto, o que foi estabelecido por esse Poder Originário se submete ao quanto ele mesmo dispôs. Aqui, entram as duas questões subseqüentes que colocamos. Primeira: o servidor público tem direito ao regime jurídico sob o qual ingressou no serviço público? A resposta é negativa. A relação do Estado com o seu servidor coloca aquele em situação de preeminência. O funcionário submete-se às regras que o Estado estabelecer independentemente da vontade do servidor.

A estabilidade, por sua vez, faz parte do regime jurídico do servidor? Respondo que sim e, por isso, adiciono que o regime para aquisição da estabilidade pode modificar-se. Assim como o regime para aquisição de aposentadoria, de férias, licença-prêmio, contagem de tempo etc. No geral, o servidor público civil adquire direito em razão do decurso de um tempo determinado. Aposentadoria, estabilidade, férias etc. estão ligados à passagem do tempo. Os dois primeiros, aliás, têm nível constitucional (arts. 40 e 41). Decorrido o prazo previsto constitucionalmente, o servidor adquire o direito de aposentar-se ou adquire o direito à estabilidade. Alguém que esteja em estágio probatório, nos dois anos necessários à aquisição da estabilidade, por exemplo, não pode invocar esse direito sob o fundamento de que prestou concurso quando em vigor certo regime jurídico. Precisamente porque não tem direito ao "regime jurídico". Tem-no, entretanto, quem cumpriu o lapso temporal necessário para aquisição de um direito. Daí porque insisto na diferenciação entre "regime jurídico" (estabilidade, aposentadoria) e "direito adquirido". São institutos diversos aos quais o intérprete deve prestar atenção.

Finalmente, sabendo-se que o servidor público, como todos, também "adquire" direitos, pergunta-se: Emenda Constitucional pode violá-lo? Pode estabelecer que o servidor já estável, não mais o é? Afinal, o que é a Emenda à Constituição?

No dia 14 de outubro, em artigo publicado nestas páginas, escrevi que a emenda constitucional é lei no sentido de ato normativo. Tem apenas maior força (eficácia) que as demais. Mas, tal como os demais atos normativos, submete-se à Constituição. Dá-se-lhe o nome de emenda à Constituição para diferenciá-la da lei ordinária, assim como se faz com a lei complementar, o decreto legislativo etc. São "palavras" destinadas a promover a adequada comunicação entre os indivíduos. Ou seja, se falo em emenda, estou fornecendo ao interlocutor a dimensão exata desse instrumento legislativo (3/5 de votos para aprovação etc.); se falo em lei ordinária, da mesma forma (maioria simples para aprovação etc.). A diferença está na dimensão dos efeitos produzidos no mundo jurídico: as emendas, se constitucionais, têm efeito mais amplo que as leis, decretos legislativos, resoluções. São todos, inclusive, as emendas à Constituição, "lei" a que se refere a Carta, no artigo 5º, XXXVI.

Ainda que não fosse assim – conheço acórdãos do Supremo Tribunal Federal, produzidos antes da Constituição de 1988, inadmitindo direito adquirido contra emenda constitucional – a interpretação, hoje, há de ser diversa. O Direito, retratado na Constituição Federal, não se resume a uma norma ou a conjunto delas. Trata-se de um "sistema" de normas. Por isso, na interpretação há de se considerar todo o sistema montado. E nele, hoje, diferentemente das Constituições anteriores, "direitos individuais" são cláusulas imodificáveis, pétreas. Entre os individuais, está o direito adquirido. Não há como interpretar esse tema, atualmente, sem levar em conta essa nova realidade. Muitas e muitas vezes, ouço dizer que o "direito adquirido", como instituto, não pode ser eliminado do Texto Constitucional, porque petrificado. Mas os direitos adquiridos pelos indivíduos, dizem, podem ser anulados por emenda constitucional. Sendo assim, Emendas Constitucionais poderiam identificar e cancelar todas as espécies de direitos já adquiridos. Subsistiria, incólume, o Texto Constitucional, mas inoperante o instituto do "direito adquirido". O exemplo, absurdo, evidencia a inadequação do argumento.

9. A CONSTITUIÇÃO E O REFERENDO POPULAR[10]

Se o ideal é inatingível trabalha-se com o possível. Mas o melhor dos possíveis. O ideal seria a Constituinte exclusiva. Uma Câmara de representantes que elabore a nova Constituição. Que constitua o novo Estado. Encerrado seu trabalho, seriam eleitos representantes para a legislatura ordinária. E os constituintes voltariam para os seus afazeres anteriores. Ou se submeteriam a nova eleição, segundo os padrões fixados pela nova Carta. Não se correria o risco de pré-condicionar a Assembléia Constituinte. Eleitos Deputados Federais e Senadores para executarem a tarefa constituinte, supõe-se, (mais, obriga-se) que o sistema novo seja, necessariamente, bicameral. Quando se sabe que a Constituinte é soberana essa limitação é despropositada. Isto porque, em tese, a Constituinte pode estabelecer sistema bicameral, unicameral, tricameral etc.

Mas isso já passou. O ato convocatório da Constituinte (impropriamente denominado Emenda à Constituição) ganhou eficácia plena e está em vias de aplicação definitiva. Sendo assim, é preciso procurar fazer, nesse tema, o melhor dos possíveis. Tudo para assegurar a legitimidade da nova sociedade estatal. Para que haja perfeita consonância entre a vontade do povo, titular do Poder Constituinte, e o produto do trabalho de seus representantes, a Constituição. Que os fatores formais de poder (expressos na Constituição) sejam conformes aos fatores reais de poder (a vontade popular).

Por tudo isso, impõe-se atentar que a criação do novo Estado brasileiro passa por três fases distintas. E indispensáveis. A primeira é a que estamos vivendo. Chamemo-la pré-constituinte. É o instante do grande debate nacional, que deve existir e ser incentivado. É o momento em que vários segmentos sociais debatem o conteúdo da nova Constituição. Como deve ser a sociedade, qual a melhor estrutura, quais suas reais finalidades, o que fazer para atingi-las, como exercitar o poder, quais

9. Publicado em fevereiro/1996.

os mecanismos de participação popular, como controlar a atividade do governante, como relacionar o capital e o trabalho e tantos outros. Disto participam – e devem ainda participar – os estudantes, empresários, comerciantes, militares, eclesiásticos, operários, homens do campo, donas de casa. Em síntese: todos os que representam o pensamento da nação, em nome de quem e para quem o novo Estado vai ser criado.

A segunda fase é aquela em que os representantes (Deputados e Senadores), já eleitos, irão redigir o Texto Constitucional. Serão redatores da vontade nacional. Não, como mandatários, de captar as aspirações dos mandantes dando-lhes corpo. Concretizando-as em regras escritas. Há, nesse momento, uma subordinação da atividade do representante ao desejo daquele que o escolheu. Falamos, aqui, da vontade geral. Não da vontade de todos, como lembra Rousseau. A vontade geral é a média do pensamento popular. Manifestada majoritariamente. Não é a unanimidade, mas significa a maior parcela. É a esta que o representante se subordina. Se ele não converte em norma imperativa o sentimento majoritário nacional há descumprimento do mandato recebido.

Tratando-se de nascimento do novo Estado, o povo não pode correr esse risco. Daí a indispensabilidade da terceira e principal fase do processo constituinte. É a do referendo popular. Não é improvável (milhares de vozes já se manifestam) que se verifique descompasso entre o querer do representado e o trabalho do representante. A Constituição não é, como visto, produto da vontade dos constituintes, mas da dos representados. Por isso, o produto da Assembléia Constituinte há de submeter-se (em face da subordinação antes relatada) à aprovação popular. Disposição transitória da nova Constituição fixará seu referendo no prazo de noventa dias após a publicação. As partes a serem referendadas, por sua vez, serão aquelas sobre as quais houve divergência na Assembléia Constituinte. Utilizar-se-á a figura do destaque. Serão destacadas para apreciação popular aquelas matérias para as quais assim o requeira 1/5 dos membros da Constituinte. Há questões sobre as quais não haverá divergência (Federação, República, por exemplo). Porém, sobre outras já se põem opiniões diversas (parlamentarismo, presidencialismo, ordem econômica e social, por exemplo).

Cada eleitor receberá em seu endereço a nova Carta Constitucional com os trechos destacados. O recadastramento eleitoral facilitará essa tarefa. Novos debates e campanhas populares surgirão ao longo desses noventa dias antecedendo o referendo. Aprovado ou desaprovado os textos postos à apreciação. Às partes destacadas o povo dirá sim ou não. Se prevalecer o sim considera-se promulgada a nova Constituição. Se prevalecer a negativa, o texto voltará à Assembléia Constituinte para que, de seu trabalho resulte, a final, a desejada consonância com a vontade dos eleitores. Não se argumente com os custos desse empreendimento eleitoral. Um País que se deu ao luxo de usinas nucleares e tantas outras obras descomunais (e, muitas vezes, contestadas) não pode sonegar ao povo a oportunidade de dizer, agora, pela via direta, qual é o País em que quer viver.

10. A REFORMA E O MOMENTO HISTÓRICO[11]

A margem de eficiência da Reforma Constitucional, que começamos a discutir no Congresso Nacional, além das indispensáveis negociações com os partidos políticos para balizamentos doutrinários e programáticos, vai depender, ainda, da necessária compreensão, pelos parlamentares, do contexto histórico em que ela se insere. A reforma faz parte de um processo que se instaurou no País a partir da Constituição de 1988 e, portanto, não pode e não deve ser considerada como um evento isolado, compartimentalizado, instrumentalizado à margem de uma sucessão de ocorrências de natureza sociopolítica.

Em primeiro lugar, cabe lembrar que o fator determinante de uma modificação constitucional é uma ação de natureza política, que atende às exigências e circunstâncias de um momento histórico. Países de cultura política não de todo desenvolvida se defrontam com o desafio permanente de compatibilizar os interesses da sociedade ao sistema jurídico-normativo e de modernizar suas instituições, tornando-as aptas a promover as reformas sociais e econômicas pela ação do Estado. A necessidade de mudar valores e padrões de comportamento, expandir programas sociais, fortalecer a instituição pública, racionalizar as estruturas de autoridade, criar e tornar as organizações funcionais, substituir critérios subjetivos por critérios de desempenho, promovendo distribuição mais eqüitativa dos recursos materiais e simbólicos entre os grupos sociais é que pode justificar uma reforma constitucional.

Dentro desse conceito, procurou-se formatar a Constituição de 1988. Aquele momento histórico descortinava horizonte institucional, que podemos chamar de ciclo da cidadania. Todas as camadas da sociedade brasileira, algumas mais e outras menos organizadas, ansiavam por ampliar os seus direitos. A meta foi cumprida. Tanto os direitos sociais quanto os individuais foram ampliados. Procurou-se, também, estender o

10. Publicado em 20 de abril de 1996.

sentimento de nacionalidade a outros conceitos, o que explica a idéia de empresa nacional, por exemplo. A idéia de participação foi intensamente desenvolvida, daí advindo os instrumentos do plebiscito, do referendo, da iniciativa popular, com a possibilidade dos munícipes controlarem e impugnarem as contas públicas, mesmo que aprovadas pelos Tribunais de Contas e pelo Legislativo.

Na Constituição de 1988, muita coisa foi jogada para as leis, a ordinária e a lei complementar. Também se cuidou para que os avanços constitucionais tivessem eficácia plena, ou seja, que não ficassem dependentes permanentemente de legislação regulamentar. Por isso, surgiram institutos como a ação direta de inconstitucionalidade por omissão e o mandado de injunção. O momento cívico de 1988 esteve atento, ainda, ao fato de que muitas das normas deveriam assumir caráter de aplicação prática, o que deu origem, entre outras questões, à decisão sobre o fortalecimento do Município e à readequação federativa, por meio do fortalecimento dos Estados.

E o constituinte foi previdente. Para corrigir futuras distorções e ajustar posições, previu-se a Revisão Constitucional, para ser utilizada a partir de cinco anos da vigência da nova Constituição. Fez-se essa tentativa, no quinto ano, porém de maneira apressada, porque não havia clima para a revisão constitucional naquela quadra. É oportuno lembrar que a revisão podia ser feita até pelo modo mais facilitado, por *quorum* de maioria absoluta e por sistema unicameral. Conclui-se, portanto, que as condições políticas não eram propícias à revisão, já que não se quis nem mesmo utilizar-se da via facilitada para a modificação constitucional.

Hoje, a situação é bem diferente. O Presidente Fernando Henrique coloca à discussão do Congresso teses e posições que defendeu em sua campanha, tendo sido algumas delas, diga-se, até questionadas durante o momento revisional. Alguns sustentaram que teriam sido legitimadas pela vontade social, porquanto passaram pelo referendo eleitoral. O País, por outro lado, respira novo ambiente econômico e político, carecendo de um reordenamento constitucional, como forma de preservar a estabilidade econômica e garantir a própria governabilidade.

O novo patamar histórico, que carrega em seu bojo um Congresso recém-eleito, está a exigir, assim, um programa para consolidar o Plano Real e salvar setores fundamentais, como a Previdência Social. As teses estão sendo lançadas, muita coisa está amadurecida, e o Parlamento há que se colocar acima dos grupos, das querelas partidárias, dos interesses regionais ou setoriais. Abrimos o ciclo do grande debate nacional e nele os particularismos devem ceder lugar à vontade coletiva. É claro que haverá divergências. Mas as divergências, nos sistemas democráticos, quando colocadas a serviço das grandes causas, costumam promover a convergência.

Os partidos, o governo, os grupos, as regiões, os líderes e outras representações sociais devem balizar seu comportamento e suas decisões por ideal do bem-estar social, do desenvolvimento, da justiça e da liberdade. O Governo, que é exercido pelos Poderes Executivo, Legislativo e Judiciário, há que julgar e agir sob a inspiração dos interesses da sociedade. Reformas que não se guiarem por este compromisso serão rejeitadas. Reformas que atenderem à meta do desenvolvimento social e econômico certamente serão aprovadas. Esta é a nossa crença.

11. LEGISLAÇÃO PASSADA A LIMPO[12]

A decisão de instalar uma Comissão Especial na Câmara dos Deputados para consolidar e uniformizar leis infraconstitucionais conflitantes, anacrônicas ou repetidas busca, em primeiro lugar, municiar a Justiça com instrumentos mais eficazes e ágeis para exercer seu trabalho em benefício de um número maior de brasileiros.

Atualmente, grande parte das causas, por conta dessa sobreposição de leis, permite infinitos recursos, penalizando quem necessita ser justiçado e beneficiando o culpado. Esta realidade resulta em altos índices de impunidade, rechaçados pela sociedade e pela própria Justiça. É neste descompasso jurídico que a Comissão Especial da Câmara dos Deputados pretende atuar, reduzindo conflitos, aumentando a transparência e fortalecendo a cidadania.

Um dos setores onde se constata maior número de discrepâncias legais é o financeiro. Em alguns casos, podemos detectar a existência de normas conflitantes que, muitas vezes, chegam a usurpar a competência do Congresso Nacional. Em outros, falta regulamentação em torno de instituições como bancos múltiplos, corretoras de títulos e valores mobiliários e das empresas de *factoring*. Ao longo dos trabalhos da Comissão Parlamentar de Inquérito dos Títulos Públicos, ficou comprovada a defasagem da Lei 6.024/1974, que trata da intervenção e liquidação das instituições financeiras, dando margem à impunidade. Afora isto, há outras seis leis que se chocam e se sobrepõem à área do sistema financeiro.

Por ser um trabalho que vai além da minha gestão à frente da Câmara dos Deputados, é importante que toda a sociedade civil organizada pressione para o desenvolvimento e conclusão dos Trabalhos.

11. Publicado em 5 de abril de 1997.

12. INATIVOS E DIREITO ADQUIRIDO[15]

A questão mais polêmica na Reforma da Previdência diz respeito à tributação dos inativos. Os debates que já se travam, com forte possibilidade de baterem às portas do Supremo Tribunal Federal, abrigam componentes de natureza política e de natureza jurídica. Sobre os primeiros, o primado se volta para a necessidade de o Estado administrar as suas necessidades contábeis, chegando a esboçar um modelo que permita garantir a saúde financeira da Previdência. Trata-se, portanto, de uma abordagem pragmática que alicerça a própria governabilidade. Já as determinantes de fundo jurídico estão a merecer análise mais cuidadosa, porque decisões em sua esfera terão seguramente efeitos impactantes sobre a ordem constitucional do País. Sem querer eximir-me da análise do primeiro grupo de fatores, opto por uma abordagem contemplando facetas de natureza jurídica, na crença de que estas carregam fundamentação mais substantiva, acarretando extraordinário debate sobre a esfera constitucional brasileira.

Feita a ressalva, tentemos responder à pergunta: os inativos podem sofrer descontos nos seus proventos pela instituição da contribuição previdenciária?

A resposta comporta, preliminarmente, averiguar se os inativos já têm assegurado esse direito. Há ou não há esse direito?

O debate parte de premissa equivocada quando impõe o argumento do direito adquirido como fonte única a justificar a impossibilidade daquela cobrança. Na verdade, a razão é outra. A aposentadoria constitui ato jurídico perfeito. O que é, então, esse instituto? É um ato que se aperfeiçoa, se integraliza, se faz inteiro, se consolida, se completa, se perfaz, debaixo de uma ordem normativa vigente, de uma legislação aplicável naquele instante. Por isso, ele é chamado de ato jurídico perfeito. Aperfeiçoa-se rigorosamente segundo os ditames legais vigentes. O ato assim

12. Publicado em 16 de junho de 2003.

nascido se incorpora ao patrimônio jurídico de quem dele se beneficia, adquirindo o beneficiário, agora sim, um direito definitivo. É como se fosse uma fotografia. A máquina fotográfica flagra determinada cena que, em face do flagrante fotográfico, se eterniza, perenizando aquela imagem. É claro que a foto pode ser alterada, mas ela será, sempre, a alteração, ou seja, uma adulteração, uma violação à imagem captada em determinado instante temporal.

Mesmo que os métodos de adulteração sejam considerados os mais modernos tecnologicamente concebíveis, a idéia de violação da imagem pré-flagrada continua existindo. Assim é o ato jurídico perfeito. Deve ele subsistir indene, intacto, tal como foi "fotografado" pela ordem jurídica vigente quando se consolidou. Qualquer mudança desse ato é modificação, é violação da coisa então consolidada, tornando-a imperfeita. Assim como hoje se pretende cobrar contribuição de 11% aos inativos, poder-se-á, no futuro, fazer uma cobrança de 40 ou 50%, a título de contribuição. Levando-se às últimas conseqüências este exemplo, é lícito supor que se, por meio de emenda constitucional, pode ser alterado o ato jurídico da contribuição, também poderá ser mudado o próprio ato jurídico perfeito da aposentadoria, determinando que todos os aposentados retornem à atividade para prestar mais 10 anos de serviço.

O exemplo, *ad terrorem*, evidencia o absurdo de qualquer violação do direito que nasceu no momento em que determinado ato jurídico se completou. Portanto, no caso de aposentados, não é o direito adquirido que deve ser invocado, inicialmente, e, sim, o ato jurídico perfeito da aposentadoria, do qual nasceu, secundariamente, o direito imodificável do inativo. Ou seja, este se origina daquele.

Outra questão a ser enfrentada se relaciona àqueles que se aposentaram por força de decisão judicial transitada em julgado, ocasião em que a sentença poderá ter determinado os valores a serem recebidos pelo inativo. Como, nesse caso, poderá a nova lei violar a causa julgada?

Aliás, institutos como o direito adquirido, o ato jurídico perfeito e a coisa julgada destinam-se a preservar a estabilidade das relações sociais. O Direito existe para que os indivíduos, no pacto social que constituíram, saibam quais são as "regras do jogo" em todas as relações pessoais, sejam civis, comerciais, tributárias, familiares etc. Os institutos já mencionados visam a impedir que os componentes do pacto (o povo) sejam surpreendidos por modificações das "regras do jogo", depois que certos direitos já foram consolidados. Tratando-se de ato jurídico perfeito, ele é imodificável por lei ou por emenda constitucional, já que faz parte dos Direitos

Individuais catalogados em cláusula pétrea, nos termos do art. 60, § 4º, da Constituição Federal.

No passado, quando estes argumentos não chegaram ao meu raciocínio, cheguei a admitir a cobrança previdenciária aqui comentada. Quando o argumento se ancorava apenas na tese do "direito adquirido" não havia como sustentar a não tributação do inativo. O servidor adquiria o direito à aposentadoria, mas não à imunidade no tocante aos seus proventos. Com o argumento do "ato jurídico perfeito" modifica-se o quadro interpretativo. Com isto, presto serviço à governabilidade do País, ao buscar evitar que a Constituição seja descumprida, levando milhares de ações ao foro judicial.

Outro argumento usado para autorizar a instituição da contribuição previdenciária dos inativos é o de que a Constituição alude ao impedimento para a "lei" alterar aqueles institutos, e que, em função disso, o caminho adotado é o da modificação por Emenda Constitucional. Trata-se de outra polêmica que envolve saber o que é Emenda Constitucional. Mas esse é um tema que carece nova abordagem. Voltaremos a discuti-lo.

13. A CONSTITUCIONALIDADE DA EMENDA[16]

Tenho sustentado, baseado no instituto do ato jurídico perfeito, a tese da impossibilidade de tributar os atuais inativos. Disse até que a simples invocação do direito adquirido não seria suficiente para impedir a cobrança da contribuição, já que se adquire o direito à aposentadoria pelo decurso de prazo temporal, mas não se adquire o direito à imunidade após a aposentadoria. Ao que me parece, apenas aquele argumento tem sido levado ao Supremo Tribunal Federal. O argumento do ato jurídico perfeito, entretanto, é o que impede a cobrança.

Aqueles que sustentam tese contrária invocam, contudo, outro argumento: o instrumento legislativo que não pode alterar o direito adquirido, o ato jurídico perfeito e a coisa julgada é a lei. E não emenda à Constituição que, em sua opinião, tudo pode modificar. Impõe-se, por isso, saber qual é a natureza jurídica da emenda constitucional. É espécie normativa não classificável como "lei"? É lei no sentido lato do termo? A resposta a tais indagações implica reflexão sobre o conceito de Constituição, na medida em que esta assim se demonstra, porque objetiva a estruturar, a "constituir" o Estado. A Constituição é a "Lei Maior", a "Lei Magna" a que aludem os doutrinadores. A partir deste conceito, procurarei desenvolver uma argumentação sobre o tema.

Primeiro, cabe observar que tais expressões passam a ser sinônimas do vocábulo "Constituição", quando, rigorosamente, haveria de ser o contrário. Tanto a Constituição é Lei Maior que todos os demais atos normativos não podem contrariá-la. Daí o instrumento do "controle da constitucionalidade", que nada mais é do que a verificação da compatibilidade da "lei menor com a Lei Maior". Se a Constituição é "Lei" Maior, só projeto de lei, que, no caso, é "menor" (por estar subordinado aos preceitos maiores), poderá modificá-la. Somente lei modifica ou revoga lei, ainda que seja o caso da Lei Maior.

13. Publicado em 3 de julho de 2003.

Como se trata, entretanto, de modificação da lei superior, o processo de sua produção é diferenciado. Estabelecem-se certas dificuldades procedimentais não encontráveis nas situações de produção de leis comuns. Iniciativa de dois terços de Deputados ou Senadores, votação em dois turnos, na Câmara e no Senado, aprovação por maioria qualificada de três quintos dos votos de cada Casa Legislativa são exigências reveladoras da importância dessa espécie normativa, inexigíveis no caso das leis "menores". Daí por que se a denomina, didaticamente, emenda à Constituição: pela singela razão de que, por seu intermédio, objetiva-se a modificação estrutural do Estado brasileiro.

As espécies normativas obedecem ao critério de precisão da linguagem para que as pessoas possam se comunicar. Por isso, uma espécie normativa é rotulada de lei ordinária; e a outra, de lei complementar. Tudo para que o nosso interlocutor saiba que a primeira é aprovável por maioria "menor" (maioria simples) e a outra, por maioria "mais ampla" (maioria absoluta). Outra espécie normativa é chamada de decreto legislativo, que, no dizer de Pontes de Miranda, é a "lei que não demanda sanção do Presidente da República". Outra se chama resolução, que é a lei que veicula o trato de competências privativas das Casas do Congresso Nacional. Assim também é a emenda à Constituição. É lei. Especialíssima, como destacado, porque visa a modificar a Constituição.

Tudo o que se disse busca ressaltar a expressão "lei" do art. 5º, § XXXVI, que é usada em seu sentido amplo, compreendendo todas as espécies normativas do art. 59 da Constituição Federal. Toda essa interpretação sistêmica é avalizada literalmente pela Constituição. No seu art. 102, I, "a", está dito que compete ao STF processar e julgar, originariamente, a ação direta de constitucionalidade de lei ou ato normativo federal ou estadual e a ação declaratória de constitucionalidade de lei ou ato normativo federal. Não está determinada a competência para julgar a inconstitucionalidade ou constitucionalidade de emenda à Constituição e ninguém questiona a possibilidade de ações declaratórias em relação às emendas constitucionais. Há centenas delas.

Quando esse artigo alude à "lei", portanto, está mencionando todas as espécies catalogadas no art. 59 da Lei Magna; quando menciona ato normativo, está se referindo a resoluções dos tribunais e até mesmo a decretos executivos ou portarias. Basta que veicule normas gerais e abstratas, de acordo com o que já decidiu o STF. Pensar de outra maneira seria imaginar que o Poder Constituinte Originário está em permanente atividade, sendo o seu veículo a emenda constitucional, que tudo poderia alterar, o que é um equívoco interpretativo gravíssimo. Ficaria desequilibrada a organização social pela instabilidade da ordem jurídica. Nada e ninguém pode se sobrepor à Constituição, lei maior emanada da soberania popular, que estabeleceu, ao se manifestar, as regras permanentes do "jogo" social. Assim, seja pela interpretação sistemática, seja pela interpretação literal, as emendas constitucionais (leis no sentido lato) submetem-se ao controle da constitucionalidade no STF. Que é para onde deve ir a emenda constitucional que tributará os inativos, caso seja aprovada.

VI
DESENVOLVIMENTO NACIONAL

1. ESTABILIZAÇÃO "VERSUS" DESEMPREGO[1]

O controle da inflação é dever fundamental de todo governo. Significa sempre a possibilidade de estabilidade, do equilíbrio das relações entre os indivíduos e da possibilidade deles se organizarem para o presente e para o futuro. É imperativo de toda e qualquer sociedade democrática buscar essa estabilização, que começa na esfera econômica. No entanto, é preciso saber sempre quais são os custos dessa estabilização. Não se pode, a título de manter o controle da inflação, onerar outros setores, especialmente categorias que buscam com o seu trabalho o desenvolvimento do País.

No quadro atual, estamos assistindo a um grande esforço do Governo e do Congresso Nacional no sentido de manter o controle da inflação, a estabilidade do Plano Real. Torna-se igualmente necessário buscar alternativas que não incorram no erro da dosagem, levando o remédio a matar o paciente. A medida certa entre os dois extremos está na retomada do desenvolvimento no País e, conseqüentemente, na criação de novos postos de trabalho. Se a retomada implicasse em gerar um mínimo de inflação, mesmo assim não deveria ser descartada. A melhor forma de governar e equacionar os problemas da Administração Pública é passar pelo meio termo, o equilíbrio, a temperança. Não se pode exacerbar, levando a solução de um problema a gerar inúmeros outros. Acredito ser este o diagnóstico mais coerente que se pode fazer sobre o Plano Real. O controle da inflação está gerando problemas sobre os quais há muito discurso e poucas medidas práticas. Desta forma, a solução vai sendo protelada.

Um exemplo bem prático do problema pode ser detectado no setor calçadista em todo País. Numa visita à cidade de Birigui, pude constatar a angústia dos habitantes e dos governantes diante do fechamento de mais da metade das indústrias de calçados e do desemprego de 10 mil trabalhadores. O Município se ressente da crise até em nível populacional. Muitas

1. Publicado em 24 de março de 1996.

pessoas vão buscar emprego em regiões vizinhas e deixam a cidade. E, geralmente, o único trabalho que encontram é o informal, sem carteira assinada, sem benefícios sociais, sem direitos trabalhistas. Essa precarização do trabalho acaba gerando muita instabilidade nos indivíduos e em suas famílias.

Tal situação é o reverso da estabilidade trazida pelo Plano Real. Quando o cidadão tem seu emprego com um salário fixo determinado, ele pode planejar sua vida. O emprego informal, ao contrário, é extremamente transitório, não permitindo a almejada estabilidade. Quando a Imprensa ou uma autoridade afirma que um desemprego gera muitos empregos está tratando o problema sem a dimensão e profundidade necessárias. O fato de um industriário ou um bancário ter perdido o emprego e aberto um negócio de doces de fundo de quintal, necessitando contratar cozinheiras, não deve ser louvado como o melhor dos mundos. Essa realidade prova que a qualidade do emprego está caindo, gerando pior qualidade de vida e de divisão de riquezas no País, cujo quadro atual já é grave.

O sucesso do Real e do controle efetivo da inflação não pode custar uma crise social, trazida pelo desemprego. A política dos juros altos tem inibido o consumo, incentivado a especulação e vem deprimindo o setor produtivo e limitando a criação de novos postos de trabalho. Se, para enfrentar a competitividade internacional, temos de enviar os operários novamente para a escola, onde serão capacitados a lidar com a tecnologia, não se pode condenar metade da população economicamente ativa do País, atualmente estimada em 30 milhões de brasileiros, a viver nos subterrâneos do mercado de trabalho. E, conseqüentemente, sem perspectivas de trabalho no futuro.

2. URGE RETOMAR O DESENVOLVIMENTO[2]

Há um consenso em torno de uma formidável redistribuição de renda provocada pelo Real. As camadas mais pobres da população foram amplamente favorecidas, principalmente por meio de acesso à cesta básica de alimentos, hoje reconhecidamente mais barata. O que pode haver é alguma divergência em torno dos números. Ninguém tem dúvidas, porém, sobre o efeito positivo do Plano Real para o conjunto da sociedade. Agora, precisamos voltar toda a atenção para outro eixo, que está a merecer prioridade absoluta do Governo: o eixo do desenvolvimento.

A retomada do desenvolvimento inspira o Programa de Metas do Governo Federal, voltado para fomentar a atividade produtiva e aumentar a taxa de emprego. As mudanças que se operam na sociedade assalariada exigem programas sólidos no campo da multiplicação das posições de trabalho, a fim de atenuarmos os efeitos do desemprego estrutural gerado pela tecnologia e pela globalização. Na indústria, encontram-se as causas do desemprego que afetam boa parte dos países, inclusive o Brasil.

A equação do equilíbrio haverá de passar pelo controle rígido do déficit fiscal e pela baixa dos juros massacrantes, que oneram o setor produtivo. Não há condições de se disparar o fluxo industrial, sem uma política de juros que seja capaz de ser absorvida com tranqüilidade. Cremos já ter chegado o momento de passarmos para a fase dois do Plano Real, a fase dos investimentos em setores básicos. Precisamos encontrar mecanismos para gerar mais riqueza e incentivar programas sociais que têm sido implantados com sucesso, como o da renda mínima.

Entre os setores que estão a exigir investimentos sólidos estão a saúde pública, os transportes, o saneamento básico e a segurança. Avanços no setor produtivo serão inviabilizados se o País não conseguir criar uma base de sustentação social. Não adiantará acelerar a produção, com o aumento da oferta de bens e serviços, se não contarmos, na ponta do sistema, com continentes de consumidores e usuários em condições de

2. Publicado em 5 de fevereiro de 1998.

vivificar o mercado. E a fortaleza do mercado consumidor não implica na aplicação pura e simples da restrita aritmética econômica, ou seja, das leis da oferta e da procura.

O País precisa ganhar um banho de saúde. A precariedade do nosso sistema médico-hospitalar é uma ameaça, pela possibilidade, sempre efetiva, de não podermos dar conta das epidemias e endemias que assolam quase todas as regiões do País. As nossas estradas, deterioradas, além de prejudicarem o escoamento da produção, oneram, em demasia, tanto o custo final da matéria-prima quanto o custo dos produtos acabados. Completam a base social, as obras de infra-estrutura na área do saneamento básico, sempre esquecidas ou relegadas a segundo plano, em função da pequena ou quase nula visibilidade pública que oferecem; e a ampliação da oferta de segurança, principalmente nas grandes cidades, cujas estruturas sociais, saturadas ou obsoletas, propiciam o alastramento das formas mais variadas de criminalidade.

Moldar o futuro é uma responsabilidade do presente que toca a todos nós. Por conseguinte, torna-se absolutamente prioritário o resgate social, com a maximização da eficiência nas áreas de atendimento básico e geral. Devemos, de uma vez por todas, eliminar as barreiras entre os dois Brasis, o País dos ricos e o território dos marginalizados. Dentre os setores mais necessitados, sobressai o do ensino primário, onde se cultivam as primeiras sementes de um país civilizado e onde se moldam o caráter nacional e a cidadania. A revolução de um país é, sobretudo, a revolução das idéias, antes da revolução das coisas. Nos bancos da escola primária, plasmam-se os ideais e os valores de nossa cidadania.

Há, ainda, uma revolução que precisa ser deflagrada. Trata-se da revolução dos micro e pequenos empresários. Mais de 95% das empresas brasileiras integram o universo dos micro e pequenos. Este é, verdadeiramente, o filão que oferece trabalho. São os pequenos empreendimentos, a partir dos quintais e cozinhas dos nossos lares, que fazem florescer a vida produtiva, dando sustento a milhões de famílias, harmonizando e equilibrando o sistema de mercado. O povo brasileiro é, comprovadamente, criativo e trabalhador. Basta que lhe propiciem as condições para prosperar e eles serão capazes de avançar e progredir. Qualquer política de ataque ao desemprego só conhecerá o sucesso, caso se comprometa a abarcar com o universo dos micro e pequenos negócios.

O roteiro para se retomar o desenvolvimento requer, antes de mais nada, de vontade política. O Congresso Nacional, por isso mesmo, tem papel de extraordinária importância na construção política dos eixos que haverão de nos colocar na rota do progresso. Esse deverá ser o nosso compromisso.

3. AÇÃO PELA MICRO E PEQUENA EMPRESA[3]

Neste momento de conturbação econômica, vejo na defesa da micro e pequena empresa, uma grande bandeira a ser empunhada pelo Legislativo. Nenhum setor representa, como este, a comunidade. Essas pequenas empresas são formadas pela padaria, pela oficina mecânica, pela escola infantil, pela pequena metalúrgica etc. Nas pequenas cidades, são responsáveis, muitas vezes, pela única atividade econômica local.

Quem conhece os números sobre a pequena e microempresa, conhece sua capilaridade. Elas representam 3,5 milhões de negócios e empregam 59,4% da mão de obra economicamente ativa do País. São elas que ajudam a fixar os brasileiros em suas cidades natais, porque quando não há perspectiva de emprego, a solução é migrar para as cidades maiores em busca de oportunidades.

O Legislativo municipal pode fazer muito pelas micro e pequenas empresas. A Constituição Federal, em seu art. 179, assim como muitas Constituições Estaduais e Leis Orgânicas já prevêem tratamento diferenciado para este setor, como forma de incrementar a produção, gerando emprego, distribuindo renda e reduzindo as diferenças sociais. A legislação complementar tem papel fundamental neste tipo de conquista, principalmente no que tange ao ISS. O vereador também pode atuar no sentido de ajudar a simplificar as obrigações legais e administrativas das pequenas empresas, como já estipula a Lei Maior da Nação.

A redução da carga tributária terá, com certeza, igual efeito salutar sobre a economia local. Uma das formas de possibilitar isso, é abrir a discussão pública em torno da adesão do Município ao SIMPLES (Sistema Integrado de Pagamento de Impostos e Contribuições das Micro e Pequenas Empresas), um sistema de tributação diferenciado, que reduz tributos e burocracia, diminui o custo com arrecadação para o Município e propicia a geração de novos postos de trabalho.

3. Publicado em janeiro de 1999.

Trabalhando em prol da micro e pequena empresa, estaremos viabilizando a criação de empregos mais estáveis e melhor remunerados, espantando o fantasma da recessão que vem assombrando os empresários e trabalhadores com o aprofundamento da crise das bolsas em esfera global. Por serem a célula básica da economia nacional, todas as ações devem se voltar ao incremento das micro e pequenas empresas.

Todo Legislativo, seja federal ou municipal, deve ser uma espécie de espelho em que a sociedade possa ver sua imagem refletida de forma transparente. Ele tem de ser uma reserva moral, em que se possa confiar. A cada dia, em nosso País, cresce a participação política do cidadão, que está se tornando mais apto a analisar o desempenho do Legislativo e a qualidade dos serviços públicos, enquanto seu usuário. O prestígio das instituições passa pela credibilidade dos parlamentares que, por sua vez, devem dar o exemplo de retidão.

O Legislativo não deve se concentrar na função de controlar os abusos do Poder Executivo e prevaricar de suas outras – e igualmente importantes – funções. Como expressão mais acabada dos vários segmentos da sociedade, deve refletir suas grandes aspirações, modelar os anseios da comunidade e orientar as ações públicas em proveito da maioria.

4. A POLÍTICA
E O SISTEMA PRODUTIVO NACIONAL[4]

Pode o Legislativo contribuir, de forma direta e imediata, para eleger a produção como eixo principal do motor do desenvolvimento nacional? Tive oportunidade de me envolver recentemente com estas questões instigantes, por ocasião de um debate com um grupo de expressivos empresários reunidos em torno do IEDI – Instituto de Estudos para o Desenvolvimento Industrial, interessados em inserir na pauta política uma agenda para um projeto de desenvolvimento industrial.

Primeiro, a constatação: nunca foi tão pertinente a estratégia de se buscar no foro legislativo as soluções para a viabilização de um sistema produtivo moderno e integrado. E as razões parecem óbvias: não há mais condições de se adiar um projeto de resgate da força do sistema produtivo nacional, que, para enfrentar a concorrência dos capitais internacionais, há que garantir competitividade, sob pena de ver se aprofundar sua lenta agonia. Não podemos deixar de reconhecer que as variáveis macroeconômicas que mais afetam a atividade industrial – a taxa de câmbio, os juros e a carga tributária – têm sido fundamentais para a manutenção da estratégia de estabilidade econômica. No entanto, somos levados a concluir que o ônus maior da política econômica tem recaído sobre a produção doméstica. Portanto, o que se consegue de um lado, se tira de outro. É oportuno lembrar que apenas para cobrir os juros que paga, hoje, o País está gastando R$ 47 bilhões anuais em juros da dívida.

Quando lembro que o momento é oportuno para se tratar da matéria no âmbito legislativo, não quero apenas me referir ao contexto relacionado às medidas do ajuste fiscal encaminhadas ao Congresso Nacional. Vou mais além. Entendo que o redesenho da fisionomia social, política e econômica do País, mais que um exercício do Executivo, constitui uma missão inarredável do Poder Legislativo. No caso específico da produção,

4. Publicado em 10 de fevereiro de 1999.

defendo a idéia de que um conselho interministerial seja formado para definir políticas e diretrizes gerais. Ademais, a crise originada pelo capitalismo financeiro internacional, que nos coloca em xeque, sugere que a sociedade brasileira, por meio de sua representação política, tenha vez e voz na consolidação dos eixos econômicos, com base na idéia central de preservação do Real e fomento ao nosso sistema produtivo.

O Parlamento se afirma, portanto, como parceiro do empresariado brasileiro na busca de alternativas para o aperfeiçoamento da política econômica. E é importante que essa parceria se desenvolva às claras, sem pressões de natureza exclusivista e calcada em interesses grupais. Temos de reconhecer que as empresas nacionais, desde o Estado corporativo de Vargas, alimentaram-se no prato de um paternalismo doentio. A criação de um forte pólo urbano-industrial, no período da redemocratização (1945/1964), originou uma coalizão nacionalista-desenvolvimentista-estatista, fortalecida nos anos duros dos governos militares, que manteve, ainda mais, o empresariado atrelado ao Estado-empresário e intervencionista. Não havia razão nem motivação para se buscar no Parlamento alternativas desenvolvimentistas.

A divisão de espaços entre o território econômico e o território político, infelizmente, continuou no primeiro ciclo da abertura econômica, promovida de maneira atabalhoada pelo Governo voluntarista de Collor. O Brasil saía de uma economia fechada para uma economia aberta, mas o estilo autocrático da gestão governamental impediu que o ingresso numa economia de mercado se desse de maneira harmoniosa e sem traumas. O que estamos assistindo, hoje, em matéria de desajuste e desestruturação do parque produtivo nacional, tem a ver com a visão autoritária da abertura econômica. É claro que não há mais condições de se manter o Estado-empresário. Ninguém pode ser contra as privatizações. E o capital internacional será sempre bem-vindo quando tem a aplicação devida, e quando se transforma em bens produtivos. Essa temática está a carecer um profundo exame por parte do sistema político.

Por conseguinte, o interesse do IEDI em procurar parceria com o Legislativo deve ser entendido como mudança efetiva de postura do empresariado brasileiro. Diria, até, que é um convite para iniciarmos um novo ciclo, em que o primado do Estado se desloca para a matriz social. Ou seja, doravante, devemos nos dar as mãos na busca de soluções abrangentes e criativas, abandonando a esteira do Estado paternalista-intervencionista, de quem todos dependem. Não podemos mais administrar para as circunstâncias e ao sabor das crises. Esgotamos o nosso estoque de medidas casuísticas. A definitividade, no Brasil, deve ganhar o lugar da provisoriedade.

A parceria Parlamento-Empresariado há de resultar não apenas no reconhecimento da importância da produção como motor do desenvolvimento nacional, mas em um projeto mais amplo de aperfeiçoamento do próprio sistema produtivo. Nessa área, uma Reforma Tributária, coerente, sólida, definitiva, é o passo seguinte. Motiva-nos o conceito básico de que o mercado interno constitui um patrimônio de cada País e, por isso, merece ser preservado a todo custo. Esta é a minha crença.

5. PEQUENAS IDÉIAS PARA UMA GRANDE CAUSA[5]

A hora é de gravidade. A intranqüilidade social, decorrente sobretudo da violência que assoma em todas as regiões, e do quadro de desemprego que afeta parcela considerável da população economicamente ativa, principalmente na vasta região metropolitana de São Paulo (quase 19% de desempregados), motiva-nos a traçar algumas considerações sobre a crise social por que passa o País. A idéia central é a de tão-somente resgatar aspectos e soluções, algumas muito óbvias e que, pelo enraizado costume brasileiro de se pretender, a cada ciclo de crise, reinventar a roda, são esquecidas e abandonadas.

Preliminarmente, temos de acentuar a fragilidade conceitual e técnica das pregações que pretendem acabar com a crise social e seus vetores – a pobreza, a alta concentração de renda, as disparidades regionais – por meio de propostas mirabolantes e milagreiras, principalmente as que defendem maior fatia do PIB para a área social, a taxação de fortunas, distribuição de cestas básicas, estas últimas atendendo ao espírito de um assistencialismo provisório, que mais funciona como colchão amortecedor de tensões sociais críticas. O País despende 22% do PIB no atendimento social. É muito dinheiro. Só que é mal aplicado.

Nossa posição não tem caráter novidadeiro. Defendemos a idéia de que a questão social brasileira carece de um enfrentamento sistêmico, plural e integrado, com programas substantivos nas diversas áreas da infra-estrutura social e econômica. A equação da crise social começa com a componente da estabilidade econômica, sendo, portanto, fundamental o controle do processo inflacionário. Mas a alavanca da mudança na área social tem nome: vontade política. Aceita esta hipótese, podemos dizer que o ataque à questão social é uma guerra que pode ser travada em muitas frentes, entre as quais algumas se destacam e merecem uma pequena análise.

5. Publicado em 18 de novembro de 1999.

A questão básica: concentração da renda – A questão social começa com o maior problema nacional: a alta concentração de renda. O Brasil é campeão em matéria de concentração de renda, com o PIB per capta dos 20% mais ricos – US$ 18.563,00 – sendo 32 vezes maior do que o PIB dos 20% mais pobres – US$ 578,00. E entre 1980 e 1991, a renda dos 10% mais ricos passou de 47 vezes para 78 vezes a renda dos 10% mais pobres. Ou seja, a concentração tem aumentado. São 54 milhões de pobres, dos quais cerca de 25 milhões são indigentes, sem acesso aos serviços da saúde, educação, habitação. Programa de renda mínima, cesta básica, taxação de fortunas e aplicação de recursos tirados dos ricos, entre outros, não diminuirão a pobreza. São programas paliativos. A chave da questão está na porta da educação. Investimentos na educação primária e secundária constituem, sim, a alternativa mais viável para combate à pobreza e a concentração de renda. A educação é a libertação do cidadão, o meio pelo qual pode ascender pessoal e profissionalmente. A Coréia, para dar um exemplo, gasta mais na escola primária e secundária que o Brasil.

A questão agrária – As cidades estão inchadas e o interior esvaziado. Precisamos fixar o homem à terra. Recriar a cultura do amor à terra, à agricultura. A receita é velha, mas os programas são frágeis. Há imensos espaços no País, incluindo terras de fazendas abandonadas, para a implantação de agrovilas e comunidades rurais, num espaço de 4 a 5 mil metros quadrados, estruturadas com escolas, atendimento médico, comércio, centros de lazer e assistência técnica para pequenos projetos agrícolas. Há que se buscar formas viáveis e realistas para desapropriação de terras.

A questão do Nordeste – A região Nordeste avançou no capítulo da industrialização, tem algumas indústrias fortes, programas avançados na área dos hortifrutigranjeiros. Mas sofre, ainda, com a carência de água, problema que se arrasta desde o imperador Pedro II, que mandou construir o primeiro açude no Ceará. Duas possibilidades se apresentam, hoje, como soluções: a transposição das águas do Rio São Francisco para atendimento às populações ribeirinhas e projetos de irrigação; e a construção de açudes subterrâneos, idéia recentemente apresentada pelo físico José Goldemberg, interessante por que resolve o problema da evaporação da água. A agricultura nordestina, forte, segurará o homem no campo, diminuindo o fluxo de migrantes para os grandes centros do Sudeste, por exemplo.

Cadeia agroalimentar – A comida precisa ser mais barata. Para diminuir o preço do alimento, que significa quase a metade do gasto da população mais pobre, há que se estimular a agricultura dos pequenos e médios proprietários, diminuir as alíquotas que incidem sobre os alimentos – a tributação média de alimentos no mercado internacional está em torno de 8%, enquanto no Brasil é de quase 35% – e avançar nos processos de inovação tecnológica na produção do campo e no sistema de distribuição. Os excedentes dos alimentos na cadeia de restaurantes, em todo o País, poderão integrar um Programa Especial para ajudar os necessitados, sendo canalizados para indústrias de liofilização, de onde sairia a matéria-prima para as comunidades carentes.

Apoio aos pequenos produtores – A maior fatia de empregos no País não é garantida pelos grandes empreendimentos; quem dá emprego no País é o micro, o pequeno e o médio empreendimento. É lógico, portanto, que a prioridade absoluta deve ser dedicada aos pequenos produtores. A aprovação do Estatuto das micro, pequenas e médias empresas, pela Câmara, poderá ser o início de uma ampla estratégia de amparo a este setor, que vem sendo relegado a segundo plano. O BNDES precisa incorporar o lado social interpretado pelo "S" de sua sigla. Algo está errado. Não é admissível que disponha de R$ 18 bilhões, mas diga que não há projetos bons. O que não há é acesso para os pequenos e médios produtores, que não têm condições de arcar com as obrigações do financiamento.

Reforma tributária – Eis aqui uma reforma fundamental para aliviar a questão social. O País não mais suporta aumentos constantes de impostos e tributos. Temos de dar um basta na cultura da provisoriedade fiscal-tributária e implantar um modelo permanente, definitivo, capaz de satisfazer os elos da cadeia – Municípios, Estados, União e contribuintes. Vamos votar, ainda este ano, na Câmara dos Deputados, o Projeto Mussa Demes, que é o mais viável dentre as propostas analisadas até o presente. O fim da guerra fiscal propiciará maior equilíbrio ao pacto federativo. O alargamento da base tributária e conseqüente diminuição da carga de impostos aliviarão o bolso dos contribuintes, gerando maior justiça fiscal.

Reforma do Judiciário – Entendemos que uma justiça mais célere, dinâmica, estruturada para ampliar os espaços da Cidadania funcionará como aliviadora das tensões sociais e termômetro da estabilidade. Tendo seus direitos de cidadania preservados, os cidadãos encontrarão motivação para exercer condignamente suas funções sociais e profissionais. Nesse sentido, a Reforma do Judiciário também é um vetor fundamental para se combater as deficiências da estrutura social do País.

A questão da segurança pública – Nenhum País do mundo avança sem estar estribado no império da lei e da ordem. Preservar a ordem pública, garantir o cumprimento das leis, punir os criminosos são funções inarredáveis dos governantes. E o exercício dessas funções é condição *sine qua* para a estabilidade das relações sociais. O País vive um clima de insegurança. Temos de dar um basta à impunidade. Para tanto, há que estruturarmos um sistema permanente de combate e controle ao crime e às formas de violência que se disseminam na sociedade. Entre as medidas, defendemos o reforço da Polícia Federal, com a incorporação de mais efetivos policiais; uma política de aplicação dos recursos penitenciários, mais realista e condizente com a nova realidade nacional (basta lembrar que nos EUA, há 2 milhões de presos, enquanto, no Brasil, para 180 mil, temos um déficit de vagas de quase 100 mil); o redimensionamento do papel das Forças Armadas, principalmente no apoio a missões especiais de combate ao crime organizado nas regiões de fronteira; a implantação de programas mais abrangentes e sólidos no âmbito dos governos estaduais, abrangendo melhor gratificação e programas de motivação dos policiais militares e civis; a implantação de programas especiais, como a Operação Pólo, que dirigimos durante o exercício de secretário da segurança, amparado na idéia de integração – sempre que necessária – entre as ações do governo federal e polícias estaduais.

Estabilidade institucional – A base da estabilidade política reside no princípio da independência e harmonia entre os Poderes. Tensões permanentes entre Executivo, Legislativo e Judiciário não ajudam a democracia. Nos últimos tempos, vimos com preocupação o açodamento das tensões entre os Poderes, decorrentes de visões diferenciadas a respeito de temáticas importantes – como a contribuição dos inativos da Previdência, por exemplo. Não podemos deixar que interpretações divergentes ameacem o princípio da harmonia. No capítulo das competências, temos de resguardar as funções constitucionais alinhadas na Constituição, dentre elas, a função legislativa, atropelada freqüentemente pelo abuso das medidas provisórias. A Câmara dos Deputados deu sua contribuição, aprovando Projeto limitativo do uso das medidas provisórias. Com as modificações feitas pelo Senado no Projeto, ele retorna à Câmara, sendo esse mais um passo que devemos dar para equacionar uma questão que, por conseqüência, acaba ampliando o contencioso de arestas entre os Poderes. Ademais, na esteira da estabilidade, cremos que o País está maduro o suficiente para voltar a discutir o parlamentarismo como sistema de governo. Não é verdade que o presidencialismo é um sistema mais consentâneo com a nossa realidade sociopolítica. O Brasil viveu muito tempo o parlamentarismo do Império e a experiência parlamentarista de 1961 foi um recurso de emergência. O parlamentarismo é mais democrático porque fortalece os partidos, evitando as crises sucessivas do presidencialismo e o oportunismo de perfis canhestros e messiânicos.

Continuidade administrativa – A provisoriedade e a circunstancialidade são responsáveis por razoáveis taxas da instabilidade social e política do País. No âmbito do Executivo, em todas as esferas, é comum a falta de continuidade administrativa, porque os eleitos não têm interesse em continuar os programas – mesmo os mais importantes e eficazes – de seus antecessores. Em conseqüência, começa-se tudo de novo, perdendo o País bilhões de reais pela simples ausência de criteriosidade, bom senso e continuidade nas administrações. Sob o aspecto psicossocial, a sociedade é induzida a mudar conceitos, posições e preferências, pela engenhosidade de operações de marketing, voltadas para "vender" o perfil do momento. Há que se ter critérios rígidos de controle, devendo as máquinas públicas se pautarem pela idéia central de gastar apenas o que foi orçado, estando previsto o montante, e proibindo-se passar para administrações futuras ônus financeiros passados não orçamentados.

Sistema habitacional – O ataque aos problemas sociais passa pela batalha da habitação. O Brasil está carecendo de um gigantesco programa habitacional para inserir milhões de sem teto no conforto da casa com saneamento, energia elétrica e serviços públicos fundamentais. Um programa do tipo Kit-Moradia, para recuperação, ampliação e melhoria das habitações, financiado em baixas prestações para a população de baixa renda, terá conseqüência sobre o bem-estar de milhões de brasileiros.

Expansão dos serviços públicos – Há que se dar um basta no obreirismo faraônico, voltado freqüentemente para abrir palanques eleitoreiros, e consolidar a infra-estrutura econômica e de serviços. Ao invés de se partir para novas escolas, novos hospitais, novas praças e centros cívicos, atenção deve ser dada à restauração/recuperação/reaparelhamento dos sistemas existentes. Devemos modernizar a infra-estrutura de transportes envelhecida pela expansão das atividades, com novos acessos e instalações. As estradas do País carecem de um amplo programa de melhoria. A expansão dos serviços fundamentais – educação, saúde, saneamento, transporte de massa, segurança – passa a ser a continuidade ao programa de recuperação das estruturas. E a meta de expansão de postos de trabalho poderá ser também contemplada. Um exemplo: ao invés de se criar uma sala de aula para 50 alunos, planeja-se uma sala de aula para 25 alunos, ensejando a possibilidade de um ensino mais qualificado e a contratação de mais um professor.

Trata-se, como se pode perceber, de idéias simples e que podem se transformar em elos de uma formidável corrente para cercar a questão social brasileira. Não queremos esgotar a questão, mas tão-somente indicar que as soluções já são bastante conhecidas. Tem faltado, possivelmente, uma adequada compreensão de suas inter-relações na estratégia de combate à crise social brasileira. Voltaremos ao tema.

6. MEDIDA PROVISÓRIA BEM-VINDA[6]

A Reforma tributária, tão exigida pela sociedade, se não pode ser executada de maneira plena, pelas dificuldades de se encontrar um denominador comum entre os interesses de contribuintes, setores produtivos, Municípios, Estados e União, pode dar os primeiros modestos passos, por ato unilateral do Presidente da República. Refiro-me a uma medida provisória, que, depois de trabalhada junto aos candidatos à presidência da República, poderia abrir um espaço de otimismo na sociedade, caso viesse efetivamente a desonerar a produção nacional e a eliminar a cumulatividade das contribuições sociais, que é o reclamo mais contundente dos setores produtivos.

Como se sabe, processaram-se, nos últimos anos, várias alterações no sistema tributário, que redundaram em aumento de incidência de tributos cumulativos e a suspensão de desoneração fiscal, situações que impedem a completa desoneração das exportações, prejudicando a competitividade do produto brasileiro. Urge, assim, rever parte do conjunto de medidas que implicaram impostos cumulativos. É sabido que as três contribuições – COFINS, PIS e CPMF – respondem por 33% da arrecadação total da Receita Federal, o que significa 5 pontos dos cerca de mais de 30% da carga tributária em termos de PIB.

E a revisão do sistema pode ser feita por uma medida provisória, que é um instrumento legislativo excepcional a ser usado apenas em casos de urgência e de interesse público relevante. Alguém poderá lembrar que a regra é a modificação legislativa por meio de leis. Em nosso juízo, a questão da eliminação da cumulatividade das contribuições sociais tem tanta relevância social que justifica a edição de medida provisória. Portanto, ela não será apenas bem-vinda como se ampara juridicamente. E a razão não poderia ser mais forte: a produção nacional passa por um momento de extrema gravidade. O requisito de urgência é, assim, plausível.

6. Publicado em 20 de março de 2003.

Ademais, todos hão de convir que, no ciclo eleitoral que estamos atravessando, não haverá condições para se discutir e deliberar matéria como esta. Estamos a pouco mais de um mês das eleições. É natural que Deputados e Senadores estejam empenhados em suas eleições. Por isso mesmo, o bom senso deve inspirar a modificação normativa, pois se trata de questão altamente prioritária para o interesse público. Não imagino que haja dissensões políticas nem objeções jurídicas sobre o assunto. O que senti, quando presidi a Câmara dos Deputados, foi uma absoluta unanimidade dos parlamentares em torno da idéia de desonerar a produção nacional pela eliminação da chamada "cascata tributária".

Se o Presidente da República tomar a decisão de editar a medida provisória, receberá, desta feita, aplausos das classes política e jurídica, além do entusiasmo da classe produtiva nacional. Lembremos que o Governo desonerou as exportações do PIS/COFINS em insumos e reduziu as alíquotas do IRPJ e da Contribuição sobre o Lucro. Com tais medidas, a carga tributária estimada sobre as exportações de industrializados caiu de 18,6% para 12,9%, a de semi-elaborados passou de 22,4% para 17,1% e a dos primários de 24,6% para 23,1%. Uma emenda constitucional para desoneração do ICMS na exportação poderia fazer com que as cargas de primários, semi-elaborados e industrializados caíssem, respectivamente, para 6,8%, 6,9% e 10,1%.

Devemos ter em conta o passivo elevado que a produção nacional contabiliza por conta dos altos encargos que incidem sobre a produção. Só na área trabalhista, atingem os encargos 81,9% da folha de pagamento, contra 60% na Alemanha, 58,8% na Inglaterra e 51% na Holanda.

No esforço nacional para diminuir os encargos que, de certa forma, desmotivam os setores produtivos, fazendo com que a capacidade da indústria de transformação trabalhe com forte ociosidade, qualquer medida no sentido de aliviar a situação e abrir horizontes será aplaudida e comemorada.

Temer explica ao lider africano,
Nelson Mandela, o funcionamento do
Poder Legislativo brasileiro

Temer recebe Pelé na Câmara dos Deputados,
em 22.10.1997

Dalai Lama, prêmio Nobel da Paz, lider espiritual do povo tibetano, é recebido pelo deputado Michel Temer, então, Presidente da Câmara dos Deputados

Michel Temer, eleito pela segunda vez, Presidente da Câmara dos Deputados

VII
JUDICIÁRIO

1. O PAPEL CONSTITUCIONAL DO ADVOGADO[1]

O exercício da advocacia é indispensável à preservação dos direitos humanos mínimos e cabe ao advogado a missão pública de tornar possível a distribuição da Justiça, servindo como canal de comunicação entre as partes e o Judiciário. Poucas profissões, como a advocacia, permitem conhecer as dimensões das virtudes e vícios da alma humana e utilizar seus conhecimentos para estabelecer e administrar a justiça entre as partes litigantes, garantindo o acesso à Justiça, ao contraditório e à ampla defesa.

A própria origem da profissão revela sua função pública, à medida que, lexicamente, quer dizer "aquele que é chamado" para esclarecer, buscando a solução mais justa, indicando caminhos e soluções. O *advocatus* inicialmente não recebia pagamento ao final do litígio, mas um "honor", uma honraria, que deu origem aos honorários, configurando, portanto, sua missão pública, que necessitava ser reconhecida como tal pela lei máxima da Nação, a Constituição.

Por isso me empenhei, como Deputado Constituinte, para que a profissão de advogado fosse dignificada e elevada ao nível constitucional na Carta de 1988, o que acabou acontecendo e se configurando, através do art. 133, no qual ficou assegurada à função caráter essencial no exercício do direito de defesa, além da inviolabilidade por atos e manifestações no exercício da profissão. Onde quer que haja litígio, está garantida a indispensabilidade do advogado.

A elevação da profissão de advogado ao patamar constitucional significa, também, um avanço no campo do direito individual, ao permitir que todos os cidadãos tenham acesso à assistência judiciária integral e gratuita. Trata-se de um marco na ampliação da cidadania, e que contribui, também, para o aperfeiçoamento do funcionamento do Poder Judiciário.

1. 9 de julho de 1994.

2. MAIS JUSTIÇA PARA TODOS[2]

Com a aprovação pela Câmara dos Deputados do Projeto de criação dos Juizados Especiais Cíveis e Criminais, regulamentando o art. 98 da Constituição de 1988, o Judiciário brasileiro viabilizará, de forma mais rápida, acesso à justiça a uma parcela mais ampla – e desprovida – da população. Ao enriquecer a estrutura judicial, estará igualmente fortalecendo a cidadania nos dois Brasis, o da elite e o dos despossuídos.

De acordo com estimativa inicial, os novos Juizados Especiais vão conseguir desafogar em 40% o trabalho da Justiça, limpando a pauta e acabando com o rito processual extremamente longo. Colocará limites à desgastante espera da decisão judicial no Brasil que, em muitos casos, beneficia os culpados e apena quem busca – e precisa – ser justiçado. Para dar a dimensão do saturamento do Judiciário, calcula-se que há, atualmente, mais de 60 mil processos acumulados só nos cinco tribunais superiores do País.

Nesses Juizados Especiais, só poderão ser julgadas causas de menor complexidade e causas penais de menor potencial ofensivo, abarcando uma ampla parcela dos processos. Ademais, admite-se um único recurso no interior do próprio Juizado, o que vem acabar com o largo e penoso caminho processual para se obter uma decisão definitiva. Essa conquista confere ao Judiciário brasileiro maior plenitude para cumprir seu papel constitucional, garantindo direitos, ampliando e melhorando o serviço judicial à toda população.

O Projeto aprovado pela Câmara dos Deputados, de nossa autoria e do então Deputado e hoje Ministro da Justiça, Nelson Jobim, na parte cível, unificado pelo relator da matéria, Deputado Abi Ackel, imporá celeridade às decisões judiciais de forma ampla. Os Juizados Especiais estarão abertos a todos os cidadãos, sem a necessidade de maiores formalidades, podendo-se até adotar o processo oral para a solução do litígio.

2. 29 de setembro de 1995.

O processo será desburocratizado, uma vez que sua instalação pode ser efetuada por meio de pedido oral à Secretaria do Juizado, que designará a sessão de conciliação, dentro de quinze dias.

À União caberá criar os Juizados Especiais Cíveis e Criminais no Distrito Federal e nos Territórios, competência que, nas unidades da Federação, ficará com os governos estaduais. Urge, portanto, que os Estados instalem com a maior brevidade possível, tais Juizados para que a população de todo o País, ainda carente de Justiça, tenha acesso a esse novo órgão da Justiça Ordinária. Com o seu funcionamento, fortalecer-se-á no Brasil o Estado democrático de direito e a Justiça ganhará maior transparência.

A importância dos Juizados Especiais para todo o Judiciário foi destacada pelo novo Presidente do Supremo Tribunal Federal, Ministro Sepúlveda Pertence, por ocasião de sua posse, quando se referiu especificamente ao novo estatuto. O Projeto amplia os mecanismos democráticos de aprimoramento do Direito Brasileiro, tornando a Justiça mais ágil, barata e acessível.

Os Juizados Especiais deverão somar mais de 8 mil em todo o País, já que a Constituição determina sua instalação em Municípios e Distritos de grandes e médias cidades. E, por isso, se apresentam como a melhor solução para a tão ansiada busca de celeridade nas decisões judiciais.

3. CPI, ADVOGADOS E O SUPREMO TRIBUNAL FEDERAL[3]

O título deste artigo encerra três dos valores fundamentais para a democracia. Primeiro, as Comissões Parlamentares de Inquérito (CPIs), porque são instrumentos reveladores de uma das tarefas básicas do Legislativo: a de apurar fato determinado com o objetivo de, apurado, encaminhar-se a conclusão aos órgãos incumbidos do processo e julgamento. É a CPI uma manifestação investigatória feita pelo povo, por meio de seus representantes e com a força institucional destes, a fim de que nenhum delito detectado deixe de ser apreciado e julgado. Veja-se o caso da CPI que investiga o narcotráfico. A droga e o seu consumo, que o traficante incentiva, fazendo-o meio de seus ganhos ilícitos, afligem a sociedade brasileira. Quem não tem entre seus familiares, amigos ou vizinhos, ciência de um caso, sempre dramático e atormentador? E quantos, no Poder Público e fora dele, não têm ciência de nomes envolvidos com o tráfico de drogas sem que, no entanto, nenhuma providência fosse tomada?

A CPI do Narcotráfico vem desnudando o tema. Trabalha para aflorar as questões e impedir que sejam jogadas para debaixo do tapete. Ao contrário: nunca, em tempo algum, o País, pelas pessoas e pelas instituições, esteve tão alertado para o tema, com o desbaratamento de grupos organizados, que, ávidos pelo dinheiro obtido ilicitamente, infelicitam a família brasileira.

Realiza, assim, a CPI do Narcotráfico, trabalho que, por seu forte conteúdo social, há de ser enaltecido. É valor, portanto, a ser preservado.

Por outro lado, a figura do advogado. Indispensável à administração da justiça, como estabelecido no art. 133, que tive a honra de fazer inserir na Constituição Federal de 1988. Não se faz justiça sem advogado. Esta profissão emana dos princípios democráticos do Estado, segundo os

[3]. 29 de dezembro de 1999.

quais, todos, sem exceção, têm direito à ampla defesa. Deriva da idéia de que ninguém pode ser considerado culpado senão após decisão judicial transitada em julgado. Deriva, portanto, da concepção de prestígio e preservação dos direitos individuais. Sabemos o quanto o Poder Público, munido de instrumentos de força, tende a desprezar direitos mínimos do indivíduo e, por aí, praticar injustiça.

O Estado Absoluto, com forte concentração de poder, era pródigo na prática da injustiça, desprezados como eram os direitos fundamentais do homem. O Estado de Direito foi contraponto ao Absolutismo. Com ele, os direitos dos indivíduos evidenciaram que o Estado é criado para servir ao povo e não para servir-se dele. Daí o instituto da ampla defesa contra a eventual truculência do Poder Público. Daí a indispensabilidade do advogado na prestação desse serviço de defesa. A figura do advogado é consonante com o Estado de Direito. É valor, portanto, que há de ser preservado.

Finalmente, o STF, órgão incumbido de preservar a indenidade da Constituição. Especialmente de suas vigas mestras, dentre as quais avulta o direito à defesa. Por essa razão, provocada para garantir a presença do advogado nas CPIs, a Corte concedeu liminares. E elas foram concedidas no limite das atribuições próprias da advocacia em cada fase processual. Que pode fazer o advogado em depoimento? Pode pedir a palavra pela ordem (não se trata da nossa questão de ordem do Regimento do Legislativo) para fazer constar que um ou outro direito constitucional de seu cliente está sendo ferido.

Em nenhuma passagem, as liminares concedidas pela Corte Suprema autorizaram o advogado a contrariar, contraditar ou contestar fatos narrados ou argumentos. Autorizaram aquilo que o advogado pode fazer, normalmente nos inquéritos policiais ou judiciais. É, assim, o Supremo Tribunal Federal como órgão incumbido de assegurar os direitos individuais, valor a ser preservado.

A esta altura, o leitor estará concluindo que estou dizendo o óbvio. Tem razão. Mas está sendo importante ressaltar o óbvio. Destacar as obviedades se faz necessário já que as pessoas se esquecem com incrível facilidade.

Basta lembrar que os últimos fatos envolvendo os três valores descritos quase geram conflito institucional, que foi superado quando registrei oralmente em Plenário o que, agora, vai escrito.

Não há nem pode haver conflito entre as instituições porque elas são a garantia do Estado de Direito. Nem elas desejam que isso ocorra. Muito recentemente, membros da nossa CPI do Narcotráfico estiveram com os representantes máximos da OAB e ajustaram cadeira cativa para membro da instituição nos trabalhos da Comissão.

É da interação entre OAB, Supremo Tribunal Federal e Legislativo que as instituições democráticas vicejam e cresçam. Como aconteceu sempre e continuará acontecendo na história brasileira.

VIII
PMDB E A REALIDADE NACIONAL

1. EM DEFESA DA UNIÃO DO PMDB[1]

A história de um País é a história de seus homens, de suas entidades e representações, e de suas idéias. Não se pode dissociar o estado geral de uma Nação do corpo de conceitos amalgamados que lhe dão substância política e social. Parte significativa da história e dos conceitos de um país deriva da contribuição oferecida pelos partidos políticos, principalmente aqueles que souberam interpretar os sentimentos de uma época e abrir perspectivas novas para a sociedade.

O PMDB é parte viva da nossa história contemporânea. Pelo espaço que ocupou e ocupa no cenário político nacional e por seu perfil de maior partido brasileiro, reúne as melhores condições para liderar o processo político e preservar os valores e princípios indispensáveis à governabilidade do País. Em nome da sagrada bandeira da unidade partidária, neste momento particularmente sensível e grave de nossa vida institucional, urge que os companheiros de todas as regiões, mesmo aqueles contrariados com os rumos mais recentes tomados pelo partido, abracem a causa nacional, colocando os interesses da coletividade acima dos interesses individuais e grupais e das paixões motivadas pela conjuntura.

As querelas entre grupos e mesmo companheiros decorrem das compreensíveis visões diferenciadas sobre diversos aspectos doutrinários e, claro, das naturais disputas que se travam dentro da agremiação partidária. Ambos os casos são perfeitamente previsíveis e lógicos dentro do sistema democrático, que é regido por um conjunto de regras procedimentais, das quais a regra da maioria é a principal, mas não a única. Por isso mesmo, devemos entender como normais as disputas, sem as quais teríamos partidos monolíticos e autoritários, cabíveis apenas nos regimes arbitrários e nas ditaduras.

Há, certamente, entre os companheiros do PMDB, pensamentos distintos a respeito de temas relevantes da Revisão Constitucional, e esse

1. 16 de fevereiro de 1994.

fato, por si só, conduz grupos e pessoas a trilhas novas. Sabemos que nem todos os peemedebistas aceitam a idéia de fechar apoio em torno do Governo Itamar, alguns, por conveniência político-eleitoral em seus Estados; outros por entendimentos mais amplos sobre os rumos do partido na conjuntura política. E, há, ainda, aqueles que se postam como pré-candidatos partidários à presidência da República, pleito também compreensível, principalmente quando reúne as principais lideranças nacionais do partido. Tal conjunto de energias e pulsações vitaliza a democracia partidária, e é assim que devem ser entendidas as disputas e posições dentro do PMDB.

Não podemos deixar, porém, que o caldo conceitual do partido se transforme em divisões inconciliáveis e em rachas irreversíveis, capazes de abrir fraturas fatais que ameacem a pujança do PMDB e inviabilizem sua perspectiva de chegar ao centro do poder. Temos, hoje, a maior estrutura e o maior volume de quadros à disposição do partido. Lideramos as estruturas administrativas do maior número de Municípios brasileiros. Juntamos o maior contingente de Deputados Federais, Deputados Estaduais e Vereadores. Essa monumental força partidária está ameaçada de fracionamento, a prosseguir a estratégia de luta esganiçada entre companheiros. A hora é de unidade.

Podemos, reunidos sob as mesmas idéias, fazer o partido vitorioso. Para tanto, é preciso que recolhamos as paixões com o manto da solidariedade partidária. O Partido não é de ninguém. Constitui uma vontade coletiva. É parte da sociedade. Aberto ao diálogo, poderá acolher as manifestações individuais e grupais. O processo democrático das votações consagrará os desejos da maioria. E, a partir da decisão assentada no sufrágio, os peemedebistas têm como única e saudável alternativa, a união sólida em torno do escopo, dos valores, das propostas e dos caminhos a percorrer.

Com esse entendimento, o PMDB poderá ver consagrados os seus ideais e conquistadas as suas metas.

2. O NOVO CICLO POLÍTICO E O PMDB[2]

Ao levar para o Congresso Nacional a maior bancada de parlamentares, o PMDB se apresenta, mais uma vez, como o partido de massas com a mais expressiva configuração eleitoral do País, levando-se em consideração a votação obtida nos estratos urbanos e rurais de todos os Estados brasileiros. Tal posicionamento, se confere densidade à agremiação, pelo peso específico da bancada, aumenta suas responsabilidades, principalmente diante do quadro de mudanças estruturais e da irreversível estratégia de avanços institucionais, de que o PMDB deverá ser artífice, como principal partido nacional e participante ativo desse processo.

O Brasil mudou e o PMDB foi uma das principais alavancas das mudanças. Hoje, como ontem, sua vocação é a do compromisso com o avanço e o equilíbrio institucional, que se fundamenta na prática permanente pelas conquistas políticas e sociais, na preservação do equilíbrio entre os Poderes da República, na meta de distribuição mais justa da renda nacional e na defesa intransigente dos direitos fundamentais do cidadão. Entendemos que o novo ciclo político, que ora se inaugura, deverá ter como inspiração maior a obra a serviço da coletividade, que suplantará o viés personalista, ainda muito em voga em nossa cultura política.

O PMDB, interpretando o sentido do avanço, certamente estará, como sempre esteve, na vanguarda do processo de consolidação dos ideais institucionais, cujo lema foi tão bem sintetizado por Rousseau, quando disse que as "boas instituições são aquelas capazes de transportar o Eu para a unidade comum, garantindo, com isso, a conformidade de cada vontade à vontade geral". Esse será o grande desafio do Congresso Nacional, na próxima legislatura: transformar os particularismos na obra coletiva e abrir caminhos para maior proximidade com uma sociedade conflitiva, sensível, exigente e, sobretudo, crítica à missão parlamentar.

2. 9 de fevereiro de 1995.

Precisamos ocupar o vazio que se estabeleceu entre o Parlamento e a sociedade, decorrência de um estado geral de degenerescência que inoculou os poros da Administração Pública, engendrou feudos e grupos intestinos e contaminou fatias da representação política. Se reconhecemos que o Poder Legislativo tem parte de culpa pelo estado de crise, não podemos negar o fato, por dever de justiça, que foi este mesmo poder que abriu as comportas para os grandes avanços do Brasil dos últimos tempos, ao promover o *impeachment* de Collor, a CPI do Orçamento e ao apoiar e respaldar a Reforma Econômica, que debelou o processo inflacionário, permitindo ao País encontrar a tão ansiada estabilidade. Não podemos negar ao Congresso Nacional extraordinários feitos que dão relevo à sua missão constitucional. Como não podemos deixar de reconhecer o distanciamento que separa a instituição de amplos blocos sociais, motivados certamente por situações conjunturais e passageiras, com grande capacidade de fluir pela tuba de ressonância da mídia.

Para acompanhar o sentido do tempo, o Parlamento Nacional há que se engajar profundamente nas grandes causas do novo ciclo político. O Brasil da racionalidade será desenhado com a Reforma Constitucional, que só se fará necessária, após seriíssimos estudos para desamarrar elos que emperram os sistemas administrativos e para viabilizar a meta de estabilidade econômica. A Reforma do Estado pode vir com ela, mas seu balizamento não pode mais ser a velha dicotomia entre o Estado mínimo e o Estado máximo. O conceito é o de Estado necessário. Mais que uma questão de densidade populacional ou quantidade de órgãos, a Reforma do Estado deve ter em vista a mudança de métodos de administração, a preparação de quadros gerenciais competentes para exercer a burocracia. E a inovação de critérios de atendimento político.

Não se deve modificar a Constituição se não houver demonstração dessa necessidade. Seremos convocados a dar nossa participação, também, na frente da Reforma Política, orientada para conferir identidade forte aos partidos e calibrada pela demanda social por ética e seriedade. Esses serão os desafios de nosso futuro imediato. Ao PMDB, caberá a missão de participar desse quadro de transformações e de liderar posições e causas.

Sabemos que os interesses são complexos e muitas das barreiras se apresentam quase intransponíveis. Sabemos, também, que a democracia pressupõe diálogo, conflitos e soluções para os problemas, livre jogo de aspirações e necessidades. O que não devemos é permanecer estáticos, aguardando que as situações ocorram. Temos, nós do PMDB, de definir situações. Precisamos buscar a via do equilíbrio, do bom senso, da temperança, da justiça e do direito. E evitar a confrontação violenta e intolerante, que apenas contribui para suprimir a paz e instituir a revolta. Com esse entendimento, será possível ao PMDB colaborar, de maneira firme, altiva e altaneira, com o Governo, respeitando, sempre, a vontade de suas bases e de sua representação política no Parlamento.

3. TRÊS ALTERNATIVAS PARA O PMDB[3]

O atual sistema de blocos e de alianças partidárias em torno do Governo constitui uma organização típica do regime parlamentarista. Ocorre que o nosso regime é presidencialista. Como ficarão as feições dos partidos que dão sustentação ao Governo, um pouco mais adiante, quando terão de enfrentar as disputas municipais ou, mais além, quando participarão das eleições para os Governos estaduais? Seria muito complexa e certamente prejudicial às identidades partidárias a convivência solidária, no nível federal, e a divergência ferrenha, nos níveis municipal e estadual. Para o conjunto do eleitorado, a mistura de feições também seria desastrosa, na medida em que não permitiria distinguir os reais valores e posicionamentos de um partido.

Dentro dessa linha de raciocínio, e com o objetivo de abrir uma ponta do debate sobre a Reforma Política, diviso três alternativas para o PMDB, que hoje se apresenta como o partido com maior número de parlamentares e filiados no País. Primeiro, apresenta-se ao PMDB a possibilidade de ser um partido com metas a atingir, no curto, médio e longo prazos, dentro de uma visão pragmática. De acordo com essa moldura, teria flexibilidade para analisar seu posicionamento no espectro partidário, buscando alianças, agregando apoios e sempre priorizando os ideais que inspiraram seu nascimento e que têm, como eixo, a consolidação de nossa democracia e o bem-estar social.

Vale dizer que este perfil conforma-se, de certa maneira, às atuais circunstâncias, pelo modo como age o partido, sendo Governo, conservando seu escopo doutrinário, dentro de uma estratégia política de curto prazo. Não é, convenhamos, o perfil mais desejável, do ponto de vista de clareza doutrinária, pelo fato de que suas operações e articulações políticas serem confundidas, quase sempre, com interesse fisiológico, de ocupação de espaço. Por outro lado, é praticamente impossível a um partido integrar um Governo, sem ser parte. Partido é parte. Os partidos

3. 24 de fevereiro de 1995.

que integram o Governo reivindicam, legitimamente, ocupação de espaço político, até porque o conjunto programático de um Governo é a soma das visões doutrinárias dos partidos que o compõem. Não se trata, portanto, de fisiologismo nem de defesa de interesses particularistas.

A política é exercida em função de causas, de propostas, de ideais, de programas. E nada mais justo do que delegar a execução das políticas públicas aos signatários, inspiradores e patrocinadores dos programas governamentais. Agora, quando se discorda do teor programático do Governo, não há porque participar dele ou reinvidicar espaço político. Esse é um posicionamento consagrado na política e não há nenhum desvio ético quando é colocado em pauta. Em nosso País, compreende-se, essa discussão assume conotações pejorativas, sendo levada sempre para o lado do fisiologismo, em função de perfis execrados pela opinião pública. Mas não se pode, em absoluto, confundir uma coisa com outra.

Quando tratamos da posição do PMDB junto ao Governo, demos ênfase às reformas constitucionais. Incidentalmente, é que se abordou a questão de espaço político. E nesse sentido, colocamos clara a posição de que o PMDB deseja apenas ser tratado como os outros partidos, aguardando, portanto, a decisão presidencial.

A segunda alternativa para o PMDB é a de se juntar a outros partidos e, da união, sair um grande partido nacional, que incorpore a abrangência dos problemas nacionais e esteja efetivamente compromissado com soluções. Esse super-partido teria como justificativa maior a necessidade de respaldar o grande projeto nacional de desenvolvimento. Chegar-se-ia a um ideário comum, consensualizado. Na prática, os partidos e blocos que dão sustentação ao Governo acabam fazendo o papel de um grande partido. Ora, esse sistema é típico do parlamentarismo, que, aliás, é o regime preferido do Presidente Fernando Henrique. Se o nosso regime é o presidencialismo, o caminho seria a junção dos partidos numa imensa estrutura partidária.

A terceira alternativa é a de partido de oposição. O PMDB recuaria de suas posições e enfrentaria a via oposicionista, o que, convenhamos, nessa altura, é algo praticamente impossível, diante dos rumos já traçados. O importante, nesse momento, é vivificar o debate. Por isso, essa primeira abordagem é uma provocação para início de um debate interno. Para onde vamos? o que será do PMDB, amanhã? Como partido nacional, não podemos ficar restritos à discussões regionais, fragmentado, dividido, recortado. O Presidente do PMDB, Luiz Henrique, aliás, já está iniciando o processo de discussões que nos levará a uma redefinição partidária. Nosso destino, enquanto partido, carece de ampla e profunda reflexão. E o momento mais adequado é o que estamos inaugurando, com o novo Governo e nova sessão legislativa.

De uma coisa, não podemos abrir mão: dos ideais que nortearam o nascimento do PMDB, o compromisso com a democracia, o respeito aos direitos humanos, a defesa da liberdade, o patrocínio das causas coletivas e o bem-estar social.

4. PAPEL DO PMDB NA LIDERANÇA DO GOVERNO[4]

O fato de o Presidente Fernando Henrique Cardoso ter escolhido parlamentares do PMDB para líderes do Governo, atesta que sua escolha levou em conta a potência do partido, que reúne as maiores bancadas na Câmara dos Deputados e no Senado. Esse entendimento possibilitou a consolidação da maioria da base governista no Congresso e já garantiu a admissão das emendas constitucionais, a aprovação de uma série de medidas provisórias e a confirmação de vetos presenciais.

O papel da liderança governamental é de fundamental importância nesse momento em que se busca estabelecer um bom relacionamento entre o Executivo e o Legislativo visando às reformas estruturais. Embora a liderança seja o interlocutor natural entre o Governo e sua base parlamentar, nada impede que o Executivo mantenha uma presença direta em relação aos Deputados e Senadores.

Para aplainar as dificuldades que o Governo vem encontrando no Congresso, os líderes estão viabilizando ajustes de atuação, se reunindo e conversando mais antes do envio de matérias importantes ao Parlamento. É imprescindível avaliar alguns pontos táticos para se atingir o sucesso, como se é o momento certo para apreciação de determinado projeto e qual a linha de atuação a ser adotada pelas lideranças no plenário.

É ainda importantíssimo unificar o desempenho dos líderes do Governo e das lideranças dos partidos aliados. Por isso, convencionou-se que elas passariam a se reunir no início de cada semana para avaliar a atuação de cada liderança em relação aos projetos colocados em pauta no Congresso. Com a adoção dessas medidas, o trabalho se tornará mais eficiente e racional.

A despeito das lideranças executarem a contento suas funções, cabe ao Governo buscar estabelecer um bom relacionamento com o Legis-

4. 18 de abril de 1995.

lativo, tendo em mente que não se governa sem o apoio do Congresso. O Executivo tem de evitar a estratégia do confronto ou da abertura à negociação apenas diante da derrota em plenário, invertendo essa conduta. Os Ministros e dirigentes de autarquias também podem ajudar na consolidação desse diálogo entre Governo e parlamentares, tornando-se interlocutores do entendimento.

O PMDB tomou uma decisão de apoio ao Governo, mas se reserva o direito de discutir o conteúdo polêmico das propostas encaminhadas ao Congresso como cabe a um partido político de sua envergadura. O sucesso do encaminhamento das propostas do Executivo ao Congresso depende dessa série de fatores juntos e não apenas da atuação dos líderes do Governo em plenário, como *a priori* se possa idealizar.

5. PMDB: O QUE SOMOS E PARA ONDE VAMOS[5]

Partido de tradições e lutas, com uma história definitivamente consagrada no cenário político nacional, o PMDB é, reconhecidamente, um dos co-partícipes mais importantes do Estado participativo dos dias atuais. Sua trajetória do presente se funda nas posições que, historicamente, se consolidaram no passado. Para nós, que lhe damos concretude, pela ação política exercida com destemor e sentido de responsabilidade, o motivo maior de inspiração é a contínua e enriquecedora divergência interna, fruto das mais variadas discussões e que, em determinado momento, convergem para um ponto comum. Essa é, aliás, a matriz que sustenta a busca de permanente renovação nos partidos políticos modernos.

Pautamo-nos pelo princípio democrático de que a maioria conduz ou governa respeitando os direitos da minoria. Portanto, quando há divergências que depois fluem para a convergência, é porque a maioria que se formou em torno de determinado pensamento prevaleceu, o que não significa desconsideração para com o pensamento minoritário. Este, mais adiante, acompanhará a linha majoritária.

O que tem ocorrido com o PMDB ao longo do tempo? Muita ação e determinação. Em primeiro lugar, cabe frisar que foi o PMDB que saiu à luta pela redemocratização do País. Estiveram em suas trincheiras homens públicos que, hoje, enriquecem o perfil de outras agremiações partidárias, a partir do Presidente da República, Fernando Henrique Cardoso. Em um segundo momento, o PMDB conquistou o poder, graças a uma intensa e massificada pregação democrática. Por um bom período, o nosso partido liderou o processo político – nos níveis do Executivo e Legislativo – em diversos Estados da Federação. O poder, como todos bem o sabem, é desgastante, pela massa de pressões e contrapressões e pela incapacidade de se dar vazão completa e imediata a todas as demandas sociais. Como seria de esperar, ocorreu certo refluxo, sem embargo da extraordinária obra

5. 20 de agosto de 1997.

administrativa deixada pelos governantes de nosso partido. Basta ver o salto de quantidade e qualidade nos setores de transportes, comunicações, saneamento, energia, saúde, habitação, entre outros.

Mantivemos a hegemonia no Poder Legislativo, conservando uma autonomia que se manteve intacta, apesar dos percalços durante o ano de 1995. E tudo isso tem uma única razão: o PMDB é um partido de inegável carisma. Ainda recentemente, pesquisa realizada por importante instituto, evidenciou que o partido mais conhecido dos brasileiros é o PMDB. Sinalizações como essa são alentadoras até para nos mostrar os caminhos do futuro.

E os caminhos que se apresentam ao partido são os da independência. Independência na tomada de posições. Mas isso não quer significar que não possa apoiar este ou aquele governo federal, estadual ou municipal. Então, qual deve ser a medida do apoio? O PMDB deverá apoiar aquilo que for do interesse popular. Até pouco tempo atrás, dizíamos que o partido não deveria apoiar medidas impopulares. Impopular, convém esclarecer, é o que está contra o povo. O PMDB não patrocinou e jamais patrocinará medidas quem venham contra a sociedade. Mas medidas impopulares, num primeiro momento, podem, depois de ajustadas e de receberem emendas e reparos, se popularizarem. E o nosso partido há que distinguir essa peculiaridade em seu processo de tomada de decisões.

Há que se examinar cada item das reformas constitucionais. Afinal de contas, temos de elaborar um ordenamento constitucional permanente, livrando o País da transitoriedade. Podemos e devemos, até, divergir muito durante as discussões, porém precisamos convergir no final, dentro do princípio de que a união faz a força. O PMDB trabalha de acordo com o conceito da "unidade na ação".

Em relação ao futuro, estamos motivados a fazer com que nosso partido trabalhe em um programa de metas e objetivos, muito claros para a população. É claro que devemos incorporar, em nossa estratégia de ação política, a meta de manutenção do controle inflacionário, que, de certa forma, foi também uma vitória do PMDB. Sabemos que o nosso partido era majoritário quando se implantou o Real. O plano veio à luz com o apoio, o aplauso, o trabalho e os votos do PMDB.

O segundo aspecto é a política social. Nossa preocupação básica é e sempre será o combate ao desemprego e abertura de novos postos de trabalho, aos quais os desfavorecidos possam ter pleno acesso, ganhando salários condizentes para seu sustento e bem-estar de suas famílias. Em relação às Reformas Previdenciária e Administrativa, o PMDB deve impor sua marca e traduzir com força a idéia de que direitos fundamentais não podem ser violados pelas reformas. Esses são os princípios basilares de nosso partido.

No campo político, trilharemos com precaução e responsabilidade, sabendo que o PMDB tem funcionado como fiel da balança.

6. O PMDB E A VIA BRASILEIRA[6]

No momento em que os partidos políticos começam a se preparar para os pleitos eleitorais de 2000 e 2002, alguns até procurando incorporar novas concepções doutrinárias e outros questionando a validade de ideologias, cabe discorrer sobre o papel e a missão do PMDB. Inicialmente, é oportuno lembrar que, desde sua origem, caracteriza-se o partido por ser um "movimento" (MDB) e, como tal, intérprete das mudanças que se operam na sociedade. Movimento é deslocamento e busca. Nesse sentido, pressupõe a existência de conflitos, debates, divergências de opinião, o livre jogo de aspirações e necessidades. Partido estático, submisso, intolerante, que suprime o diálogo, não condiz com a democracia e sim com o Estado autoritário, policial, repressivo. O PMDB, como "movimento" democrático, buscou, antes, a democracia política e obteve-a no passado.

E o que ele persegue? Basicamente, dar concretude ao nosso sistema democrático, pleno de enunciações de direitos, mas escasso sob o aspecto de compromissos sociais e políticos. A nobre missão do partido, nesse momento de mobilização nacional pelo revigoramento dos princípios éticos na administração e na política, é a de eliminar o fosso que separa as classes sociais e contribuir para tirar o País da posição de um dos campeões de injustiça e desigualdade do mundo. De que vale agora invocar as liberdades individuais, o direito de ir e vir, de livre expressão e manifestação, a ausência de censura para o indivíduo que agora pede pão, trabalho, condições mínimas de saúde e educação? A democracia representativa só terá sentido se for legitimada pela democracia do pão na mesa. Nossa Carta Magna descreve com propriedade os valores da pessoa humana e da cidadania, mas infelizmente estamos longe de sua aplicação.

O País, há de se reconhecer, tem evoluído, sai de uma realidade institucional escravocrata e latifundiária dos primeiros tempos do Império, passa pelo estágio de País oligárquico e latifundiário da primeira quadra

6. 3 de janeiro de 2000.

da República e chega ao patamar de uma sociedade urbana altamente conflitiva dos dias atuais. O PMDB, antes mesmo de adicionar o "P" na sigla, esteve à frente do movimento social-libertário que tirou o País das sombras. Foi seguramente a força motriz que inspirou a sociedade brasileira a participar da reconstrução nacional e o estuário natural onde desaguaram as forças que se opuseram ao sistema autoritário. Liderou a campanhas das Diretas-Já e comandou, no Colégio Eleitoral, a vitória de Tancredo Neves. Ninguém há de lhe tirar essa marca.

Como é sabido, parcelas de suas forças migraram, distribuindo-se pela malha partidária. Erram, porém, aqueles que imaginam ter o PMDB perdido sua identidade histórica. Tanto é que continua o partido a ser o mais capilar entre as agremiações nacionais, estando presente de forma homogênea em todas as regiões, agregando o maior número de Prefeitos, Vereadores e Deputados Estaduais e constituindo grande bancada na Câmara Federal. Criticam alguns o fato de o partido integrar a base governista, vinculando-o à pecha de fisiológico e oportunista. Trata-se de uma falha de visão sobre o significado de um partido político.

A meta central de um partido, sempre convém lembrar, é a conquista do poder. Para tanto, escolhe os meios, as formas, os processos, participa de eleições, estabelece alianças. A aliança com outras agremiações constitui, portanto, caminho para a meta de alcançar o poder. A integração do PMDB na aliança governista, decidida pelo partido é parcela de sua visão estratégica sobre o País e as circunstâncias. Há divergências internas sobre o apoio ao Governo? É natural que ocorram. O PMDB sempre cresceu no calor dos conflitos internos, no acirramento da polêmica, sob o clima da divergência. Não se deve confundir, porém, apoio ao Executivo com dependência, submissão, subordinação. Os peemedebistas são livres para divergir. Foram inúmeras as matérias do interesse do Governo que não receberam aprovação dos quadros peemedebistas.

O PMDB, por exemplo, preocupa-se com a situação social do País. Estamos vendo o tecido social esgarçar-se cada vez mais, com a onda de violência assumindo proporções assustadoras; a deterioração dos serviços públicos fundamentais; o descrédito nas autoridades públicas; a desagregação das famílias, pela devastação das drogas que chegam a todas as classes sociais; a ampliação dos contingentes dos Sem Terra, um verdadeiro absurdo, quando se leva em conta a extensão territorial do País; a multiplicação dos bolsões dos Sem Teto; a monumental rede de narcotráfico que corrompe a vida social e política; e o cordão dos miseráveis, incluindo meninos abandonados e os adolescentes infratores, que se espalham nas ruas das cidades brasileiras.

O PMDB não permanece cego e inerte diante da fragilidade a que está exposto o setor produtivo nacional, principalmente os micro, pequenos e médios empreendedores da indústria, do comércio e dos serviços. É hora de agirmos firmemente para salvar o parque produtivo nacional. As soluções já foram amplamente apontadas: juros baixos, linhas de financiamento, incentivo à exportação, redirecionamento da economia para o desenvolvimento. A produção nacional deve receber o mesmo tratamento que se dá aos produtos importados. O País precisa trilhar os caminhos de um nacionalismo, que, sem ser xenófobo, reimplante os eixos perdidos da produção nacional.

Temos nos empenhado arduamente para aprovar a Reforma Tributária, anseio prioritário do sistema produtivo nacional. A sociedade foi motivada a participar do processo de discussão da Reforma Tributária e os resultados apresentados, mesmo que não sejam consensuais, denotam considerável avanço. O que não podemos e nem devemos é perpetuar o estado atual. Governo e sociedade hão de participar desse movimento pela reequação tributária no País.

Estamos pregando o óbvio? Sim. Mas lembrar o óbvio passa a ser um ato muito importante, nesse momento em que setores procuram atravancar o processo de reformas, esconder o lixo por baixo do tapete, dar à versão valor de verdade, mistificar. E dentro da linha de recordar obviedades, urge cumprir a lei. Fôssemos cumpridores da Constituição e das leis do País, não teríamos tanta injustiça e tanta sensação de impunidade.

É esse o ideário pelo qual luta o PMDB. Nesse momento, grandes partidos brasileiros iniciam um processo de afastamento das linhas doutrinárias clássicas, principalmente da corrente liberal extremada e do socialismo revolucionário. Outros incorporam a doutrina social da Terceira Via, corrente liderada pelo Primeiro Ministro inglês Tony Blair. Não nos parece conveniente, diante da grave crise social que estamos atravessando, perder tempo com grandes discussões teóricas. O Brasil precisa de ação. Ou, ainda, precisamos, isso sim, encontrar a Via Brasileira, que é o largo caminho do resgate da dívida social. E aí entra o PMDB como "movimento". Antes, pela democracia política; agora, pela democracia social.

7. NOSSA LUTA NO PMDB[7]

No momento em que nos preparamos para a Convenção do PMDB com o objetivo de escolher o novo Diretório e a nova Executiva do Partido no Estado de São Paulo, cabe discorrer sobre o papel do nosso partido no contexto particularmente tenso da vida nacional. Lembro, inicialmente, que o PMDB caracteriza-se por ser um "movimento" e, como tal, interpreta o conjunto dinâmico das mudanças que a sociedade exige. Movimento é busca, deslocamento, abertura, inovação. Movimento é acompanhamento da vida social. Nesse sentido, o PMDB pressupõe a existência de debates, conflitos, divergências de opinião, palco aberto de idéias. Por isso, não queremos ser, nem seremos, um partido estático, intolerante, amorfo.

A nobre missão do nosso PMDB, na difícil quadra que estamos vivenciando, é a de procurar atender aos legítimos anseios sociais, expressos pelas demandas nas áreas da segurança pública, do emprego, dos programas de saúde, saneamento, educação, da recuperação da vocação agrícola das regiões, da eliminação das injustiças. De que vale, afinal de contas, termos as liberdades individuais, o direito de expressão, o direito de ir e vir, se não temos, ainda, a democracia social do pão sobre a mesa de todos os brasileiros? A democracia representativa só será eficaz, quando legitimada pela democracia do alimento para todos, da democracia da educação geral e irrestrita, da democracia dos serviços básicos essenciais, da democracia da tranqüilidade. Não basta, portanto, termos segurança econômica, estabilidade da moeda. Mais importante é garantirmos o bem-estar coletivo, a segurança social.

Foi o PMDB que liderou a luta para tirar o Brasil das trevas do autoritarismo. Foi o PMDB que inspirou a sociedade a participar ativamente da reconstrução nacional. Foi o PMDB que liderou a campanha das Diretas-Já. Ninguém há de tirar a marca registrada desse partido. Tanto assim é que o nosso partido continua a ser o mais capilar e popular de todos,

7. 31 de julho de 2001.

estando presente, de forma homogênea, em todas as regiões, agregando o maior número de Prefeitos, Vereadores, Deputados Estaduais e tendo a segunda maior bancada de Deputados Federais. O PMDB sempre cresceu no calor dos conflitos internos, no acirramento da polêmica, sob o clima do debate franco. Nós, peemedebistas, somos livres para divergir e decidir.

O momento é de muita tensão. A onda de violência assume proporções assustadoras; a deterioração dos serviços públicos fundamentais angustia as populações; as drogas devastam parcelas de nossa juventude; cresce a insatisfação social. E as denúncias sobre corrupção acabam batendo na imagem de nossas instituições públicas. O papel do nosso PMDB, nesse contexto, é o de, mais uma vez, levantar a bandeira da reconstrução nacional, lutando contra todas as formas de corrupção, pressionando pela justiça social, propugnando por uma Reforma Política, que, efetivamente, mude os costumes e as velhas práticas. O PMDB não pode e não deve permanecer cego e inerte diante do quadro social e político que aí está.

O setor produtivo nacional e paulista, principalmente os micro, pequenos e médios empresários do comércio, da indústria e dos serviços, precisam ser priorizados pelas políticas públicas. A produção nacional deve receber o mesmo tratamento que se dá aos produtos importados. O País precisa caminhar sobre a trilha de um nacionalismo que, sem ser xenófobo, reimplante os eixos perdidos da produção nacional. Sem produção, não há emprego, sem emprego, o ânimo social fenece.

Comprometemo-nos com esse ideário, principalmente levando em consideração o papel do Estado de São Paulo na liderança da produção brasileira. E por estarmos afinados com a bandeira da produção e do desenvolvimento, da democracia do pão sobre a mesa, da causa dos pequenos e médios empreendedores, da luta contra a insegurança generalizada que amedronta a sociedade paulista, queremos que o nosso PMDB se transforme no partido mais avançado de nossa sociedade. E para que essa meta seja concretizada, estamos liderando uma chapa para o novo Diretório e a nova Executiva do partido. Ela representa a modernização, o presente e o amanhã, o sentimento legítimo das bases, o sentido plural de todas as correntes. Queremos um partido aberto, sem fisiologismo, democraticamente assentado nas demandas, expectativas e vontades das bases sociais. Temos certeza de que a nossa vitória, em 20 de maio próximo, nos habilitará a atender aos anseios de tantos companheiros, amigos e correligionários de todas as regiões paulistas: garantir a nossa candidatura ao Governo do Estado de São Paulo no pleito de 2002.

8. *O PMDB E O BRASIL*[8]

Estuário natural para onde confluíram as grandes demandas da sociedade e as diversas forças que se opunham ao sistema autoritário do País, o PMDB consolidou-se nos anos de 1970-1980 como a espinha dorsal da democracia brasileira. Hoje, tangido pelas circunstâncias, distanciado do clamor cívico que inspirou lutas memoráveis, cujo ápice foi a campanha das Diretas, em 1984, quando fez a convocação nacional para a reconquista democrática, o PMDB se defronta novamente com o desafio de se integrar ao conjunto social a fim de desfraldar a bandeira do desenvolvimento e da inclusão dos contingentes excluídos, a chama que iluminará seus novos rumos.

Ponho-me à disposição dessa causa. Quando, há semanas, tive meu nome apontado por companheiros do partido para reunir, unir e reformular o PMDB, lembrei que minha candidatura à presidência do partido só tinha razão de ser, caso prevalecesse a meta de resgatar um ideário, uma proposta, um programa para o País. Rejeito qualquer imposição de "fulanizar" o partido, de particularizar um pleito. Todo partido – já disse Konrad Adenauer, ex-chanceler alemão – existe para o povo e não para si mesmo. Com este sentimento e a crença de que o PMDB precisa buscar uma nova maneira de operar a política, aceitei o desafio de submeter-me ao embate democrático de 9 de setembro.

Com quase um quinto da Câmara Federal, seis Governadores, centenas de Deputados Estaduais e milhares de Prefeitos e Vereadores, que o qualificam, ainda, como o partido mais capilar do País, o PMDB não pode e não deve deixar que sua história de 35 anos seja manchada por desvios impostos pela conjuntura política. Impõe-se, urgentemente, o resgate do papel de vanguarda do partido. E, tenho de admitir, falta a ele um projeto próprio para o País, com o foco voltado para a incorporação dos diversos segmentos da sociedade brasileira, principalmente os marginali-

8. 28 de agosto de 2001.

zados. Definido o caminho, aduz-se o princípio lógico: não há mais razão para que o PMDB siga comungando os ideais de uma aliança governista, já que teremos o nosso próprio desenho sócio-político-econômico.

Não tenho nenhuma dúvida: considero fundamental e indispensável a candidatura própria à presidência da República em 2002. Não há alternativa mais digna e democrática para que o partido recupere sua identidade e sua força que não seja a de apresentar o cabeça-de-chapa de uma candidatura presidencial. Esta candidatura caldeará as novas aspirações da sociedade, integrando as demandas de todos os setores e realizando a vontade popular.

Convém salientar que, ante a recorrente questão sobre o afastamento dos nossos quadros do Governo Federal, não há tergiversação: o afastamento dar-se-á, de forma natural, caso decidido pela Convenção Nacional do partido em 9 de setembro. Não podemos, é claro, esquecer que participamos da aliança governista, cujo grande desafio foi o de implantar o programa de estabilização da moeda. Não podemos, porém, deixar de registrar a nossa divergência ante várias questões concernentes à realidade nacional.

Basta lembrar que grandes lacunas povoam o espaço dos programas nacionais. A Reforma Tributária, pela qual tanto lutei, não foi implantada, apesar de vitórias pontuais, como a que obtivemos, há poucos dias, quando aprovamos, por unanimidade, Projeto de lei de minha autoria, acabando o efeito em cascata na cobrança sobre contribuições sociais, como PIS e COFINS. Afirmo e reafirmo que só a Reforma Tributária alavancará o desenvolvimento, desonerando a produção nacional, beneficiando as empresas brasileiras e as estrangeiras que hoje investem no País. O aumento da produção é a via mais natural para o aumento das exportações e conseqüente incremento na geração de emprego e renda. Os trabalhadores poderão respirar com a abertura do mercado de trabalho, especialmente os milhões de brasileiros que se formam nas universidades e que enfrentam um campo restrito de trabalho.

O resultado de todo esse esforço recairá sobre as faixas mais carentes, que serão inseridas no mercado de trabalho e consumo. Não há como deixar de se apontar as conseqüências sobre os índices de violência, particularmente nos cordões periféricos, que, hoje, assustam toda a sociedade. Aqueles índices seguramente serão diminuídos. Trata-se de um projeto complexo, mas absolutamente adequado a um grande partido como o PMDB.

Eleito Presidente do partido, convocarei um grupo de pensadores, políticos, religiosos, colaboradores e lideranças efetivas da sociedade para estabelecer as diretrizes de um programa mínimo, de caráter multidisciplinar e multirregional, com os eixos fincados no desenvolvimento e na inclusão social.

Assim o fazendo, estaremos contribuindo para engrandecer a nossa sigla e "desfulanizar" o PMDB, afastando-o do circuito das conveniências pessoais e de grupos de interesses isolados. Não há como imaginar termos um programa com essa envergadura, um candidato viável e, ao mesmo tempo, continuarmos a ocupar cargos no Governo federal.

Esta é a crença que me inspira e me faz agir. É a minha crença no PMDB.

9. A SERVIÇO DA SOCIEDADE[9]

Ao me colocar a serviço do PMDB, carrego a mais sincera convicção de que deverei ser soldado de uma causa maior, a causa da sociedade. Fascina-me a idéia de servir ao País, por meio do Partido. De maneira despretensiosa, confesso que procurarei guiar minha conduta pela intenção de ser um rígido intérprete da significação de um partido político: partido é parte, parcela de pensamento social. Nesse sentido, identifico-me plenamente com a meta de servir a esta parcela da comunidade política. Tomarei como lema o axioma do dramaturgo russo, Griboedov: "para servir, estou pronto; mas a ser servil, me oponho".

Com este compromisso, conclamo os peemedebistas de todo o País, os nossos vereadores, os nossos Deputados Estaduais, os nossos Deputados Federais, os nossos Governadores, os nossos militantes, a se engajarem na campanha de mobilização nacional, quando, unidos pelas mesmas luzes que iluminaram o nosso passado, faremos fileira em torno do programa e do candidato que apresentaremos à Nação.

Estendemos as nossas mãos a todos os correligionários, na missão, que, desde já, considero imediata e prioritária, de juntar todas as correntes que integram o PMDB em torno do ideário que a Nação está a reclamar. Não deveremos nos deixar influenciar pelos climas passageiros, com suas turbulências naturais, que fazem até parte da cultura de nossa agremiação. É natural o confronto interno nas instituições da democracia. Procuraremos olhar para frente e para o alto, animados pela meta de fazer da disciplina partidária uma questão fundamental, evitando, com isso, a transformação do PMDB em federação de grupos e segmentos.

É hora de afirmação e compromisso.

Ou assumimos, desde já, um discurso afirmativo e mudancista ou seremos tragados pelo vácuo da tibieza, das dúvidas e da imprevisibilidade. Tínhamos – é sabido por todos – o discurso mais forte, mais coerente e

9. 24 de setembro de 2001.

mais avançado de todas as agremiações políticas do País. Fomos o aríete que contribuiu para arrombar as pesadas portas dos anos de chumbo. Lutamos de maneira denodada para consolidar a consciência de que a reconstrução do País é um processo que exige a real participação da sociedade como força motriz das mudanças. Deixamos nossa marca nos capítulos de defesa dos direitos humanos, das liberdades individuais e sociais, da construção da cidadania. Nos últimos tempos, porém, tangidos pelas circunstâncias, jogados pelos ventos dos tempos, pressionados pelas intempéries dos ciclos conjunturais, fomos deixando que o nosso discurso perdesse substância e nitidez e as nossas ações, um sentido unívoco.

Em face do cenário da globalização, das mudanças ocorridas na esfera ideológica, a partir do estiolamento das doutrinas, do arrefecimento partidário, da diminuição dos índices de agregação das bases, da homogeneização de comportamentos e atitudes, tendências mundiais que, seguramente, repercutem na política brasileira, vimos crescer, entre nós e em nosso partido, o fenômeno da fulanização. Sicranos e beltranos passaram a repartir territórios e interesses, a ocupar os espaços da comunicação, a fazer prevalecer os perfis pessoais sobre as densidades conceituais e programáticas, invertendo a equação da política, em cujo arcabouço o poder deriva do povo e em seu poder será exercido. A qualificação pessoal, adjetiva, passou a ocupar o lugar do valor coletivo, substantivo. O que fica evidente é o distanciamento do povo, toda vez que prevalece a vontade pessoal sobre a vontade coletiva, toda vez que partido político se transforma em conceito de fim e não de meio, toda vez que a particularização personalista esmaece o sentido doutrinário. Para a política e para os partidos, o povo não é um detalhe, como infelizmente é considerado, quando as ênfases pessoais ocupam o lugar central do debate político. O povo é a essência, o fim, o foco da política e de seus representantes.

Por isso mesmo, é hora de resgatar ao nosso seio o discurso da sociedade, coletivo e plural, no qual se estribava, ontem, a nossa identidade, os nossos ideais. É hora de recuperarmos a convicção, a garra, a coragem, a autenticidade e a visão de civismo e brasilidade que são sinônimos de MDB e PMDB e que inspiraram figuras que deram brilho à nossa história, como Ulysses Guimarães, Tancredo Neves, Teotônio Vilela, Marcos Freire, Alencar Furtado e Freitas Nobre, entre outros.

Reafirmação e compromisso, há de se dizer, não significam ruptura com o escopo de idéias, planos e programas com os quais o PMDB tem se identificado em sua história mais recente. Somos signatários do programa da estabilidade da moeda. Fomos partícipes atentos e ativos das Reformas Constitucionais, que permitiram a modernização institucional do País, particularmente nos aspectos referentes às Reformas Econômicas, ao programa de privatização, ao programa de Reforma do Estado.

A coerência é uma virtude da política, infelizmente nem sempre prezada. A cada um de nós, compete lutar pelas convicções pessoais, manifestar os inconformismos e pontos de vista, sem perder, jamais, o fio coerente da trajetória, sob pena de abolirmos de nossas vidas os princípios da decência, da ética e da fidelidade aos compromissos. A democracia, já o sabemos, nos impõe a humildade do diálogo, a força do contraditório e o intercâmbio das idéias.

O Partido foi, é e sempre será dono de seu destino. E por ser assim, de maneira democrática, deixará sempre abertas as portas do debate franco, leal, sincero. Debater, sempre. Polemizar, todas as vezes que for necessário. Confrontar pensamentos, sempre que os interlocutores assim o acharem conveniente para exercitar a democracia. Transigir, porém, em matéria de interesse da Nação, jamais. Não fechar as portas para os compromissos com os eixos centrais de um programa para a Nação. Neste plano, o ideário tem permanência. Não sucumbe ao tempo.

Dentro desta ordem de pensamento, passamos a compor um conjunto de idéias-força que hão de balizar o Programa que o nosso partido haverá de apresentar ao País.

A meta finalista é o bem-estar. É a sociedade satisfeita em suas demandas essenciais. Que pressupõe a garantia de salários, renda. Que depende de trabalho, emprego. Que significa vida melhor para as famílias, com seus orçamentos equilibrados, os filhos na escola, a comida na mesa, a segurança a toda prova, a casa em boas condições de habitar, o transporte fácil e barato, o convívio harmônico, a vida em grupo, a harmonia e a paz social. Tudo isso implica a melhoria do desempenho do Estado, a capacitação das estruturas para o cumprimento adequado das funções constitucionais.

Desenvolvimento, com garantia da estabilidade, e inclusão social – é essa a linha mestra do nosso ideário. O patamar da estabilidade monetária há de ser preservado, na perspectiva de que é a condição primeira para a ativação de um programa sustentável de desenvolvimento. Não podemos deixar de reconhecer que a globalização, a Reforma Econômica, o programa de privatizações, a estabilidade monetária criaram as condições para a remodelação do capitalismo brasileiro. A competitividade empresarial, o aumento geral da eficiência da economia, a volta maciça de capitais internacionais, processos privados de gestão mais avançados constituem, seguramente, elementos que balizam a revolução paradigmática na estrutura produtiva do País.

Da mesma forma, temos de reconhecer que grandes carências, particularmente no âmbito das políticas públicas e da obsolescência das estruturas do Estado, inviabilizam a maximização e os potenciais do setor produtivo. Poderíamos citar, a título de exemplificação, a Reforma Tributária, pela qual tanto batalhamos como Presidente da Câmara Federal e que ainda constitui objeto de nossa atenção, no espaço da Comissão de Tributação e Finanças, que presidimos. Os nossos esforços, a mobilização da sociedade organizada, que empreendemos, tiveram como foco, todo tempo, a necessidade de deixarmos de contemplar a Reforma Tributária, sob o ângulo restritivo de ajuste fiscal, pela necessidade de se reduzir o déficit público, mas de considerá-la alavanca de incentivo à produção nacional. Colcha de retalhos, tecida ao longo das necessidades de ajuste fiscal, em detrimento de qualquer esforço de racionalidade, a estrutura tributária de nosso País é injusta para com a produção nacional. Não existe isonomia entre o parque produtivo brasileiro e o parque de importação.

Se queremos exportar mais, precisamos agregar as condições para tanto. Como será possível atingir essa meta, quando cerca de 75% das exportações brasileiras são realizadas por apenas 371 empresas? Há 20 anos, o País agregava 1,4% do comércio mundial, recuando para quase a metade na década de 1990, quando nossa participação passou a oscilar entre 0,8% a 0,9%. Enquanto o comércio mundial cresceu a taxas de 7,5% ao ano, nos últimos 15 anos, nosso País cresceu seu comércio em apenas 4%.

O modelo carece uma inversão. Precisamos desconcentrar a exportação, por meio do apoio à pequena e média empresas, a abertura de canais de financiamento, a garantia de seguro para exportação, a promoção mais agressiva na área do comércio. Desconcentrar é abrir canais, ampliar as possibilidades dos setores, inserir mais atores no cenário social e produtivo, e ainda agilizar processos e desburocratizar.

Desconcentrar, aliás, nada mais é que a efetivação do conceito mais avançado da forma de governar, que consiste na descentralização administrativa. Como me ensinou o meu saudoso Professor André Franco Montoro, a cujo Governo tive a honra de servir, como secretário de Segurança, o destino da democracia está estritamente ligado à descentralização do Poder e à participação da sociedade. Descentralizar é, dizia ele, colocar o Governo mais perto do povo, e, por isso, torná-lo mais participativo, mais eficiente e democrático.

A cultura de participação e eficiência depende, porém, da vontade política de operar grandes mudanças na estrutura do Estado. Temos de reconhecer que a capacidade de planejar do Estado está defasada. O pacto federativo é tênue, abrindo um permanente conflito em torno de competências, recursos e políticas de tributos. Os serviços estão precarizados. Os quadros qualificados fogem para a iniciativa privada. Os funcionários públicos, cuja dedicação às causas sociais deixou fortes traços na história da Administração Pública, hoje são demonizados, considerados cidadãos de segunda classe. O desenho das estruturas funcionais passou a ser inadequado. Demandas novas são geridas por sistemas obsoletos. Não é de se admirar que, sob essa cobertura cheia de vazios e buracos, os espaços do clientelismo e do patrimonialismo se ampliem, estendendo seus tentáculos para a corrupção e os desmandos.

A Nação precisa de um Estado melhor aparelhado para se aproximar de seu povo. A Nação precisa de um Estado refundado para deixar as janelas estreitas da democracia restrita e ingressar nas portas largas da democracia participativa, a democracia do pão sobre a mesa, a democracia da inclusão social, a democracia da justa distribuição de renda, a democracia das oportunidades iguais para todos.

Um Governo mais próximo do povo – eis o lema político que inspirará o nosso PMDB. A execução dessa meta implicará, naturalmente, a inclusão social, a inserção no meio social dos milhões de brasileiros banidos e excluídos pelo pérfido sistema de distribuição de renda. A exclusão social é incompatível com o Estado democrático.

10. PMDB, O PRESENTE E O FUTURO[10]

Se o ciclo da redemocratização política foi praticamente ocupado pelas metas de controle inflacionário e de inserção do Brasil no cenário da economia internacional, os próximos anos serão seguramente direcionados ao esforço para diminuir o perverso contraste entre o estágio econômico alcançado pelo País e a trágica realidade apurada pelos indicadores sociais.

Essa é a principal equação administrativa a ser resolvida, não importando qual o governante a tomar assento na condução do País, a partir do pleito de 2002. E mais: caso o País continue a exibir o perfil de oitava economia do mundo em uma moldura que abriga 30% da população vivendo na miséria, entraremos numa crise de proporções gigantescas, com drásticas conseqüências para o futuro.

O PMDB quer ser agente mobilizador das transformações exigidas pela sociedade, como foi, em 1984, na célebre campanha liderada por Ulysses Guimarães, que colocou o País no trilho da redemocratização. Podemos, desde aquela época, nos orgulhar da conquista da democracia política, mas o mesmo não podemos dizer em relação à democracia do "pão sobre a mesa".

O Estado, temos de reconhecer, não tem sido eficaz para cobrir as manchas da crise social. Temos, dentro do País, o equivalente a duas Venezuelas passando fome, sem esgoto e morrendo mais cedo. Não dá mais para colocar tapumes sobre a crua realidade social. Cerca de 50 milhões de brasileiros, segundo pesquisa da Fundação Getúlio Vargas, vivem na indigência. A nossa democracia está sendo construída sobre frágeis vigas, que podem desmoronar.

O PMDB está desenhando um programa para o País. Inspira-se no conceito central de despolitização de posições, o que significa a preservação dos eixos de uma economia de mercado e do desenvolvimento da

10. 16 de outubro de 2001.

produção, com alta prioridade para a inclusão social dos setores menos favorecidos, garantindo-lhes o acesso à educação, à saúde, ao saneamento, à habitação, à terra, ao transporte público, à cultura e ao lazer. Significa um sistema econômico refratário às radicalizações dos que detratam as leis do mercado e dos que elegem o Estado intervencionista como única alternativa para os problemas nacionais.

Demonstramos recentemente esse posicionamento quando defendemos, com vigor, as linhas da Reforma Tributária voltada para desonerar a produção. Mas o governo – temos de dizer claramente – não permitiu que ela fosse levada adiante.

O que não podemos concordar é com um modelo que, em sete anos, elevou uma carga fiscal bruta de 24% para 34% do PIB (a maior do Terceiro Mundo), rebaixando o crédito bancário para produção e consumo de 33% para 26% do PIB, nos últimos sete meses.

Isso significa desestímulo à produção, fator que se soma aos tributos indiretos em cascata, os quais se projetam sobre a crise social na forma de desemprego. Sem fomentar a competitividade do produto nacional, como podemos falar em desenvolvimento?

Urge formar um círculo virtuoso que parta do incremento da produção. Produção gera emprego – e este significa proteção, segurança, mais consumo e mais produção. As exportações são o corolário natural da equação. O atual modelo exportador parece insuficiente, bastando verificar que 74,52% das exportações brasileiras são realizadas por apenas 371 empresas, enquanto, nos EUA, por exemplo, cerca de 57% das exportações são feitas por empresas de pequeno e médio portes.

A meta de aumentar as exportações em 20% há de levar em consideração a extensão das bases exportadoras. Quando a economia reparte de maneira mais eqüitativa o bolo econômico, forma-se um amortecedor econômico e social que resiste à dependência internacional. Com esse amortecedor, um espirro econômico na Ásia não afetaria tão intensamente a economia brasileira.

No campo político, o PMDB há de firmar sua posição de coerência. Ou seja, o partido não desmerecerá o que foi feito pelo governo, até porque tem participado dele com engajada inserção na meta de controle da inflação, no programa de estabilidade da moeda e nas Reformas Constitucionais. O que queremos é avançar sem desconstruir as bases do sistema econômico. O que pregamos é o desenvolvimento harmônico, pois o Brasil é um país "mal desenvolvido". A moeda há de deixar de ser fim. Deve ser meio de promoção humana.

O Estado tem de fazer uma readequação, tornando eficientes os serviços públicos, extirpando desvios e orientando as ações administrativas para amparar as bases da cidadania. Defendemos a descentralização administrativa como forma de desconcentração de pólos de poder e de agilização da prestação dos serviços públicos. As reformas estruturais defendidas pelo PMDB contemplam, ainda, a Reforma Política, necessária para a moralização de práticas e costumes.

Nenhuma democracia floresce sem a participação dos cidadãos no processo decisório da política. O PMDB prestigiará o fortalecimento das organizações da sociedade civil e a ampliação dos canais de informação e discussão, na crença de que a permanente consulta ao povo é uma medida salutar de aperfeiçoamento da democracia representativa. Com esses traços, queremos inserir o PMDB na agenda prioritária da nação e na consciência dos cidadãos.

11. ULYSSES, O PMDB E A PLURALIDADE[13]

Os dez anos que nos separam da morte de Ulysses Guimarães consolidam uma idéia-chave que tem sido recorrente nas análises a seu respeito: devemos à sua coragem, obstinação e clarividência a estabilidade institucional e política que garante ao Brasil, hoje, ostentar uma das mais sólidas democracias da América Latina. Quanto mais a poeira do tempo conduz ao passado os vestígios da história, tanto mais viva é, para nós, peemedebistas, a memória desse timoneiro que, liderando as diversas forças que se opunham ao modelo autoritário e caldeando o sentimento e as aspirações populares, transformou o PMDB na espinha dorsal da reconquista democrática e, conseqüentemente, da reformulação da vida brasileira.

Entre as qualidades de Ulysses sobressaía a sua capacidade de interpretar o espírito do tempo, esse valor intrínseco aos grandes líderes, que lhes dá a noção exata das ações a serem empreendidas e das atitudes a serem tomadas. Não era apenas um visionário, pelo menos no sentido poético do conceito, mas um pragmático, formado na escola considerada a mais engenhosa na arte de conceber e praticar a política, o velho PSD, que, ao lado da UDN, constituíram os principais alicerces do atual edifício partidário brasileiro.

Por isso mesmo, entre ter uma Constituição ideal, plasmada pela ótica apurada das grandes Nações desenvolvidas, e uma Carta Magna que, mesmo extensiva e detalhista, pudesse exprimir o caudaloso estuário das vontades nacionais, a segunda alternativa seria a melhor para abrir o novo ciclo institucional do País. Ulysses sabia que, naquele momento, o importante era fazer acontecer, na idéia de que os aprimoramentos viriam ao correr do tempo. Intuição pura de um pragmatismo que já se fizera notar, em 1973, quando, para denunciar a farsa das eleições indiretas, correu o País, como anticandidato à presidência da República, ao lado de Barbosa

11. 20 de janeiro de 2003.

Lima Sobrinho. O velho timoneiro sabia medir a importância dos atos e, mais que isso, a eficácia de suas conseqüências.

Dos tempos de Ulysses para cá, o Brasil deu um monumental salto. O País consolidou o seu arcabouço institucional, sob o signo dos embates partidários e o calor das pressões sociais, extraordinariamente aumentadas pelas demandas de comunidades mais engajadas no processo político e pela expansão da rede de entidades organizadas da sociedade civil. O Brasil foi se tornando mais maduro e seu povo mais consciente de sua força, a ponto de se identificar uma multiplicação dos pólos de poder, em todos os espaços nacionais, quebrando-se, em conseqüência, a hegemonia dos grandes partidos. Hoje, o que se distingue é uma Nação em pleno uso de seus princípios democráticos, buscando, pela via do voto, as suas mais legítimas aspirações e repartindo as suas idéias em um dos mais abertos espaços de debates da contemporaneidade.

Traduzir os caminhos do PMDB em todos esses anos de consolidação democrática é lembrar a história de um partido que é a própria cara do povo brasileiro: aberto e plural. A semente que Dr. Ulysses semeou nunca teve a intenção de formar uma floresta com uma única espécie de planta. Desde os seus tempos, o PMDB tem sido um partido do debate, da polêmica e das divergências internas. Basta lembrar que, do nosso partido, saíram arautos e idéias que inspiraram o nascimento de outras entidades, a partir do PSDB. Tendo como um de seus eixos o alinhamento de estruturas políticas nas unidades federativas, e sabendo que os nossos adversários se repartem por diversas siglas partidárias, de acordo com as mais fortes tradições da cultura política nacional, não se poderia jamais esperar do PMDB uma visão monolítica e unilateral. Aliás, nenhum partido brasileiro pode, nesse momento, desfraldar a bandeira da unicidade partidária. O que se observa, nesse sentido, são manifestações que mais expressam alianças de conveniências, ditadas pelas circunstâncias, que preservação de escopos partidários.

Esta última observação tem a ver com as críticas que, comumente, se fazem ao nosso partido, como se fôssemos a exceção do quadro partidário nacional. O PMDB de Dr. Ulysses era multifacetado, mas unido em torno das grandes causas nacionais. O nosso PMDB, hoje, continua a ser um partido de muitas frentes e grupos. Não duvidem, porém: saberemos nos unir e nos integrar nos momentos mais graves, quando os interesses da Nação estiverem em jogo. Se há um plano de idéias que está sempre a inspirar as nossas diretrizes, trata-se do plano da defesa das causas nacionais. Na situação ou na oposição, temos presente, sempre, os preceitos constitucionais determinadores de que, acima do interesse partidário, está o interesse coletivo, único a comandar a conduta de todos os que se dedicam à vida pública e aos partidos políticos. Temos perfeita noção da necessidade de integração cada vez maior do PMDB no conjunto social. Temos noção dos caminhos que devemos trilhar nos rumos do aperfeiçoamento de nossa democracia.

12. A UNIDADE POSSÍVEL[14]

"Há uma medida nas coisas, há limites precisos, além dos quais, ou antes dos quais, o bem não pode subsistir". Essa lição, do poeta latino Horácio, se aplica adequadamente ao acordo que promovemos no âmbito do PMDB com vistas à eleição para a presidência do Senado e os caminhos a serem trilhados pelo partido. Cumpriu-se o que poderia ser cumprido, nem mais nem menos.

Ontem como hoje, o PMDB fez e faz o que é possível, dentro dos limites que lhe são impostos, de acordo com as circunstâncias e no espaço histórico que se vive. Hoje, como ontem, o nosso partido é um ajuntamento de corporações regionais e locais, que se unem ou se separam, na conformidade da fragmentação partidária, que, é forçoso reconhecer, tem enfraquecido o sistema partidário brasileiro. A figura mais recorrente do PMDB, Ulysses Guimarães, só conseguiu reunir as partes amalgamadas do partido em momentos especiais, como a luta pela redemocratização do País, não estabelecendo, porém, acordo nem em torno de sua candidatura à Presidência da República.

Quando se observa que a legenda é a que mais freqüenta o dicionário da política brasileira, vem a razão: centenas de representantes passaram pelo PMDB, alguns nele entram e saíram diversas vezes e muitos se sentiram, até quando já fora do partido, no direito de soltar os seus "miados".

Entrei no partido pelas mãos de Franco Montoro e infelizmente vim a presidi-lo quando a divergência interna já era tradição na legenda. Divergência que, em vez de significar parcelas diferentes de opinião a respeito do ideal partidário, denota o fenômeno da fulanização política, um obstáculo ao processo de fortalecimento dos partidos. Tanto isso é verdade que o Ministro Nelson Jobim, interpretando a Constituição, procurou atenuar a visão personalista, endossando a tese do caráter nacional dos partidos e vinculando as decisões dos diretórios estaduais e municipais à decisão da direção nacional.

12. 10 de fevereiro de 2003.

No PMDB, as visões pessoais têm falado mais alto do que as decisões institucionais, e são precisamente essas que têm se arvorado como as legítimas. Exemplo: as instâncias competentes, especialmente o conselho nacional do partido, decidiram apoiar o Governo Fernando Henrique. Boa parte da legenda, fração minoritária, nunca acompanhou a decisão nacional, embora continuando na legenda. Nunca tivemos unanimidade. Quando éramos 100 Deputados, 15 ou 20 sempre votavam de maneira destoante com a liderança. Mais recentemente, sempre com a preocupação de procurar a unidade, realizamos reunião da Executiva Nacional com os Governadores eleitos. Optou-se pela tese da "governabilidade", o que significou apoio parlamentar, sem ingresso no governo. Não pretendíamos participar da administração governamental. Na questão congressual, o acordo com o Presidente do PT se restringiu à tradição, ou seja, as maiores bancadas no Senado e na Câmara escolheriam seus candidatos à presidência. Estabeleceu-se grande confusão, apesar desse ajuste.

Ante o risco do esfacelamento do partido, ouvindo lideranças, procurei fazer aquilo que os limites dados pelas circunstâncias impunham: tentar a reunificação das várias correntes dentro do PMDB. Chegamos a um denominador comum, à unidade possível: o nome de José Sarney para a presidência do Senado, deixando a escolha dos líderes e representantes nas Mesas a cargo das bancadas, sem interferência do governo. Entretanto, alguns saíram a falar como se já houvesse sido decretada a participação. Nunca se mencionou participação do PMDB no governo. Vejo, assim, a possibilidade de apoio às Reformas Previdenciária e Tributária, que, aliás, foram por mim patrocinadas, quando líder e Presidente da Câmara. No entanto, como Presidente de um partido que acredita na democracia interna, o caminho partidário será fruto da decisão das bases parlamentares e instâncias superiores, como se fez no passado. Não haverá decisão unilateral nem grupal. Cumpriremos a decisão da maioria, com respeito à minoria. O que almejo é a unidade do PMDB.

Faço estas ponderações para tentar pôr um basta às versões que circulam sobre o PMDB e chegar a um pensamento uniforme. Não faz sentido que cada um fale por conta própria como se fosse pelo partido. As discussões serão internas. Externamente, deve divulgar-se a vontade da maioria. E só. O jogo da conciliação gera eficácia, não o jogo da rebeldia e da agressividade.

Cumprirei o mandato de Presidente até o final, continuando a busca das metas de unificação, objetivando levar adiante o programa já aprovado. Não creio que a participação no governo seja essencial ao partido, especialmente em face de recorrentes acusações de fisiologismo. Seria desastroso para nós. Importante é o endosso, no Congresso, às reformas ainda não implementadas. Cumpre-se o apoio às teses do governo, sem nele estarmos. Esta é uma posição de dignidade institucional. Nesse momento, urge administrar as emoções, de modo que a racionalidade seja a base do respeito mútuo, da solidariedade e da integração que devem balizar o ideário peemedebista.

13. PMDB E MDB

PMDB já foi MDB. Significa: já foi um grande movimento nacional que recuperou a cidadania e a democracia no País. Feitas esta tarefa, perdeu-se. Ocupou a grande maioria dos cargos executivos e legislativos no pais e, embora tendo realizado grande obra administrativa, deixou de ter mensagem. Não falou mais com a sociedade. Desconectou-se dela e passou à ambigüidade. Esta, fruto das várias correntes (era um "movimento") que o habitariam e habitam. Uns contra o governo (no passado e agora), outros a favor. E o partido, convenhamos, desfrutou dessa ambigüidade. Continuou numericamente forte. Nesta eleição e na anterior fez o maior número de prefeitos e vereadores e quase o mesmo numero de votos do segundo colocado, embora não tenha lançado candidato em algumas capitais do país. Fez a maior bancada no Senado Federal e a segunda na Câmara dos Deputados. A decantada "capilaridade" do PMDB se revela por esses dados. É um partido estruturado nacionalmente. Não há município do País que não tenha uma representação do PMDB.

Por tudo isso é que se tem indagado: se somos tantos porque não podemos ter projeto próprio de poder? Porque devemos ficar sempre na condição de satélite de outro partido que ocupe o poder? A resposta esta na afirmação inicial: o PMDB perdeu a sua identidade. Antes identificado, ainda MDB, como pregador da democracia, realizada esta não adotou nenhuma outra bandeira por meio da qual o eleitorado pudesse identificá-lo. E a razão, reitero, foi a existência dos vários grupamentos regionais que representam o partido. Gabamo-nos dessa circunstância sob o fundamento de que se tratava de democracia interna, o que mantinha reunidos grupos divergentes. E possível que, no passado essa ambigüidade tenha sido útil. Hoje ela é destrutiva e capaz de levar o PMDB a desmoralização perante o eleitorado brasileiro. Precisamos reagir e fazer do PMDB o representante do pensamento de uma parcela da opinião publica nacional.

13. Publicado em fevereiro de 2005.

Precisamos ter mensagem. Identidade própria. Deixar de lado a adesão. Para tanto, impõe-se que se adotem as seguintes providencias mínimas:

a) independência para trilharmos o nosso caminho;

b) projeto próprio para chegar ao poder com eleições de Presidente e Governadores;

c) programa de governo concreto e objetivo com mensagens bem definidas.

A independência significa que membros do partido não podem integrar o Governo. Já vivi essa experiência. Quando o partido integra uma base governista durante largo período é aético e incompreensível que, meses antes das eleições, o partido abandone o governo e lance candidato próprio. Essa tese da independência, sei, gera críticas. Equivocado, porém, estar na oposição, tendo em vista a concepção política dessa posição; é opor-se quase sempre com vistas às futuras eleições. A posição de independência significará que o partido terá seu projeto próprio e irá opor-se às teses do governo quando estas forem desinteressantes para a nação, apoiando, evidentemente, aquelas de interesse nacional. Essa tese da independência é a mais compatível com a situação atual do PMDB. Afinal, ele integra a base governista e seria também incompreensível que saísse dela para uma oposição radical. Não deverá, contudo ocupar cargo no governo, sob pena de tornar-se dependente.

No tópico do projeto próprio de poder devo registrar que, em um sistema político partidário multifacetado como o brasileiro, o PMDB não está fechado a alianças. Se isto vier a ocorrer será em razão de uma coalizão política em que partidos parceiros, portanto iguais, se aliam para fazer a campanha eleitoral e, depois, para governarem juntos. Evidentemente, em todo e qualquer coalizão, o PMDB buscará ser o cabeça de chapa. Tanto quando se fala em candidatura própria ou em coalizão, há de sustentar-se num programa para a nação. Por isto que buscando a identidade própria, procurando comunicar-se com o povo, o PMDB traçará diretrizes objetivas. Só para exemplificar; a revisão da federação brasileira dando aos Estados autonomia real para cuidar de suas questões locais; o tema da segurança publica (angustia nacional) com a possível criação de um Ministério da Segurança Pública e outros tantos temas que serão debatidos internamente.

Foram todas essas idéias que pautaram a reunião de governadores, e agora a reunião com todos diretórios estaduais, culminando com uma grande convenção nacional definidora dos rumos do partido que, espero, sejam estes que estão sendo pré-traçados.

Resulta destas idéias que o PMDB, diferentemente do que se diz, não quer, ampliar seu espaço no Governo Federal. Ao contrário, quer perder o espaço que já conquistou em função de um objetivo maior: a sua reidentificação e reconexão com o pensamento da sociedade brasileira.

Será um novo PMDB, que irá recuperar o antigo MDB. É a razão pela qual pensa-se voltar a velha denominação.

No geral pensa-se que ou se está na situação ou na oposição. E, mais grave ainda, a idéia que a classe política tem de oposição é política e não jurídica . Entende-se como regra geral que aquele que perdeu eleições deve opor-se sempre, já com os olhos postos nas futuras eleições. Pela regra institucional as aposições existem para ajudarem a governar, quando criticam o comportamento governamental. Não é para impedir a governabilidade, mas para colocá-la no rumo dos interesses da nação.

IX
PRONUNCIAMENTOS

1. DISCURSO POR OCASIÃO DA REELEIÇÃO E POSSE NA PRESIDÊNCIA DA CÂMARA EM FEVEREIRO DE 1999

Assumo, pela segunda vez, a Presidência da Câmara dos Deputados com a convicção de que, na legislatura que se inicia, emergirá deste Plenário, povoado pelo mais abrangente e legítimo conjunto de representantes do povo brasileiro, o perfil retocado da Nação que queremos ver abrindo as portas do terceiro milênio. A hora, todos o sabem, é grave. E nos chama, na convocação cívica da quadra legislativa que se instala, para analisar, debater e colocar o Brasil no rumo da estabilidade e do crescimento. Avante, pois, com as nossas responsabilidades.

Avante com os ideais de um jovem que dignificou esta Casa, com seu espírito público e raras qualidades de comando, articulação, tenacidade, companheirismo, solidariedade, respeito e grandeza cívica: Luis Eduardo Magalhães.

A Câmara dos Deputados, por dever constitucional e movida pelo civismo de seus parlamentares, saberá dar respostas adequadas aos fluxos e refluxos da crise, na continuidade de uma atuação vigorosa, responsável pelas mudanças que posicionaram o País nos eixos da modernização institucional. Justiça se faça ao Parlamento Nacional, justiça se faça aos senhores parlamentares: fizemos as Reformas Econômica, Administrativa, Previdenciária; abrimos o monopólio do petróleo, das telecomunicações, da navegação de cabotagem; mudamos o conceito de empresa nacional; implantamos um forte programa de privatização; avançamos em diversos capítulos da desregulamentação e descentralização administrativa.

Não é verdade, pois, que os parlamentares ganham muito e trabalham pouco; não é verdade que deixamos de votar questões fundamentais para os avanços do País; não é verdade que os parlamentares só votam em troca de favores; não é verdade que os Senhores Deputados colocam seus interesses pessoais acima dos interesses da Pátria. Infelizmente, os fatos negativos suplantam os fatos positivos na nossa cultura de massa; costuma-se tomar a parte pelo todo, julgando-se o conjunto parlamentar por eventuais desvios cometidos por um de seus membros; as generalizações vulgares sobre o corpo de nossa representação política acabam sedimentando, no seio social, a cultura da descrença e do desprezo pela política e pelo que ela representa, com visível prejuízo para a ordem institucional. No dia em que um país jogar seu Parlamento na liça do desprestígio, algo de muito grave poderá ocorrer na vida social. Um povo sem locução, uma população sem representação, é um povo condenado ao arbítrio dos ditadores.

O caminho é longo e estamos apenas dando os primeiros passos. O muito que fizemos ainda é pouco para superar os paradoxos que ilustram o nosso panorama social: a divisão brutal entre miséria e opulência, com suas manchas na estratificação social; a contradição estúpida entre populações marginalizadas e contingentes abastados; os conflitos em torno da propriedade da terra em um país de dimensões continentais; a disparidade entre o sistema produtivo do campo e a produção industrial. Fomos capazes, sim, de construir o maior sistema produtivo do chamado Terceiro Mundo, com o maior parque industrial e uma renda per capita relativamente elevada, dentro de uma economia reconhecida como a oitava do mundo, mas o progressismo de nosso sistema econômico, hoje submetido aos empuxos da globalização, não foi capaz de modelar o conservadorismo que deixa frágeis os nossos programas sociais.

As conseqüências das distorções, Senhores Parlamentares, estão aí desafiando as nossas capacidades: o enfraquecimento da indústria nacional, submetida aos apertos dos juros altos e à agressividade dos produtos importados; a migração do campo para as cidades, que insufla as economias urbanas; o agravamento da crise social, com a deterioração dos serviços básicos; a violência que se expande, saindo das áreas metropolitanas e, agora, ingressando nos mais distantes rincões; a fuga de capitais, decorrência da economia especulativa; e as deficiências crescentes dos serviços do Estado.

Temos de reconhecer os avanços na modernização do Estado, mas não podemos deixar de constatar que ainda convivemos com estruturas cartoriais, amparadas numa política de clientela, que não mais combinam com o estágio da sociedade moderna, racional e participativa, que desejamos ver florescer no País.

A Reforma do Estado, pois, há que continuar sob o império da reforçada necessidade de se melhorar os núcleos de competência, reforçar a capacidade de planejar, remontar o pacto federativo, reestruturar os programas sociais, eliminar os ainda persistentes focos de corrupção, readequar, enfim, o desenho institucional, dando-lhe maior dinamicidade e procurando-se atender aos requisitos de adequação funcional, controle de desempenhos e sistema de remuneração, benefícios e sanções. O desequilíbrio entre o nível de modernidade já conseguido por diversos setores da sociedade e as deficiências das estruturas existentes nos três níveis da Administração Pública fragilizam o Estado, incapacitando-o a gerir de modo eficaz o entorno público.

O reconhecimento da crise do Estado, cuja maior conseqüência se assinala na incapacidade de pensar, planejar e executar projetos abrangentes de desenvolvimento e na propensão de reagir a demandas pontuais, não anula a clara visão de que profundas transformações têm ocorrido na sociedade brasileira. Podemos verificar uma acelerada transformação do País, dos anos 50 aos anos 70, a passagem de uma sociedade rural para uma sociedade urbana, de uma economia agrária para uma economia industrial, de uma sociedade sob o controle de estratos superiores para uma sociedade mais plural, enriquecida por organizações intermediárias e grupos de pressão, em que emergem diferentes centros de poder e forças persuasivas. Não há como deixar de se fazer a constatação: o Brasil mudou. E tem mudado para melhor. E os últimos anos foram decisivos para o início do grande salto.

O Real jogou no baú da história os ciclos humilhantes da superinflação. O poder de compra do nosso povo melhorou, os mecanismos de acesso ao consumo se ampliaram. A população passou a ter acesso a um conjunto maior de bens. E não poderíamos deixar de atribuir o mérito de articulador da engenharia econômico-financeira a um dos mais eminentes homens da história republicana, destacado por seu preparo, por sua visão da geopolítica internacional, pelo equilíbrio com que vem comandando o mais arrojado programa de mudanças do Brasil contemporâneo: o Presidente Fernando Henrique Cardoso.

As revoluções e as reformas, já dizia Samuel Huntington, são raras. E os caminhos do reformador são ásperos. Seus desafios são os de contentar conservadores e mudancistas, equilibrar as mudanças na estrutura sócio-econômica e as mudanças nas instituições políticas, articulando-as de tal forma que não possa haver impasses e obstáculos de nenhum dos lados. O desafio do reformador é o de evitar os impasses e procurar amalgamar as posições políticas a fim de administrar, de maneira eficaz, as forças do avanço e as forças da reação. É essa uma qualidade que não se pode tirar do Presidente Fernando Henrique Cardoso.

A habilidade do Presidente não tem se restringido ao comando da estratégia mudancista que reposiciona o País no cenário da globalização. Vai mais além, na mobilização da classe política, na articulação social pelas mudanças, na mediação dos conflitos e negociações políticas, na formulação de eixos e variáveis de uma política econômica capaz de servir aos ciclos de uma conjuntura em constante mutação, no esforço pela modernização institucional.

A Câmara dos Deputados, pelo civismo de seus participantes, estará permanentemente mobilizada para procurar, debater e decidir as melhores alternativas para o País. Não fomos, não somos e não seremos omissos. Continuaremos presentes no centro da discussão nacional. O Brasil tem pressa e exige de nós velocidade nas ações. A agenda da Câmara dos Deputados, para o presente ano legislativo, é densa e extensa. A nossa responsabilidade estará acrescida pelo peso das circunstâncias, que estão a impor sacrifícios que demandam decisões cada vez mais tempestivas.

Não significa que devamos estar a reboque das propostas do Executivo. Não significa que devamos endossar a linha geral das diretrizes programáticas alinhavadas pelo Governo. Significa, isso sim, que o Parlamento Nacional, com independência, racionalidade e, sobretudo, com o espírito cívico elevado, haverá de encontrar respostas adequadas aos problemas nacionais. Não queremos ser apenas um Poder convalidante.

Há que se entender a lógica que produz as decisões no Parlamento Nacional. Este Plenário reproduz a exata configuração da vontade nacional, expressa no matiz doutrinário, ideológico e atitudinal dos representantes do povo. E se assim é concebido, dever-se-á fazer justiça ao pluralismo das decisões, das vontades e dos interesses, na crença de que a democracia se alimenta da força dos contrários, do jogo das idéias, do respeito às diferenças de opinião, do debate aberto em torno das questões, da tolerância e da boa convivência.

Não podemos deixar de lado os ideais que inspiram o funcionamento dos Poderes Constitucionais: a independência, a autonomia e a harmonia entre os Poderes. São estes princípios que nos levam a concluir que defeitos estruturais do Estado brasileiro, alguns decorrentes de inadequações constitucionais, impedem o funcionamento eficaz das estruturas públicas. Estamos ainda longe da clareza normativa que diferencia, no âmbito do Executivo, as instâncias de planejamento, de decisão, de execução e de controle. Sabemos que a formulação de estruturas administrativas, com suas equipes, estribada mais no eixo da composição política do que no eixo da planificação técnica, só é aceitável em ciclos de transição institucional.

Da mesma forma, Senhores Parlamentares, não podemos aceitar o abuso de mecanismos especiais, como a freqüência e a proliferação de medidas provisórias, que, mesmo aplicadas em situações de excepcionalidade, denotam um poder intervencionista, incompatível com o princípio da independência dos Poderes. Urge, portanto, reforçar os parâmetros reguladores do exercício das autonomias.

Sabemos, também, que as Nações fortes construíram seus alicerces sobre as bases de princípios sólidos e duradouros. Com esse facho, poderemos iluminar os caminhos da estabilidade institucional, que se constrói com o tijolo da continuidade dos projetos e da solidez de conceitos. Nesse aspecto, o Brasil se assemelha a uma grande colcha de retalhos. Fazemos leis que vão se perdendo no tempo; construímos e desconstruímos o edifício institucional, com a argamassa da descontinuidade, que tem sido uma forte marca ao longo de nossa história. Temos, senhores parlamentares, de semear as raízes de nossa cultura política, a fim de que possa ela criar raízes profundas. Desde a Independência, tivemos sete regimes partidários diferentes.

Infelizmente, o provisório, entre nós, torna-se permanente, fato que denota o caráter mutante dos parâmetros reguladores da política. Moldamos, a cada ciclo político, novas configurações sociais, fazendo e mudando, estabelecendo e desfazendo, na esteira das improvisações circunstanciais. Um país novo surge a cada crise, ao sabor de pressões que se avolumam e de demandas de um eleitorado que cresce vertiginosamente. No espaço de 35 anos, o eleitorado brasileiro aumentou em cerca de 700%, passando de 15 para 105 milhões de eleitores. A Nação forte que desejamos deverá estar amparada em princípios que ultrapassem os ventos do tempo. E o nosso indeclinável dever é o de trabalhar para perpetuar as disposições normativas, a fim de que não cheguemos a nos lamentar, como Bolívar, que, certa vez, traçou o perfil de uma América Latina, marcada pelo individualismo, pelo egocentrismo, pela desconfiança.

Lamentava ele: *"não há boa-fé na América, nem entre os homens nem entre as nações. Os tratados são papéis, as constituições não passam de livros, as eleições são batalhas, a liberdade é anarquia e a vida um tormento"*.

Uma das sementes para plantarmos a cultura da definitividade, no País, é a própria reforma do sistema político. Os nossos sistemas partidário e eleitoral carecem ser reformados, a fim de se conferir uma gestão mais racional à nossa democracia. Não temos condições de administrar a política, com quase 40 partidos, quando não há mais do que cinco ou seis correntes de pensamento no País.

E as leis precisam deixar de lado os casuísmos sucessivos, que só contribuem para denotar a instabilidade do nosso sistema político. Precisamos passar a limpo as questões de financiamento das campanhas, sua duração, o uso do rádio e da televisão. E se olharmos para a realidade expressa pelo voto, a cada eleição, vamos reconhecer a tendência inexorável da distritalização eleitoral, determinada pela inequívoca atração do eleitor pelos espaços da micropolítica, a política da região, do bairro, do distrito. Trata-se de um fenômeno mundial, que ganha intensidade entre nós.

Com mudanças na ordem política, chegaremos certamente ao ideal dos sistemas democráticos contemporâneos, que é a ampliação dos espaços de participação popular no processo político. A meta inspiradora desse esforço é a recriação e a multiplicação dos espaços do cidadão, a fim de que a população, por meio de suas representações, possa mobilizar-se para orientar as ações do Estado. A democracia tem muito a ganhar, se a esfera pública ampliar os espaços da participação popular.

Mas o instrumento, senhores parlamentares, a ferramenta para se alcançar esta meta, é a educação. Educar para a cidadania, conforme prega Bobbio. Se quisermos efetivamente um governo inspirado na visão social, há que se possibilitar, no âmbito da educação, um processo educativo orientado para expandir as bases da participação popular. E é por isso que tenho defendido a idéia da disciplina política nos currículos básicos. Os cidadãos hão de ampliar suas taxas de conscientização e racionalidade, interessando-se pela política, acompanhando de maneira mais atenta a formulação das políticas públicas. É o que, nos Estados Unidos da América, se chama de *advocacy*, o exercício consciente e pleno da cidadania, que se ampara na educação moral e estabelece um salto entre a democracia representativa e a democracia participativa.

Os Estados, os Municípios, os setores produtivos, o Brasil, enfim, pede pressa na Reforma do sistema tributário e fiscal. As recentes mudanças na política cambial; a abertura comercial; a continuidade da política de juros altos, mesmo que temporária, segundo o Governo; a atração de capitais para esfera da valorização financeira; a desproporção entre a grandeza de capitais financeiros e o tamanho da base produtiva real; o peso da acumulação predatória, que acaba recaindo sobre o Estado, que vê, a cada dia, o estiolamento de seu equilíbrio financeiro; todos esses fatores balizam o escopo de uma nova proposta nas esferas tributária e fiscal. Convoco a todos para essa iminente empreitada.

Não posso deixar de advogar, no conjunto das mudanças que precisamos promover no País, uma reforma no âmbito do Judiciário, calcada nas metas do dinamismo, da maior eficácia, do bom funcionamento para a distribuição da justiça. Há que se considerar, ainda, que as mudanças no campo econômico causaram impactos diretos no regime jurídico e regulatório. A reforma do regime normativo e regulatório torna-se, assim, inevitável para o adequado acompanhamento do ritmo quase frenético das transformações decorrentes das mudanças no campo econômico.

A nossa convicção, cada vez mais sedimentada pelo empuxo da crise contemporânea, é que a globalização provoca impactos desiguais nas sociedades e economias, atingindo menos aquelas já plenamente formadas e mais aquelas, como a nossa, em estágio de construção.

Ao Brasil, como caminho para atenuar os impactos, resta liderar o núcleo regional de cooperação e desenvolvimento – no espaço geográfico da América Latina – adensando o bloco do Mercosul, constituindo-o, no médio prazo, em bastião de grandeza econômica, social e política. Ao Brasil, resta, juntos com seus irmãos latino-americanos, e com o apoio dos grandes – a Europa, os Estados Unidos, o Japão – lutar para o aperfeiçoamento das instituições-símbolo da ordem econômica internacional – o Fundo Monetário Internacional e o Banco Mundial, que têm dado demonstrações de fragilidade na administração da crise financeira internacional.

Somos um País com uma população jovem; dispomos de uma geografia continental; temos terras férteis e vastas; somos o País mais rico do mundo em recursos biológicos; temos reservas minerais insuperáveis; e, graças a Deus, somos uma Pátria, integrada pela mesma língua, pelos mesmos sentimentos, pelos mesmos ideais. Não carregamos conosco as amarguras e os conflitos da África, berço de parte de nossa gente, às voltas, hoje, com dezenas de guerras entre seus povos irmãos.

Não podemos deixar escapar a esperança. Nem podemos nos envolver no manto da ilusão. Jamais sejamos levados pelo pessimismo das crises passageiras. Como nos ensina Sun Tzu, *"por mais críticas que sejam a situação e as circunstâncias, não aceitemos o desespero"*. A frase é velha, porém o princípio continua renovado: o Brasil é maior que as crises.

Quero concluir, Senhores Deputados, com um compromisso e uma convocação. O compromisso de trabalhar, ao lado do admirável Senador Antonio Carlos Magalhães, que preside, com rara habilidade, o Senado Federal, pelas mudanças que o País precisa. O compromisso de lutar por uma sociedade mais humana, mais justa e mais feliz. O compromisso de levar a cabo o programa de reformas nos campos econômico, político e social, fundamentais para a modernização do País. O compromisso de lutar para fazer do Parlamento Nacional uma Casa cada vez mais identificada com os anseios do Povo.

Para tanto, convoco todos os senhores para o exercício democrático de legislar, com liberdade e destemor, com amor cívico e os olhos voltados para as agruras das ruas! Convoco os companheiros para o grande debate, o debate das idéias, sustentado pelo respeito às divergências, pelo esforço para buscar soluções que atenuem as desigualdades sociais, pelo objetivo de lutar pela permanente estabilidade econômica, pelo ideal de ampliar os espaços da democracia participativa, pela solidariedade cívica para fazer do Parlamento Nacional a ponte mais estreita na meta prioritária da política: aproximar o povo da Nação! E que Deus nos ilumine na missão de dignificar o nome da Pátria!

2. DISCURSO REALIZADO EM MARÇO DE 1999, POR OCASIÃO DO REINÍCIO DOS TRABALHOS LEGISLATIVOS

Antes de ingressar na Ordem do Dia, na qualidade de Presidente desta Casa, gostaria de dar uma palavra sobre a agenda efetivamente positiva que estamos planejando para a Câmara dos Deputados.

Todos sabemos que, durante largo espaço de tempo, cuidamos de aprovar aqui as reformas fundamentais, ou assim consideradas, para a estabilidade da moeda e para o combate da inflação.

O Congresso Nacional, ao longo da Legislatura passada e ainda no início desta Legislatura, não teve qualquer problema em apoiar as medidas necessárias à preservação da estabilidade econômica.

Sras. e Srs. Deputados, estamos praticamente para encerrar este ciclo em que a moeda, por assim dizer, era o norte e a diretriz básica de todo o pensamento governamental. Amanhã, deveremos votar, às 14 horas, o segundo turno da Emenda Constitucional que prorroga a Contribuição Provisória sobre Movimentação Financeira. A partir daí, tal como anunciei no meu discurso de posse, com o auxílio de todos os Srs. eminentes Líderes e Deputados, pretendo fazer desta Casa uma casa de debates, uma casa que traga para o seu interior, para o interior do Poder Legislativo, a discussão dos grandes problemas nacionais, na convicção mais absoluta de que o Governo não é apenas o Poder Executivo, mas é também o Legislativo e o Judiciário, especialmente nós, do Poder Legislativo, que temos, no concerto estadual, a primeira das atividades, ou seja, somos nós que estamos deflagrando, com a lei, a atividade executiva e a atividade jurisdicional.

Verifico que neste momento, até com grande alegria cívica, e com a alegria cívica que conduzo esta Casa, que há temas instantes, temas que nos instam à meditação e que exigem de nós todos uma participação efetiva. Verifico, por exemplo, que se pretende priorizar a reforma política.

Acho-a fundamental, mas não é a única das reformas que esta Casa conduzirá. Esta Casa tem a tarefa inadiável, inafastável, de promover aquilo que os setores produtivos da Nação pleiteiam, que os Estados e os Municípios anseiam e que é útil para a União, que é a Reforma Tributária.

Srs. Deputados, não tenho a menor dúvida de que a Nação espera que façamos desta Casa, das Comissões e até deste Plenário um centro de debates de como realizar a Reforma Tributária no País.

Se não há movimentação de outros setores, vamos chamar para esta Casa os Secretários da Fazenda, vamos convidar os Governadores, vamos convidar os setores produtivos da Nação, vamos ouvir a sociedade. Não com nenhuma espécie de antagonismo, com que faz ou deixa de fazer o Poder Executivo, mas exata e precisamente porque a nossa tarefa é colaborar com a Nação e colaborar com o Poder Executivo. Se aqui conseguirmos levar adiante a Reforma Tributária, estaremos, efetivamente, governando.

Por isso, quero anunciar aos senhores que, na terça-feira próxima, às 14 horas e 30 minutos, estaremos reinstalando, com a presença deste Presidente, dos colegas, dos Diretores e dos integrantes da Mesa Diretora, a Comissão que vai cuidar da Reforma Tributária. Não vamos deixar de fazer a Reforma Política, mas temos espaço nesta Casa para o debate de ambas as reformas.

Por outro lado, devo também enfrentar um problema que é momentoso para esta Casa e para o País, ou seja, a Reforma do Poder Judiciário. No passado, já tivemos funcionando nesta Casa a Comissão que trata da Reforma do Poder Judiciário. Devo dizer aos senhores que quando ouço falar da Reforma Judiciária e quando consulto a maioria das pessoas – naturalmente os populares; não os colegas desta Casa – a respeito da Reforma do Judiciário, vejo que se imagina que essa seja mera Reforma Administrativa. E ela não é! Ela é uma reforma de natureza processual. Se nós quisermos fazer a Reforma Judiciária, ela há de ter por norte, por caminho, por direção, por diretriz a idéia da agilização da prestação jurisdicional, porque o objetivo de todos, na verdade, é fazer com que as áreas de litigiosidade sejam logo pacificadas, por força de uma decisão judicial. Então, temos que fazer uma reforma da legislação processual e, com ela, alcançar a Reforma do Judiciário, pleiteada por todos os setores desta Casa, pleiteada pelo Senado Federal, pleiteada por setores da advocacia e pleiteada, inclusive, por setores do próprio Poder Judiciário. Portanto, também na semana próxima, devo dizer aos senhores que vamos reinstalar a Comissão que tratará da Reforma do Poder Judiciário.

Quero também, Srs. Parlamentares, dizer que há uma angústia social em torno do tema da imunidade, não da imunidade por opiniões, palavras e votos, que, de resto, não é uma garantia do Parlamentar, mas é sim da Instituição e, porque é garantia da Instituição, é garantia da democracia.

Vamos cuidar, isto sim – e esta é a angústia social, que nos cobra, que nos exige providências –, de agilizar a chamada concessão da licença ou não-concessão da licença para os chamados crimes comuns. Na verdade, o objetivo da imunidade parlamentar é proteger opiniões, palavras e votos.

Quero anunciar aos senhores que farei uma reunião de Líderes no início da próxima semana e, na medida do possível, ainda na próxima semana traremos para esta Casa a emenda constitucional que trata da imunidade parlamentar.

Quero dizer, também, aos Srs. Parlamentares – e peço desculpas pelo alongado da exposição: sabem os senhores que sou comedido nas palavras e que me pronuncio mais extensamente quando me parece útil para esta Casa que a Presidência se manifeste –, que a função desta Casa é legislar. Não é desta Casa, mas é da origem do próprio Estado de Direito. Quando se passou do Absolutismo para o Estado de Direito, a primeira coisa que se pensou foi criar uma casa que representasse o povo, para legislar, ou seja, volto a dizer, para deflagrar a atividade administrativa e a atividade jurisdicional.

A história de um País é feita de momentos e circunstâncias. Houve instantes no passado em que se verificou a necessidade, questionável ou não – aqui não entro no mérito delas – de medidas mais duras e antidemocráticas. Houve outro momento, a partir da elaboração da Constituição de 1988, em que se verificou que era preciso conferir ao Poder Executivo um instrumento que desse agilidade às suas decisões. Certo é, devo registrar, que a Constituinte de 1988 retirou muitas das competências do Poder Executivo, mas deu-lhe, por assim dizer, uma compensação, na medida em que lhe conferiu a possibilidade da edição de medidas provisórias. E estas, devemos regulamentá-las.

O Senado Federal já cumpriu sua tarefa no tocante a essa regulamentação. Sob a batuta do Senador Antônio Carlos Magalhães, o Senado Federal acabou por editar uma fórmula de regulamentação dessas medidas. Na Câmara dos Deputados, temos vários projetos – um, inclusive, aparelhado para vir ao plenário desta Casa – regulamentando a edição das medidas provisórias. Portanto, como dizia eu, se houve instantes – e esse foi um instante do passado – em que se exigiu a edição das medidas provisórias, agora temos de circunscrevê-las a limites materiais e a circunstâncias determinadas que permitam ao Legislativo exercitar sua tarefa de produtor inaugural do sistema jurídico.

Srs. Parlamentares, esse é mais um dado, digamos assim, da chamada agenda positiva que estou a anunciar.

É importante que levemos avante a tarefa relativa ao Código Civil. Esse código, que tramitou no Congresso Nacional por quase vinte anos, está agora na Câmara dos Deputados para exame das modificações feitas nas várias etapas do processo legislativo.

Acabo de constituir Comissão Especial para exame do Código Civil. Esse código regula as relações pessoais, e vamos fazer um esforço para aprová-lo ainda nesta sessão legislativa.

Ao tomar um breve tempo de V. Exas. para anunciar estas medidas que tomaremos, acrescendo à circunstância, devo anunciar que estou modificando decisões anteriores que impediam o chamado apensamento de emendas constitucionais umas às outras para registrar que seja permitida a apensação de emendas constitucionais que tramitam pela Casa, já que as emendas nascidas no Executivo têm preferência sobre as demais. Quando isso ocorrer, estarão apensadas às emendas constitucionais e aos projetos de emendas constitucionais propostos pelos Srs. Parlamentares. Acho mais do que justo que seja desta maneira.

É evidente, Srs. Líderes e Srs. Parlamentares, que estou aqui expressando uma opinião pessoal, manifestando-me como Presidente da Casa e anunciando qual será a agenda. Não estou pretendendo convencer ninguém. Se assim pretendesse, estaria negando os critérios democráticos que norteiam esta Casa e esta Presidência. Estou apenas dizendo que traremos essas matérias para discussão. Estou afirmando e reafirmando que faremos desta Casa um centro de debates. Estou solicitando às várias correntes políticas – como de resto tem começado a acontecer no início desta Legislatura – que dialoguem entre si, de maneira que, em todas as questões, ou na maioria delas, possamos, com auxílio dos nossos Líderes, chegar a pontos comuns. Estou propondo que do debate não nasça a divergência absoluta, mas nasça a convergência integral. É isso que estou propondo aos companheiros desta Casa.

Evidentemente, todas as questões que estou aqui apresentando serão objeto de reuniões e discussões com os Srs. Líderes partidários, pois sou mero condutor desta Casa e, portanto, estarei atento àquilo que os partidos têm a dizer, guardando sempre, é lógico, o critério da proporcionalidade, que não é um critério meu ou desta Casa, mas da vontade soberana do povo ao elaborar a Constituição de 1988.

Submeterei, portanto, as considerações que aqui faço ao debate dos Srs. Líderes, num primeiro instante, e a esta Casa por inteiro, quando essas questões forem trazidas ao plenário.

Vamos, portanto, mais uma vez, tentar fazer com que este Poder Legislativo seja o Poder Legislativo dos primeiros tempos do Estado de Direito, quando o povo se reuniu e disse: "Vamos entregar ao povo a mais importante das faculdades governamentais, que é a faculdade de legislar".

Portanto, vamos legislar nesses termos.

3. PENSAMENTOS

"No conjunto das Reformas Constitucionais, a Reforma Política se apresenta como a mais importante, a que deveria preceder as demais. E a razão é bastante plausível: trata-se da reforma sobre cujas bases se assentam os pilares da plena estabilidade institucional. A Reforma Política estabelecerá não apenas os eixos permanentes do sistema político, tirando o País da areia movediça da provisoriedade para colocá-lo no terreno firme da definitividade, como terá reflexos diretos sobre o comportamento dos cidadãos."

"A cultura política brasileira tende a entender governo apenas como Poder Executivo. E essa distorção tem de ser corrigida. O concurso dos Poderes Legislativo e Judiciário é fundamental para a manutenção da legalidade e da democracia. Sem isto, o Estado organizado juridicamente, o Estado de Direito, deixa de existir, com grande prejuízo para todos os cidadãos e atividades necessárias à melhoria da vida de todo o povo."